中國學術思想

研究輯刊

十九編

林慶彰 主編

第5冊

老莊福德觀研究

施依吾 著

花木蘭文化出版社

國家圖書館出版品預行編目資料

老莊福德觀研究／施依吾 著 -- 初版 -- 新北市：花木蘭文化出
版社，2014〔民 103〕
目 4+186 面；19×26 公分
（中國學術思想研究輯刊 十九編；第 5 冊）
ISBN 978-986-322-925-4（精裝）
1.老莊哲學

030.8   103014772

中國學術思想研究輯刊
十九編　第五冊　　　　　　　ISBN：978-986-322-925-4

老莊福德觀研究

作　　者　施依吾
主　　編　林慶彰
總 編 輯　杜潔祥
副總編輯　楊嘉樂
編　　輯　許郁翎
出　　版　花木蘭文化出版社
社　　長　高小娟
聯絡地址　235　新北市中和區中安街七二號十三樓
　　　　　電話：02-2923-1455／傳眞：02-2923-1452
網　　址　http://www.huamulan.tw 信箱 hml 810518@gmail.com
印　　刷　普羅文化出版廣告事業
封面設計　劉開工作室
初　　版　2014 年 9 月
定　　價　十九編 25 冊（精裝）新台幣 42,000 元

老莊福德觀研究

施依吾　著

作者簡介

施依吾，父母皆為歷史老師，書香世家，師成王邦雄教授，淡大博士班畢業。自畢業後幾年下來，問學開人天眼，教學益添見識。感謝這幾年來所遇淡江、嘉藥、長庚、輔仁大學等的學校同仁與莘莘學子，我雖是老師，但你們對我的啟發，其實更多。對攝影及客家文化頗有浸潤，雖是玩票性質，幸而玩味出一點成績，兼任外台戲班的攝影師，並為客家耆老作採訪實錄，希望為文化傳承盡點心力。

提　要

　　道德與幸福之關連，是人生最大困惑，有道之士不但未能享福，反倒常受貧苦困頓之累；「竊國者侯」縱然難免身陷刑戮之危，卻未必能遏止人類僥倖求福之衝動。且今日普世價值講求人權，嚴刑峻法多已不復存在，罪犯之罪惡感也不如以往，若只需冒著短短幾年徒刑之風險，便可換取世代不盡之福報，殺人更無須擔心終身不赦之法律制裁，只需服刑期滿，便可重回社會；好人無好報，惡人卻可逍遙法外，試問道德如何維繫其鼓舞世人棄惡從善之普世價值？

　　道德不但未必足以勸人棄惡從善，道德本身，亦適足以自我異化為一壓迫他人之價值標準；中國有所謂吃人的禮教，以為「餓死事極小，失節事極大」，以貞節之美名，掩飾無人權之事實；而西方更有宗教迫害、十字軍東征、回教聖戰，乃至911事件之兩極對立；追根究柢，問題亦出自道德認知之不同，與意識型態之對立。結果無論在東西方社會中，道德固然可以提供教化社會之貢獻，卻也可以成為壓迫異己之工具。昔日君父威權以禮教為手段，壓迫婦女及臣下，以宗教為理由，整肅異己與異端；今日多元開放之民主思潮雖已廣為世人接受，然不同信仰間彼此自是非他之對立惡鬥，其實未嘗稍緩；僅是假民主之名，行政黨惡鬥之實，結果雙方自我堅持之道德標準，同樣只是一敵視對方之手段工具，如此道德，如何可曰常道常德？

　　道德不能空談，道德實踐不該與幸福相衝突，然而佛教的彼岸與基督教的天國，在科學昌明之今日，說服力逐日遞減，但人類之心靈面對福德無法一致之問題，仍須給出解釋。且自工業革命後，世人對於現世福報之追求，又遠甚於農業時代，而追求現代生活所造成之環境傷害，亦更甚於以往。然而不同價值觀之間的傾軋，與東西方文明之對立，乃至全球化後人際間過於頻繁的互動所導致的相刃相靡，實為前所未見。在傳統文化淪喪，宗教信仰式微，而人際間對立嚴重之當下，重新檢視老莊義理，尤具價值。

　　以下即為拙作摘要：

　　第一章為序論，分別說明研究目的、研究成果之回顧、與研究方法及內容大要，第二章探討儒墨二家之福德觀，蓋先秦諸子起於救時之弊，孔子力圖振興周文，墨子亦針對儒家所傳承之周文，多所反思；至於老莊則同時反省儒、墨二家。故在福德問題之討論上，乃先就儒、墨二家之福德觀作一釐清。

　　第三章進行老莊福德觀之析論，本章詳述老莊如何看待「福」，又如何定義「德」？老莊認為「有」是執著，老莊之福德觀，便始於對幸福之反思。其次，老莊對「德」之認定，與儒墨是否相同？在老莊眼中，福德一致是否可能？皆在此一章節進行詳細之分析。

第四章則針對老莊福德觀間相異之部分進行探討，老莊雖同屬道家，義理性格上卻有外王與內聖不同之性格，尤其老子可往權變術用之方向解讀，莊子卻僅注重於主體之修養，此為老莊最大之不同。

　　第五章則專就莊子外雜篇之部分，探討福德觀在外雜篇的演進，蓋外雜篇受黃老、無君與儒墨思想影響，加以客觀情勢日漸惡化，故較諸內七篇，外雜篇之福德觀既有後出轉精之處，亦有妥協，乃至不及之處。

　　最後第六章之部分，則探討以老莊之智慧，當如何處理現代人所面對之科技問題、環保問題，乃至意識型態分裂對立之問題，此為老莊福德觀的現代詮釋。

目次

第一章　緒　論

　　亙古以來，福德不能一致的問題，始終困擾人們；「善有善報，惡有惡報」
〔註1〕的信念與「積善之家必有餘慶，積惡之家必有餘殃」〔註2〕之說法，或
可撫慰生命的挫折，但亦未免有善因未必結善果，有德也未必有福之遺憾。
正因為德行問題關涉到禍福果報，若依社會正義而言，有德者恆當有福，然
有德者不一定有福，死生窮達是命，所謂「求之有道，得之有命」《孟子・盡
心上》〔註3〕，名利權勢不可強求，故好人沒好報的遺憾，總是難免；不僅遺
憾，甚至還會動搖了作好人的價值自覺〔註4〕。「善惡報應」之信念無法說服
世俗人心，但哲人總必須對這個問題提出相應之解答，於是在思想史中，儒
釋道諸家對這個命題，都有相當充分的詮釋。而同屬道家的老子與莊子，其
福德觀之論點，也各有獨到的見解。

一、研究目的

　　道德與幸福之關連，是人生最大困惑，有道之士不但未能享福，反倒常
受貧苦困頓之累；「竊國者侯」縱然難免身陷刑戮之危，卻未必能遏止人類僥
倖求福之衝動。且今日普世價值講求人權，嚴刑峻法多已不復存在，罪犯之

〔註1〕　竺佛念譯《菩薩瓔珞經・有行無行品》，本文所引版本為《大藏經・第十六冊・
　　　　經集部三》（臺北：新文豐出版公司，1979年）頁78。
〔註2〕　《易・坤・文言》，本文引用之版本為清・阮元《重刊十三經注疏》之《周易
　　　　正義》（臺北：藝文印書館，1960年），頁19。
〔註3〕　《孟子・盡心上》，所引用版本為宋・朱熹集註、蔣伯潛廣解《四書讀本》（臺
　　　　北：啓明書局），頁311。
〔註4〕　王邦雄等《中國哲學史》（臺北：空中大學出版社，1995年），頁129。

罪惡感也不如以往，若只需冒著短短幾年徒刑之風險，便可換取世代不盡之福報，殺人更無須擔心終身不赦之法律制裁，只需服刑期滿，便可重回社會；好人無好報，惡人卻可逍遙法外，試問道德如何維繫其鼓舞世人棄惡從善之普世價值？

道德不但未必足以勸人棄惡從善，道德本身，亦適足以自我異化爲一壓迫他人之價值標準；中國有所謂吃人的禮教，以爲「餓死事極小，失節事極大」〔註5〕，以貞節之美名，掩飾無人權之事實；而西方更有宗教迫害、十字軍東征、回教聖戰、乃至911事件之兩極對立；追根究柢，問題亦出自道德認知之不同，與意識型態之對立。結果無論在東西方社會中，道德固然可以提供教化社會之貢獻，卻也可以成爲壓迫異己之工具。昔日君父威權以禮教爲手段，壓迫婦女及臣下，以宗教爲理由，整肅異己與異端；今日多元開放之民主思潮雖已廣爲世人接受，然不同信仰間彼此自是非他之對立惡鬥，其實未嘗稍緩；僅是假民主之名，行政黨惡鬥之實，結果雙方自我堅持之道德標準，同樣只是一壓迫對方之手段工具，如此道德，如何可日常道常德？

道德不能空談，道德實踐不該與幸福相衝突，然而佛教的彼岸與基督教的天國，在科學昌明之今日，說服力逐日遞減，但人類之心靈面對福德無法一致之問題，仍須給出解釋。且自工業革命後，世人對於現世福報之追求，又遠甚於農業時代，而追求現代生活所造成之環境傷害，亦更甚於以往。然而不同價值觀之間的傾軋，與東西方文明之對立，乃至全球化後人際間過於頻繁的互動所導致的相刃相靡，實爲前所未見。在傳統文化淪喪，宗教信仰式微，而人際間對立嚴重之當下，重新檢視老莊義理，尤具價值。

老莊思想本有解蔽清靜之效，道家對於道德，既不從正面肯定其價值，亦非爲反對而反對，僅問道德之實現如何可能？如此一來，可免於道德本身淪爲外在之教條，而保住道德之眞。而老莊認爲幸福之可能空間，在於回歸自然，而世俗之福報觀，適足以成爲人生之負累，且可以害德。故老莊之福德觀於今日觀之，實有再作深入討論之必要。

二、既有成果之回顧

福德觀原是西方哲學的重要課題，自柏拉圖與亞里斯多德，便開始對道

〔註5〕 朱熹編《二程遺書》，本文引用版本爲《文淵閣四庫全書・子部・儒家類》（臺北：台灣商務印書館），頁241。

德與幸福間的關係作深入探討，而後如伊比鳩魯學派，至十八世紀的康德，道德與幸福之間如何取得一致的匹配關係，始終是重要議題。十九世紀以來，隨著近代心理學、社會學與生物學之迅速發展，近年學者對道德的起源與道德幸福間之關係，其實有更深刻之討論：達爾文進化論引發了道德是否為相對主義之疑慮，衝擊傳統基督教信仰，而進化論之基礎同時也發展出道德普遍主義博奕論之不同解釋。面對科學與心理學實驗突破性之發展，基督教擁護者已難再以傳統教義進行回應，不惟基督教必須面對實證科學之挑戰，吾人亦應檢視傳統中國哲學在面對當代問題時，當作如何之回應？

　　現代醫學與心理學對福德問題之解釋，當然有其卓越之貢獻，但吾人亦不可妄自菲薄，須知科學與心理學之研究，是將心視為一客觀對象，而以經驗主義與實證科學之態度面對之。但中國心性論與道德哲學卻不是科學，心性論不是經驗，而是超驗或先驗，不是客觀經驗之科學知識，而是文化傳統與個人修養之實踐；我們當然樂見現代神經科學逐步證實德性內在於人性，但更不可忽略當在自家文化中，為福德問題尋根。因此當自然科學與心理學對傳統價值觀產生衝擊的同時，研究中國哲學的我們，亦不應置身事外。因為早在尼采「上帝已死」之論震驚西方世界以前，中國文明亦曾面過對相似的問題，那便是由殷周之際，當時的宗教信仰同樣面對危機，方東美先生便以為當時的宗教危機，是「宗教已經死了」〔註6〕，可是當時中國文化除了宗教一路，哲學思想也已發展至極高的境界〔註7〕；所以今日回顧先秦哲學之福德觀，或可為再度面臨價值崩解的現代人，提供新的詮釋。然而當吾人回顧文本之時，卻會發現福德觀向來不是中國哲學之重大議題，福報本非古今哲人所求，故歷來之注疏、專著及論文，亦少有單就此一問題，作深入分析者。故儘管所有研究老莊之著作皆必然提及老莊之福德觀，然而將老莊福德觀獨立為一主題進行探究者，著實甚少。近代學者對福德問題作最深入探討者，當屬牟宗三先生之《圓善論》〔註8〕，牟先生最大之貢獻在深入探討反思康德

〔註6〕 方東美《原始儒家道家哲學》（臺北：黎明文化，2004年），頁267。
〔註7〕 同前註，頁267：「經過了殷周之際的西周，當時古代神秘的中國宗教已經哲學化了。當時的宗教危機，拿現代的名詞來說，是『宗教已經死了』。但這並不是說宗教真的死了。而是古代神秘宗教在經過危機時，道家出來拯救，把神秘的宗教變成一個理性的哲學。換句話說，這個『道』等於一個哲學上的『上帝』。」
〔註8〕 牟宗三《圓善論》（臺北：台灣學生書局，1985年）。

哲學之後，確定福德一致之保證不在上帝，而在人心之修養，惟《圓善論》探討之主要對象爲儒家，於道家僅有一章專作說明，令人不免有遺珠之憾。而近年學者對福德一問題作最多說明者，乃王邦雄先生《走在莊子逍遙的路上》〔註9〕，有相當明晰之析論；而吳怡先生《生命的轉化》〔註10〕更結合儒道佛學之思想一併討論，於福德問題之釐清，甚有幫助。林安梧先生《新道家治療學》〔註11〕針對老子思想對現代新的病痛，有深入發揮，不過本書著重於老子之智慧，未就莊子作更深入之分析。至於徐復觀先生《中國藝術精神》〔註12〕以藝術精神主體之呈現再發現莊子，透過藝術的欣賞與創造，昇華現實人生實際面對的沉濁桎梏；對於莊子福德觀的詮釋，更顯見藝術觀照之精彩。

學術論文方面，以福德觀爲主題進行探究者，寥寥可數；如沈利華〈中國傳統幸福觀念論析〉〔註13〕係以探究幸福之定義爲主，並未就道德與幸福間之關係作深入分析；莊三舵〈論道德回報〉〔註14〕則討論道德施予與道德回報，目標在建立道德回報之架構；蕭霞〈福德一致：社會公正的理性訴求〉〔註15〕旨在建立道德的社會與道德的人。然以上論文，多爲社會文化學之領域，以道家福德觀爲研究主題之學術論文，幾近無有。近年唯蔡家和先生〈中國哲學天道論者對於福德一致問題之解決方式〉〔註16〕與林佩儒小姐《先秦德福觀研究》〔註17〕，對先秦時代儒、道、墨、法四家之福德觀作深入闡述。其中蔡家和先生認爲〔註18〕「德福一致在人道上沒有保證，但老子認爲天道的範圍比人道大」，所以「合於道德者將有福亦是在生前的保證」，明確指出天道損益不由人爲造作，人間的不公與厄運終將由天道平衡，只要合於道德，天道無親，常與

〔註 9〕 王邦雄《走在莊子逍遙的路上》（臺北：台灣商務印書館，2004 年）。

〔註10〕 吳怡《生命的轉化》（臺北：東大圖書公司，1996 年）。

〔註11〕 林安梧《新道家與治療學──老子的智慧》（臺北：台灣商務印書館，2006年）。

〔註12〕 徐復觀《中國藝術精神》（臺北：台灣學生書局，1966 年）。

〔註13〕 沈利華〈中國傳統幸福觀論析〉，《江蘇行政學院學報》2006 年第六期，頁 30～35。

〔註14〕 莊三舵〈論道德回報〉，《雲南社會科學》，2005 年第六期），頁 50～54。

〔註15〕 蕭霞〈福德一致：社會公正的理性訴求〉，《雲南社會科學》，2007 年第一期，頁 28～30。

〔註16〕 蔡家和：《羅整菴哲學思想研究》，中央大學哲學研究所博士論文，2004 年。

〔註17〕 林佩儒：《先秦德福觀》，淡江大學中文研究所博士論文，2010 年。

〔註18〕 同註 16，頁 203。

善人，便是天眞自然的回報；反之人爲造作，天亦將損其有餘以補人間之不足。〔註19〕蔡氏之說確實符合老子自然之天道觀，不過卻忽略老子思想中天道固然自有損益，但老子於外王人道，亦未曾偏廢；故本文以爲論老子福德觀，除主觀修養之實踐，還有聖人當以外王事業之輔萬物之自然，以達福德雙全之境。至於林佩儒小姐之專論係近年對先秦福德問題闡述最爲清晰之專著，然與本文不同之處，在於林文以爲老子福德觀之重點在「禍福相倚」〔註20〕，本文卻以爲老子福德觀之重點在於「孰知其極」；林文以爲莊子之福德觀爲「窮通有時之命定」〔註21〕，本文則認爲莊子之福德觀當無所謂命定，而在才全德不形的自在自得；又本文以爲老子之外王思想亦頗有特色，而莊子外雜篇之福德觀與莊子內七篇有所不同，因此在這兩個部分，本文另作章節討論。

三、研究方法及內容結構

　　本文以老莊福德觀爲研究對象，觀點設限於「老莊」之原因，在「道家」一詞之流派，過於繁複籠統。同爲道家人物，「老莊」以人生修養見長，「黃老」卻著重於政治智慧；且先秦時代活躍的道家人物除老莊外，尚有偏重個人養生的楊朱、關尹、列子，與走向道法合流的田駢、愼到；而先秦兩漢流傳的道家典籍，更有重視治術發展的《管子》、《尹文子》，著重養生之道的《黃帝四經》；以及《呂氏春秋》與《淮南子》這兩部深受道家思想影響的著作。由於不似儒家有傳承之師承關係或墨家之嚴密結構，今日所謂「道家」者流，品流混雜，且各家思想不免有所歧異與衝突。因此本文僅採取以修養論爲主的老莊爲觀點，蓋道家思想流傳迄今，畢竟以老莊主流；觀點設限於此，實與吾國傳統文化心靈較爲貼近。

　　處理福德議題首先面對之困難，便在「福德」一詞之界定與範疇；原本「福德問題」即探討「福」「德」間之關係，然而「福」、「德」二字本身之語意，即有難以釐清之歧異。蓋「福」可指「幸福」或「福報」，不但二者內涵並不相同，光是「幸福」一詞，便已難以定義；至於各家之「德」雖然同指「道德」，然而儒、道、墨家對道德之定義，卻又各自不同：儒家視道德爲仁義內在之德性，墨家之道德具有相當之宗教情操，道家之道德卻是因任自然

〔註19〕同註16，頁203。
〔註20〕林佩儒：《先秦德福觀》，頁84。
〔註21〕林佩儒：《先秦德福觀》，頁97。

之無為，尤其道家又將「德」區分作「上德」與「下德」，各家不同層次的「福」、「德」觀，卻常以相同的字詞論述，徒然造成語意的歧異與混淆。所以「福德觀」一詞儘管看似簡易，若未先就「福」與「德」之內涵做界定，必導致後文漫生枝節，因此本文需先就「福」、「德」問題進行界定。

本文中所謂之「福」，區分為「福報」與「幸福」。所謂「福報」，亦即從事道德修養所得之報酬，修行所開顯之境界，便是福報；修行所導致的身心狀況改善，亦是福報；至於俗諺「善有善報」、「好心有好報」之「報」，同樣也是「福報」。在本文中，福報之勝義為從事道德修養所開顯之境界；至於福報之劣義，即是將福報與修行，等同手段與利益之關係；如部分宗教為求吸引信眾，以「積陰德種善果」、「種福田得福報」之觀念吸引信眾，這便是將道德與福報視同條件交換，此則為福報之劣義。因此在不同的價值體系中，福報其實有不同層次之意義，本文亦認為實踐道德亦必有所收穫，至於是如何的收穫？儒、墨、道家將如何處理福報問題？便是本文二、三、四章之重點。

「福」的另一意義，便是「幸福」，問題在於「幸福」一詞本身，同樣難以定義，幸福可以是物質之享樂，亦可以是心靈之感受；可能是流落於物欲之追求，亦可能是自我價值之實踐。目前使用之「幸福」一詞，除了客觀物質滿足，亦包括主觀精神感受，還原先秦兩漢時代之時空背景，依《尚書‧洪範》：「五福：一曰壽，二曰富，三曰康寧，四曰攸好德，五曰考終命。六極：一曰凶短折，二曰疾，三曰憂，四曰貧，五曰惡，六曰弱。」〔註22〕之說，所謂「五福」是長壽、富貴、貴、安樂、有美德，並且能終其天年；至於「極」則是「福」的反義字，短壽、殘疾、憂愁、貧困、缺德、不能盡其天年之謂「六極」；至於東漢桓譚《新論‧辨惑第十三》則說：「五福」是「壽、富、貴、安樂、子孫眾多」，反之「大惡」，則是「兵、病、水、火」。可見由先秦至兩漢，「福」的主要內容，便是物質上的滿足，依據當時社會之觀感，「福」多指現實生活之利益，不但與現代「幸福」一詞有其主觀感受意義之色彩有所不同，也與哲人所謂「君子有三樂，而王天下不與存」〔註23〕的精神境界相異。既然「福」與「幸福」有主客觀不同層次之分別，為避免語含混意之歧見，本文在論述「福」之概念時，將物質生活與各人滿足之幸福，

〔註22〕《尚書‧洪範》，本文引用之版本為清‧阮元《重刊十三經注疏》之《周易正義》（臺北：藝文印書館，1960年），頁176。

〔註23〕《孟子‧盡心》，頁322～323。

一併稱之「世俗認定的幸福」，至於「哲人定義之幸福」，則爲哲人對幸福之定義。至於幸福之感受，本文取其主觀經驗義，亦即無論是外在物質給人的感官經驗，或內在心靈的自我實踐，只要是能使當事人獲得幸福感者，本文皆以「幸福」視之。故依本文定義，「福報」爲實踐道德之收穫，「福」與「世俗追求之幸福」爲客觀物質條件之滿足，至於「哲人定義之幸福」則爲孔孟老莊對「福」所反思之結論。因此福德觀所需處理的「福」，便是「道德與福報」、「道德與幸福」間之關係。

至於「德」，在本文中同指各家之「道德」，由於儒、墨、道家對「德」之內涵定義各自不同，因此以下將依序說明儒、墨、道家對道德之界定，與道家如何反思儒墨之道德。其中較值得注意者，在「德」之一字，又有「德性」與「德行」之區分，其中「德性」指天生本有之德，儒家之德性爲仁義，而道家之德性爲自然；至於「德行」則指外在之行爲，儒家之德行即爲行王道施仁政，至於在老莊眼中，儒墨德行則同屬心之執著，必須加以破除，才能回歸天生本眞之至德。因此儒道墨三家對道德的不同定義，與對德性、德行之不同解讀，皆是本文之重大議題。

整體而言，本文之主旨，即在說明儒道墨三家如何處理福德觀，與老莊對儒墨二家之反思，並兼論老莊福德觀之現代意義。本文以老莊爲主要討論對象，在論述老莊福德觀前，必先就老莊福德理論之所以產生，作一起源條件之探究。福德問題之爭論，固可追溯回殷周時代，然當以孔子爲一里程碑；蓋孔子本爲中國人文精神崛起之代表，故福德觀之探討，當始於孔子；而孟子又發揚孔子精神，故第二章先就孔孟福德觀加以說明。然而儘管儒家開啓文明之曙光，傳統之鬼神信仰依然深深影響世人，故墨子在儒家人文精神之外，依然繼承其鬼神信仰下之福德觀。故本章並列儒墨二家的福德觀，蓋因老莊之福德觀，恰是針對儒墨之反思而來，欲知老莊福德觀，需先釐清儒墨福德觀之故也。

儒墨思想雖爲老莊福德觀產生的原因之一，然而老莊福德觀之貢獻，絕不僅止於批判，老莊警覺到福報本身變爲負累，而有心之德行更適足以灼傷世人，簡言老莊福德觀，即《老子·三十八章》所云，是「上德不德，是以有德；下德不失德，是以無德」〔註24〕，下德即爲老莊對儒墨之反思，而上

─────────

〔註24〕本文引用之《老子》版本，爲王弼注，陸明德釋文《老子道德經注》（臺北：世界書局，1957 年，頁 23。

德便是老莊福德觀之理境。而欲達此一理境，必賴主體之修養工夫而後致，故老莊福德觀的成就之道，在「無厚入有間」〔註25〕之修養工夫，「心上做工夫，性上得收穫」〔註26〕，便是實踐道德之福報。本章區分爲三個部分，第一節以老子爲主，說明老莊福德觀之界定，並對歷來備受誤讀之「禍福相倚」與將老學視爲陰謀權術之說法，作更精確的釐清；第二節以老莊併陳之方式，說明該如何以修養工夫實踐福德雙全之境；第三節則合觀老莊之死生觀，由於死生問題乃是福德問題之根源，老莊福德觀面對此一問題，勢必給出回應，因此本文以本節作爲老莊福德觀理論架構之結論。

老莊福德觀儘管多所相似，畢竟也有不可抹滅之差異，老子重視政治思想，自古即被視作人君南面之術；莊子對現實政治則採取批判反省之態度，以不主動參與政治爲其政治觀，而逕以無待逍遙的大鵬怒飛之道，成就至人、神人與聖人之全德理境。老莊固然同屬道家且一樣重視內聖工夫，卻以完全不同的外王態度處理福德問題，故老、莊不同的政治思想，需要分別加以討論。

在釐清儒墨老莊的福德觀之後，本文以爲莊子外雜篇之福德觀，猶需以獨立之章節說明；莊子外雜篇之特點，在於不但繼承並融合了老莊思想，並且反映當時迫切面對的問題，與原本之思想體系相較，又有所調整變遷，尤其雜揉了各家思想，故有外雜之名；然而儘管內容之純粹度不如內七篇，外雜篇卻呈現其反映時代之努力與別有慧見精彩，本文以爲外雜篇有其獨立價值，而不當與老子與莊子內篇一體視之，故特別以此章節說明莊子後學之福德觀，究竟如何演進。

最後當代最迫切需要面對的問題，在於現代社會的病痛，面對現代社會的難題，老莊究竟有何相應之看法？又，中國哲學向來未曾對科技發展給出足夠的肯定，而老莊思想素來有反智之批判，如何在傳統哲學的架構下，爲科技發展作出新詮，並對老莊的質疑給出更爲相應之解釋，是今日讀者必須思考的迫切問題。面對科技文明獨大的當代社會，老莊智慧可以留給我們哪些具體建議？在政黨對立而空轉，社會撕裂卻難以凝聚共識的政局，老莊思想對意識型態對立有何調解之功？還有在宗教影響力式微下，老莊福德觀有何價值？釐清以上問題，則老莊福德觀之價值，也就清晰可見了。

〔註25〕《莊子・養生主》，本文引用之《莊子》版本，爲郭慶藩撰，王孝魚點校《莊子集釋》（臺北：河洛初版社，1980年），頁119。
〔註26〕牟宗三：《四因說演講錄》（臺北：鵝湖出版社，1997年），頁88。

　　本文以今本《老子》與《莊子》爲研究對象，故只要是與「道德」、「德行」、「幸福」與「福報」及其相關性之篇章，皆爲本文之討論對象。唯老子學有老莊與黃老之差異，莊子亦有內外雜篇不同與著作旨趣之問題。本文在詮釋系統的選擇上，係以老莊之修養論爲基礎，以牟宗三先生修養論之理路解讀老莊思想，而不以道法合流之黃老思想或形氣修鍊的道教詮釋老莊福德觀。儘管近年考古屢有不同版本之《老子》文獻出土，這些在秦漢之後隱沒於歷史洪流中之各種版本老子，在此暫無討論之必要；畢竟眞正影響中國文化之精神價值者，即爲今本老子，出土文獻固然可在考據學與訓詁學之領域，補今本老子之不足，然而出土文獻在文化上之影響力，卻早已爲今本老子取代；且本文係以著重修養工夫之老莊爲研究對象，強調外王治道之黃老思想與近年之出土文獻，在此僅能割愛。

第二章　老莊福德觀的發生背景

　　道德能否帶來幸福？善行有無福報？總是令人質疑的問題，人之所以異於禽獸，在於人除了生理的需求之外，更有理性；對理性的追尋與實踐，便是人禽之別。問題在理性的追求，往往未必可以獲得實質的回報，假若獲利大於懲罰，是否應遵循道德？可是假設遵循道德反而吃虧，是否還要遵循道德呢？如果道德本身已經僵化形同壓迫，是否應該遵循道德呢？哲學家必須對這些問題做出答案，形成了各個宗教哲學的福德觀。

　　福德問題的難處，在現實經驗中，福德常不相稱，有德者未必有福，有福者亦未必有德；然而社會正義卻以善有善報，惡有惡報為期望。因此先秦諸子在面對福德間可能不一致的問題時，多是往「內聖」與「外王」兩個方向做努力，一方面期望透過內聖的修養工夫或宗教信仰，使人人努力做好人；一方面更要透過外王的政經教化，確保惡人受制裁，而好人得好報；如是不但人之道德自覺可以獲得充分之推擴，當人生面對橫逆困境時，政府公權力之適時介入或宗教的虔誠信仰，猶能撫平現實生活中福德不一致所可能帶來之遺憾與傷痛。因此孔孟係以仁義禮智之道德自覺，與行王道施仁政之外王實踐，確保福德一致；墨子則以兼愛非攻的苦行救世、尚賢尚同的威權統治、與天志明鬼的宗教信念確保福德一致。由於思想史的發展，先有孔子仁學而後有老子反思，先有儒家仁愛後有墨子的批判，先有楊朱墨翟而後有孟、莊之批判，先有各家的彼此檢討，而有莊子外雜篇的歸納融合，且老、莊對儒、墨二家以內聖與外王兩路處理福德問題之進路不但有所反思，也各有不同之結論，故本章先就儒、墨兩家之福德觀作說明，再帶出道家對儒墨兩家福德觀的檢討與反思。

第一節　孔孟福德觀的反思

　　福德問題原非孔孟所欲論之問題〔註1〕，孔孟對福德問題之所以不欲問且不詳言〔註2〕，蓋福德問題本非修養論與政治論之難題，且有德者未必有福，有福者亦未必有德本爲人間常態；儒家畢竟以人爲本，只求「盡心知性知天、存心養性事天」〔註3〕，而不似一般宗教以彼岸、天國、報應、鬼神等理論教義勸勉人心，以彌補福德間可能不一致的衝突，甚至以業報輪迴或最後的審判作福德問題之最後保證，因之孔孟的福德觀，呈現一不問福報，不求鬼神，但求德行的生命氣象。

一、孔子的福德觀

　　中國哲學在孔子以前，已由神本逐步轉向人本，殷人尙鬼，周人崇禮，周取殷商而代之，象徵以人爲本的禮制，已逐漸取代傳統信仰；勞思光先生指出：「春秋時代一般知識份子，已有反神權之言論，再向前說，則周人立禮制時，亦早已有提高人之地位之傾向。但自孔子立說後，此種人文精神始日趨純粹化，而其自覺理論基礎亦由此漸漸建立。人文精神既透顯出來，不僅原始信仰逐步失去勢力，且整個宗教問題，亦獲得一新處理。」〔註4〕在孔子之後，福德問題已由神本信仰轉向人本精神，孔子之福德觀，有以下特點：（一）「祭神如神在」的理性發展；（二）「君子喻於義」的利義之辨；（三）「有道則現，無道則隱」的仕隱原則；（四）「求仁得仁」的終極目標；（五）「富之、教之」的外王治道。

（一）「祭神如神在」的理性發展

　　以信仰保障福德，不惟是初民的普遍信念，在政治上，亦頗有影響力。孔子之後的墨子，乃至今日廣泛的民間信仰中，仍相信鬼神懲惡賜福之力量；孔子福德觀的特色之一，在人本思想抬頭，鬼神信仰淡出：

〔註1〕牟宗三《圓善論》（臺北：台灣學生書局，1985年），頁18。
〔註2〕牟宗三《圓善論》，頁172：「天爵與人爵之綜合，所性與所樂之綜合，便是整全而圓滿的善。孟子對此未詳言。」
〔註3〕《孟子・盡心》，頁309：「盡其心者，知其性也；知其性，則知天矣。存其心，養其性，所以事天也。」
〔註4〕勞思光《新編中國哲學史》（臺北：三民書局，1997年），頁141。

祭如在，祭神如神在。子曰：「吾不與祭，如不祭。」〔註5〕

樊遲問知。子曰：「務民之義，敬鬼神而遠之，可謂知矣。〔註6〕

季路問事鬼神。子曰：「未能事人，焉能事鬼？」曰：「敢問死。」
曰：「未知生，焉知死？」〔註7〕

「祭如神在」的「如」字，意味孔子並不將鬼神視爲實存的對象，故孔子對祭祀之態度，並不重所祭之對象，而重所以祭之態度，蔡仁厚先生《孔孟荀哲學》認爲孔子「轉化了『對神奉獻酬恩』的義務觀念，而表現爲『對天地、祖先、聖賢』之報本返始，崇德報功。人生之基本責任，不在人神之間，而在廣義的（家、國、天下）人倫關係中。」〔註8〕孔子認爲人類當致力於人倫關係的經營，而非以奉獻酬恩換取福報，因之孔子對鬼神之態度，乃是「敬而遠之」，故曰：「非其鬼而祭之，諂也。」〔註9〕因爲這是媚神，而偏廢了人間世界當盡的權利義務。但孔子敬而遠之的態度卻不意味否認鬼神的存在，只是如王邦雄先生所說：「是要將鬼神的意義，限制在生命情感的眞實感通上。」〔註10〕因爲「若能盡力事人，便可以事鬼神，因你那盡力事人所表現的誠摯，便足以事鬼神了。其實人也好，鬼神也好，都只在你惻怛之仁心呈現時，才有其意義，才有其眞實的存在。仁心一旦呈現，即可親親而仁民，與一切人相感通，則若有鬼神存在，亦可致敬鬼神，通於幽冥。雖孔子不言事鬼神之道，而是鬼神之道自在其中矣。」〔註11〕因此在儒家「事鬼神」的重要性已爲「盡人事」取代，道德實踐之眞僞存乎一心，一心仁義，若有鬼神，亦可感通；一心虛妄，縱有鬼神，也不靈驗。所以當孔子重病，而子路爲之祝禱時，孔子作如此評論：

子疾病，子路請禱。子曰：「有諸？」子路對曰：「有之。〈誄〉曰：
『禱爾于上下神祇。』」子曰：「丘之禱久矣。」〔註12〕

孔子說：「丘之禱久矣」，是對子路祝禱之婉拒，曾昭旭先生以爲「由丘之禱

〔註5〕　《論語・八佾》，頁33。
〔註6〕　《論語・雍也》，頁81。
〔註7〕　《論語・先進》，頁158。
〔註8〕　蔡仁厚《孔孟荀哲學》（臺北：台灣學生書局，1984年12月初版），頁143。
〔註9〕　《論語・爲政》，頁26。
〔註10〕　王邦雄等《中國哲學史》，頁76。
〔註11〕　王邦雄等《論語義理疏解》（臺北：鵝湖出版社1997年），頁138。
〔註12〕　《論語・述而》，頁103。

久矣之句，我們便可知孔子認為人假如能盡人之道，生之道，及從事於道德實踐，便是對上蒼的禱告。且這乃是最佳的禱告。這是以身心、德行來禱告，而不是只以言語來禱告。孔子說：『下學而上達，知我者其天乎』人踐德，便可與天道相通，而為天所知，則雖然沒用語言去禱告，而禱告亦自在其中矣。」〔註13〕所以最佳的禱告就是在人事上盡心盡力，鬼神降災賜福之意義，在儒門已然淡薄，惟有盡心知性以知天。「慎終追遠」除了「民德歸厚」〔註14〕的教化意義，已完全簡化、淡化、淨化了宗教的神秘色彩。所以儒家堪稱非宗教的宗教，因為祝禱賜福的觀念，在儒家思想中已被徹底淡化，「福報」與「祭祀」的關係，在儒家已完全切斷了。

（二）「君子喻於義」的利義之辨

孔子不求祝禱，但求實踐自身之德性；對於幸福，孔子亦不反對追求，唯幸福之追求，當以道德為前提，故子曰：

> 邦有道，穀；邦無道，穀，恥也。〔註15〕

> 邦有道，貧且賤焉，恥也；邦無道，富且貴焉，恥也。〔註16〕

> 富而可求也，雖執鞭之士，吾亦為之。如不可求，從吾所好。〔註17〕

有道之世若過得既貧且賤，是自身拙於營生，努力不足所致，故孔子認為可恥；反之，無道之世若過得既富且貴，其財富恐怕多來自不當所得，故孔子以為可恥。孔子以為職業無分貴賤，應得之財，縱為駕車賤役，其勞動所得問心無愧，便當受而取之；孔子本人也曾任「委吏」、「乘田」之差事，但聖人即令擔當小差，亦將「會計當」、「牛羊茁壯」之不辱斯命而無所不快〔註18〕。反之財富之取得若「不可求」，不能取之以道，君子不如「從吾所好」。孔子在陳絕糧，面對子路：「君子亦有窮乎？」的質疑時，子曰：「君子固窮，小人窮斯濫矣。」〔註19〕君子有自身堅持的原則，固然窮困，卻能有所不為；

〔註13〕王邦雄等《論語義理疏解》，頁139。
〔註14〕《論語·學而》，頁7。
〔註15〕《論語·憲問》，頁207。
〔註16〕《論語·泰伯》，頁112。
〔註17〕《論語·述而》，頁91～92。
〔註18〕《孟子·萬章下》，頁248：「孔子嘗為委吏矣，曰：『會計當而已矣。』嘗為乘田矣，曰：『牛羊茁壯，長而已矣。』位卑而言高，罪也。立乎人之本朝而道不行，恥也。」
〔註19〕《論語·衛靈公》，頁232。

小人正好相反，一旦生存面對考驗，極有可能無所不爲。爲何會有這樣的差異？原因在：

> 君子喻於義，小人喻於利。〔註20〕

> 君子謀道不謀食，憂道不憂貧。〔註21〕

君子與小人的差別，在義利之辨，「君子喻於義」即君子除幸福的滿足，尚有更高善的追求；勞思光先生謂：「自我應依德行之要求，而處理形軀，故『生』不是唯一標準，『殺身』不足爲慮。是故君子『謀道不謀食』，只用心於『是非』問題，不用心於形軀欲求之滿足，而『憂道不憂貧』，則是以德行爲唯一關心之事，而不以窮通得失爲念。」〔註22〕君子「謀道」只在乎能否盡己之忠，行爲是否合乎良知道義，但憂道之不行，不患一己之窮通貧富；因此如孔子所自述：「飯疏食、飲水，曲肱而枕之，樂亦在其中矣！不義而富且貴，於我如浮雲。」〔註23〕盡己行道，爲所當爲，縱然疏食飲水、曲肱枕之，皆可心安理得，樂在其中，便是幸福，君子務本，只要盡自己之本分，則德行福報便可兼得，幸福便是如此，何需外求呢？

（三）「有道則現，無道則隱」的仕隱原則

君子盡己盡忠，爲所當爲，幸福之滿足取得既以道德實踐爲前提，士人之出入進退，亦當如此，所謂：

> 子曰：「篤信好學，守死善道。危邦不入，亂邦不居。天下有道則見，
> 無道則隱。」〔註24〕

> 子曰：「邦有道，危言危行；邦無道，危行言孫。」〔註25〕

身處有道之世，當直言力諫，正言正行（危言危行）；若處無道之世，仍當秉持「危行」以正直處世，但態度卻不妨委婉謙遜（「言孫」）。蓋「不可與言，而與之言，失言」〔註26〕；君子既不失言，亦不失人，直言進諫固爲君子本

〔註20〕 《論語・里仁》，頁50。

〔註21〕 《論語・衛靈公》，頁244。

〔註22〕 勞思光《新編中國哲學史》134：「人亦只應在『義』上作主宰，以對是非善惡之價值負責。至於『命』一方面則非人力所能掌握。因此，人生的意義和價值，不能從成敗得失上做計較，而應該是在是非善惡處做判斷」。

〔註23〕 《論語・述而》，頁94。

〔註24〕 《論語・泰伯》，頁112。

〔註25〕 《論語・憲問》，頁209。

〔註26〕 《論語・衛靈公》，頁236。

分，無道之世，卻也沒有必要招惹無謂的危機，在危邦亂邦中平白喪失性命。有道則現，無道則隱，可以處則處，可以仕則仕，進退隱現一切以良知爲判斷，才是聖之時者的處世態度〔註27〕，因此孔子又特別推崇蘧伯玉與甯武子：

> 子曰：「直哉史魚！邦有道，如矢；邦無道，如矢。君子哉蘧伯玉！邦有道，則仕；邦無道，則可卷而懷之。」〔註28〕

> 子曰：「甯武子邦有道則知，邦無道則愚。其知可及也，其愚不可及也。」〔註29〕

史魚無論國家有道無道，皆正直如矢，故孔子稱讚其「直」；蘧伯玉有道則仕，無道則隱，知所進退，不戀棧權位，亦不事無道之君，這是君子當有的志節操守；至於甯武子「有道則知，無道則愚」，乃是大智若愚的表現，孔子甚至感嘆如此大智若愚之智慧，一般人實在不能理解也做不到。可見孔子對仕隱的原則是「有道則仕，無道則隱」，無論出仕或卷而懷之，行不離道，樂以忘憂，孔顏樂處，便是幸福。可見在孔子，道德與幸福間之關係尚屬和諧，「士」之仕進之路亦未若戰國時代艱難，故孔子之時，士之進退隱顯，尚未顯道德抉擇之艱難。

（四）「求仁得仁」的終極目標

人有自身之尊嚴，人並非天、神的附屬品，人需實踐天生德於予之道德，而不需尊崇外在之神律天意；人只需以「義」爲主宰，服從內心本有之道德良知，至於行「義」能否成功、行義能否免禍？行義能否獲致幸福？屬於客觀存在之事，非我可以掌握，故孔子曰：

> 道之將行也與？命也。道之將廢也與？命也。公伯寮其如命何！〔註30〕

> 君子去仁，惡乎成名？君子無終食之間違仁，造次必於是，顛沛必於是。〔註31〕

君子與小人之不同，在於存心；君子以「仁」存心，造次必於是，顛沛必於是，盡一己應盡之「仁」；至於「道之將行」或「道之將廢」，皆屬非我可以

〔註27〕《孟子・萬章下》：「可以速而速，可以久而久，可以處而處，可以仕而仕，孔子也。」
〔註28〕《論語・衛靈公》，頁235。
〔註29〕《論語・公冶長》，頁66。
〔註30〕《論語・憲問》，頁226。
〔註31〕《論語・里仁》，頁44。

決定之「命」。君子知天命也知命，是盡義而後知命，蔡仁厚先生認為：「人亦只應在『義』上作主宰，以對是非善惡之價值負責。至於『命』一方面則非人力所能掌握。因此，人生的意義和價值，不能從成敗得失上做計較，而應該是在是非善惡處做判斷，而以『是其是而非其非，好其善而惡其惡』。自從孔子明辨二者之分際與界線，不但透顯儒家之精神方向，亦決定了儒家處理宗教問題的基本態度——『重能不重所，依自不依他』。」〔註32〕所以人生之價值意義，僅在是非善惡之判斷，為所當為，便無遺憾，便是幸福；如是幸福於儒家，並無獨立之意義，蓋實踐道德在於良知自我要求，不在求福。問題是有德者未必有福，現實人生面對好人無好報的厄運，畢竟有所遺憾，太史公感嘆道：「若伯夷、叔齊，可謂善人者非邪？積仁絜行如此而餓死！且七十子之徒，仲尼獨薦顏淵為好學。然回也屢空，糟糠不厭，而卒蚤夭。天之報施善人，其何如哉？盜蹠日殺不辜，肝人之肉，暴戾恣睢，聚黨數千人橫行天下，竟以壽終。是遵何德哉？」〔註33〕陶淵明在〈感士不遇賦〉中同樣質疑：「夷投老以長饑，回早夭而又貧；傷請車以備槨，悲茹薇而殞身。雖好學與行義，何死生之苦辛！」〔註34〕以伯夷、叔齊、顏回之事，慨嘆「雖好學而行義，何死生之苦辛」，意志堅定如史遷與靖節先生者，心中亦難免有好人無好報之疑慮，何況凡人？然則人生終究畢竟必須面對事功之誘惑，而事功之能否實現，也有其限制，故人終究不得不面對理想有其限度之遺憾。那麼人生究竟當如何超克此種遺憾呢？我們可以由司馬牛與伯牛的遭遇，與孔子對伯夷悲劇的說明，來求得解釋：

> 伯牛有疾，子問之，自牖執其手，曰：「亡之，命矣夫！斯人也而有斯疾也！斯人也而有斯疾也！」〔註35〕

> 司馬牛憂曰：「人皆有兄弟，我獨亡！」子夏曰：「商聞之矣：死生有命，富貴在天。君子敬而無失，與人恭而有禮；四海之內，皆兄弟也。君子何患乎無兄弟也？」〔註36〕

〔註32〕蔡仁厚《孔孟荀哲學》，頁 92。
〔註33〕《史記·伯夷列傳》，本文所引版本為司馬遷著，楊家駱主編《新校本史記三家注》（臺北：鼎文書局，2004 年），頁 2124～2125。
〔註34〕陶淵明〈感士不遇賦〉，本文引用版本為楊勇著《陶淵明集校箋》（臺北：正文書局，1987 年），頁 256。
〔註35〕《論語·雍也》，頁 76。
〔註36〕《論語·顏淵》，頁 176。

伯牛有疾，司馬牛無兄弟，伯夷不得善終，皆為人生之重大遺憾，那麼人要怎麼去平衡心中的缺憾呢？

　　人生不免有所遺憾，正面解消遺憾的方式，便是修德，「君子敬而無失，與人恭而有禮」，便是修德，曾昭旭先生以為「修德是真能使人心靈生命無限向外拓展，而滿足人的無限需求的。」〔註37〕蓋死生有命，富貴在天，畢竟非我可以掌握，但「德不孤，必有鄰」〔註38〕，敬而無失，恭而有禮，四海之內，人人皆可成為兄弟。因此君子不患兄弟之無，只憂「德之不修，學之不講，聞義不能徙，不善不能改」〔註39〕；因此面對冉有「夫子為衛君乎？」子貢「伯夷、叔齊何人也？」的疑問，孔子回答是：

　　　　求仁而得仁，又何怨。〔註40〕

士志於道，君子務本，求仁得仁，如朱子所謂，是「求所以合乎天理之正，而即乎人心之安，既而各得其志」〔註41〕，君子得天理之正，又能安己安人，又何怨之有？一如子路對荷蓧丈人所說：「道之不行，已知之矣」〔註42〕之覺悟，儒者並非不知前途艱險，天道難伸，問題在「長幼之節，不可廢也；君臣之義，如之何其廢之？」君子不願如隱者般「欲潔其身，而亂大倫」，雖可獲得一己之清靜，卻形同拋棄人間責任；則亦只有「行其義也」，關心他人，為所當為，自可超離自身面對「道之不行」之憾。勞思光先生說：「孔子及日後儒者所提倡之人生態度是，關心一切人之幸福，而在實踐中依理分而盡其力；對於本國政府，對於父母，對於兄弟，對於師友，各有其理分，故『忠』，『孝』等觀念及即由此建立；但人對其他人亦有責任，此即引儒生者平治天下之懷抱。」〔註43〕中國知識份子「先天下之憂而憂，後天下之樂而樂」之政治抱負，正來自儒者的道德自覺，君子不在乎個人窮通得失，而

〔註37〕王邦雄等《論語義理疏解》，頁54。
〔註38〕《論語・里仁》，頁52。
〔註39〕《論語・述而》，頁87～88。
〔註40〕《論語・述而》，頁93。
〔註41〕《論語・述而》，頁93：「求仁得仁，又何怨。」
〔註42〕《論語・微子》，頁282～283：「子路從而後，遇丈人，以杖荷蓧。子路問曰：『子見夫子乎？』丈人曰：『四體不勤，五穀不分，孰為夫子？』植其杖而芸。子路拱而立。止子路宿，殺雞為黍而食之，見其二子焉。明日，子路行以告。子曰：『隱者也。』使子路反見之。至則行矣。子路曰：『不仕無義。長幼之節，不可廢也；君臣之義，如之何其廢之？欲潔其身，而亂大倫。君子之仕也，行其義也。道之不行，已知之矣。』」
〔註43〕勞思光《新編中國哲學史》，頁145。

能樂在其中，故德行與福報能否圓滿，實非仁人君子所關心之主要問題。

（五）「富之、教之」的外王治道

福德問題的處理，不惟在內聖工夫上要求人人進德修業，責求自己做好人；也需在外王事業上，保證好人得好報。好人若不得善終，對多數人而言，畢竟是一大遺憾，因此理想的政府，當以政策之力量，彌補人生可能的遺憾；對於人民，為政者有先「富之」「教之」之責任──藏富於民，讓人民不致飢寒起盜心；既富而教，讓人民不致飽暖思淫欲：

> 子適衛，冉有僕。子曰：「庶矣哉！」冉有曰：「既庶矣，又何加焉？」
> 曰：「富之。」曰：「既富矣，又何加焉？」曰：「教之。」〔註44〕

對人民而言，「富」即為「福」，因此政府取信於人之首要職責，乃是足食足兵，所謂「足食，足兵，民信之矣」〔註45〕，政府必先使人民之基本生活獲得滿足，而後方能以道德教化，成就人人自身之「德」，所以福德問題在儒家，最終必論及外王政治實現，因此在儒家義理，福德問題需透過內聖的實踐道德與外王的仁心仁政，在政府制度的保障下，才能更容易讓人人成為好人，也只有由政府保障民眾穩定的生活，才能讓好人普遍獲得好報，如是福德關係即可圓滿了。

二、孟子的福德觀

孟子的福德觀與孔子大致相同，但更進一步；首先孟子的天、命概念較諸孔子，更遠離人格神的影響，勞思光先生指出孟子「將『天』與『命』二觀念，皆歸入『客觀限定』一義，儒學之基本精神，遂完全透出。」〔註46〕天、神的神格地位，完全被人自身道德實踐之意義取代。其次，孟子以「所欲、所樂、所性」的三層區分，為福德問題作了更精確的說明，而義命分立的疏解，也較孔子更為清晰。第三，孟子以大丈夫闡述理想人格，並著重以修養工夫衝破人生命限。其四、無恆產則無恆心，為政者當以實踐仁政為本務，讓天下人民安居樂業，更樂於展現人人本有之德性。

〔註44〕《論語・子路》，頁195。
〔註45〕《論語・顏淵》，頁177。
〔註46〕勞思光《中國哲學史》，頁140。

（一）所欲、所樂、與所性的三層區分

在福德問題的探究上，孟子以「所性、所欲、所樂」的三層區分，與「天爵、人爵」之德行與福報的相對區分，作更精確的疏解：

> 孟子曰：「廣土眾民，君子欲之，所樂不存焉。中天下而立，定四海之民，君子樂之，所性不存焉。君子所性，雖大行不加焉，雖窮居不損焉，分定故也。君子所性，仁義禮智根於心。其生色也，睟然見於面、盎於背。施於四體，四體不言而喻。」〔註47〕

> 孟子曰：「有天爵者，有人爵者。仁義忠信，樂善不倦，此天爵也。公卿大夫，此人爵也。古之人，修其天爵而人爵從之。今之人，修其天爵以要人爵。既得人爵而棄其天爵，則惑之甚者也，終亦必亡而已矣。」〔註48〕

「廣土眾民」，與「中天下而立，定四海之民」；一為君子所欲，一為君子所樂，兩者皆屬君子追求之幸福，畢竟「得志與民由之」而實現其政治抱負，乃是知識份子最大之願景。然幸福之追求，畢竟是求之在外，且幸福畢竟不是「君子所性」，亦即幸福之滿足，並非君子性份之本有。蓋「所欲」與「所樂」均屬於「求在外」之「人爵」〔註49〕，而「人爵」雖求之有道，卻只能得之有命，縱然盡心盡性，然人爵之結果並非由我掌握；況且人爵當為天爵之附屬，而修天爵更不保證可以得人爵，故孟子謂「修其天爵，而人爵從之」，在此所謂「從之」，表示人爵能否實現，並沒有必然性。至於「天爵」則不然，天爵之仁義忠信乃是「求則得之，捨則失之」，是「求有益於德」的向內追求，「樂善好施」之自我實踐，才是君子所性，更是君子本分；此一本分，「雖大行不加焉，雖窮居不損焉」無論是否有機會得道而行，對君子本身仁義忠信之性，是毫無影響的。可見依孟子，「所性」是本，而「所欲」與「所樂」只是末，牟宗三先生在《圓善論》中指出，孟子「只以『所性』為本，而所欲所樂是末，即使肯定其價值，亦必須以『所性』為根據。至於這兩者間在現實人生如何不一致：有德者不必有福，有福者亦不必有德；又如何能理想地圓滿保證其間之恰當的配稱關係以實現最高的公道，以慰勉人之道德時見於

〔註47〕《孟子‧盡心上》，頁 323。
〔註48〕《孟子‧告子上》，頁 281。
〔註49〕《孟子‧盡心上》：「『求則得之，舍則失之』，是求有益於得也，求在我者也。『求之有道，得之有命』，是求無益於得也，求在外者也。」

不墜，凡此等問題皆非孟子所欲問者。」〔註50〕故「所性」與「所欲、所樂」之間，有本末輕重之分別，至於兩者能否圓滿俱足，顯然不是孟子之首要關切。

（二）盡心知性的道德實踐

孟子較孔子最大的進展之一，在孟子已完全擺脫鬼神信仰與巫覡傳統的羈絆，幾不論鬼神與命運，而將人間一切禍福得失，回歸到人自身之德行與政治得失，而將個人禍福純粹視作機遇問題，只以「盡心知性」的修養工夫，「修身以俟之」：

> 孟子曰：「愛人不親，反其仁；治人不治，反其智；禮人不答，反其敬。行有不得者，皆反求諸己。其身正而天下歸之。《詩》云：『永言配命，自求多福。』」〔註51〕

> 盡其心者，知其性也。知其性，則知天矣。存其心，養其性，所以事天也。殀壽不貳，修身以俟之，所以立命也。〔註52〕

孟子以爲，「愛人」未必使人「親」，「治人」未必能得其「治」，待人以「禮」，對方也未必以禮相待；自身付出的德行，未必可以獲得對方對等的回應，這時君子也只有「反求諸己」，反省自己對待別人，是否有眞正付出了「仁」、「智」與「敬」，是否自己的付出，其中也夾雜了虛僞造作的成分？當他人對我付出的善意沒有正面回應，孟子主張反求諸己，因爲「永言配命，自求多福」，原來「福」來自對眞理的實踐（配命），而非他人對我的肯定。仁義道德內在於人，故生而爲人，就有居於仁之安宅，而行義之正路的實踐義務，所以生而爲人的可悲之處，不在無法獲得廣土眾民的肯定，而在「舍其路而弗由，放其心而不知求」〔註53〕的否定自身的良知。大人、君子唯有「盡其心」「知其性」之本分，王邦雄先生說：「形氣老死，是此生最大的命限，殀壽不貳有如死生有命，壽命的短長，不是修養與心願所能扭轉，故人生態度就在眞誠面對，不抗拒也不逃避，此之謂修身以俟之，俟之是面對生命的有限性，修身則是存養生命的無限性，心之官的大體，與耳目之官的小體，上下兩體一體

〔註50〕牟宗三《圓善論》，頁40。
〔註51〕《孟子・離婁》，頁164～165。
〔註52〕《孟子・告子上》，頁309。
〔註53〕《孟子・告子》，頁276。

並行，就在存心養性中，來安立物『命』的意義與價值。」〔註 54〕所以人生之正路，唯有實踐內在本有之道德；至於實踐道德的結果是否可以保證幸福，此非孟子所關切，因為人生是否幸福屬於未可知的「氣命」，對於「命」，孟子僅言：「求之有道，得之有命」〔註 55〕，幸福能否得之，非我可以決定，故君子「行法，以俟命而已矣。」〔註 56〕只有朝聞道，夕死可也的覺悟；對存在的命限，以大丈夫不動心之浩然正氣直接面對，心既以「所性」為悅〔註 57〕而不以「所樂」為悅，只要居仁之安宅，行義之正路，舉手投足皆是仁義，即可「人不知，亦囂囂」〔註 58〕，無論窮通貧富皆可囂囂自得。掌握「所性」即是幸福，又何憾之有？

（三）魚與熊掌，不可得兼的人生抉擇

孟子既已將道德與幸福二分、天爵與人爵二分，所性與所欲、所樂三分，則當道德與幸福面臨抉擇時，如何抉擇的答案，也就很明顯了：

> 孟子曰：「魚，我所欲也；熊掌，亦我所欲也。二者不可得兼，舍魚而取熊掌者也。生，亦我所欲也；義，亦我所欲也。二者不可得兼，舍生而取義者也。生亦我所欲，所欲有甚於生者，故不為苟得也。死亦我所惡，所惡有甚於死者。」〔註 59〕

當道德與幸福發生衝突，孟子以為生而為人唯一的選擇，是實踐道德，捨生取義；我們可以由孟子大丈夫的理想人格，論孟子如何處理福德問題：

1. 大丈夫的生命人格

「大人」與「大丈夫」是孟子的理想人格，他們「篤信死守，達不離道」〔註 60〕。一個大人或大丈夫，必有四端的存養：孟子曰：「存乎人者，豈無仁義之心哉？」〔註 61〕人人皆有善性，人人皆有仁義之心，君子小人之不同，在對自己天生的德性是否自覺，舜「聞一善言，見一善行，若決江河，沛然

〔註 54〕王邦雄《中國哲學論集》（臺北：學生書局，1983 年），頁 295。
〔註 55〕《孟子・盡心》，頁 311。
〔註 56〕《孟子・盡心》，頁 366。
〔註 57〕《孟子・告子》：「心之所同然者，何也？謂禮也，義也。聖人先得我心之所同然耳。故禮義之悅我心，猶芻豢之悅我口。」
〔註 58〕《孟子・盡心》，頁 315。
〔註 59〕《孟子・告子》，頁 273。
〔註 60〕《孟子》，頁 138。
〔註 61〕《孟子・告子》，頁 269。

莫之能禦」〔註62〕，便是自覺的展現。君子不但有所自覺，又能不間斷的「存之、養之、擴充之」。故大人與小人之不同，存乎一心，與對此心之操持存養。人的本質相同，但「心志」不同，決定聖凡的不同，孟子曰：「欲知舜與跖之分，無他，利與善之間也。」〔註63〕舜與跖的差別，不過取決於「利與善之間」的一念之差罷了。其次，大丈夫服從良知，建立絕對的自我肯定：小人受制於生理官能，屈服於小體的滿足。孟子曰：「君子所異於人者，以其存心也。君子以仁存心，以禮存心。」〔註64〕大丈夫依據自己的良知，抗拒外在的誘惑，才是成就自己真實生命的第一步；依據自己的良知，不需外來的肯定，特立獨行，居仁由義，反身而誠，頓覺萬物皆備於我，便是人生最大之成就，豈需再追求物質的幸福呢？

2. 大丈夫對福德觀的自我抉擇

本文以為，當大丈夫人格真正形成後，將無所謂福德問題，因為大丈夫「得志澤加於民，不得志脩身見於世，窮則獨善其身，達則兼善天下」〔註65〕、「居天下之廣居，立天下之正位，行天下之大道，得志與民由之，不得志獨行其道；富貴不能淫，貧賤不能移，威武不能屈」〔註66〕，無論得志、失志，大丈夫獨行其道而不貳，故依孟子，天爵之德性高貴與人爵的利祿福報，未必可以得兼，也無必要得兼，如唐君毅先生所說：「行道，是義；而接受此道之不行，亦是義。」〔註67〕無論道能否行，大丈夫唯有正心以對，那麼大丈夫為何可以面對如此逆境呢？

第一、大丈夫有寡欲的修養：子曰：「無欲則剛」，孟子曰：「養心莫善於寡欲。其為人也寡欲，雖有不存焉者，寡矣。其為人也多欲，雖有存焉者，寡矣」〔註68〕；「多欲」便是容易放失良心，慾望便是道德實踐的最大障礙，而被慾望牽引，便是小人。誘惑不單只名利財色之欲，「廣土眾民」與「中天下而立」之抱負，也是君子必須抗拒欲得之誘惑。故需有修養工夫，才可貞定四端之心，寡欲

〔註62〕《孟子‧盡心》，頁320。
〔註63〕《孟子‧盡心》，頁328。
〔註64〕《孟子‧離婁》，頁205。
〔註65〕《孟子‧盡心》，頁315。
〔註66〕《孟子‧滕文公》，頁138。
〔註67〕唐君毅《中國哲學原論‧導論篇》（香港：新亞研究所，1974年修訂再版），頁536。
〔註68〕《孟子‧盡心》，頁368。

就是最基礎的修養工夫，四端之心不「放失」，便可以避免落入「物交物則引之而已」的墮落了。

第二、大丈夫有「先立乎其大」的志向：「舜何人也！予何人也！有爲者亦若是！」〔註69〕舜與凡人的本質相同，差別只在舜對良知的覺醒，而努力的踐道，一般人卻可能因受習氣物欲之牽引，迷失良心本善；故孟子主張「先立乎其大者，則其小者不能奪也」〔註70〕。所謂「立乎其大」即不以一己之幸福爲人生之終極目標，而是基於人皆有之的四端之心，希聖希賢，以成爲「大人」爲目標，以養心養氣的修養工夫證成，如林安梧先生所謂：「使自己當前的實際存在成爲一理想的真實存在。」〔註71〕由於以良知作爲定準，使耳目感官之欲求，無法干預、擾亂、控制自己的心智，形氣物欲對人便不構成干擾，而不致於「從其小體爲小人」了。

第三、大丈夫有不動心的修養工夫：「寡欲」是消極的修養，真正的道德實踐，必然包括積極的「推己及人」，施善心行仁政，需有一股「浩然正氣」以承擔天下的重任。「正氣」不是逞血氣之勇，而是一種經過良知自覺後，集義而生的勇氣，孟子對不動心之道論之甚詳，所謂：「其日夜之所息，平旦之氣，其好惡與人相近也者幾希」〔註72〕，人人都有清醒的時候，但雞鳴而起，有人孳孳爲善，有人孳孳爲利；孳孳爲利者，其善當然不足以存；孳孳爲善者，若能「持其志，無暴其氣」〔註73〕、「以直養而無害」〔註74〕，則日漸養成的道德勇氣，將「塞于天地之間」，此一勇氣之根源「配義與道」〔註75〕，是以大丈夫之勇出於仁心，由於自家生命與天地間的一體感應，且時時的操持存養，因此不忍見萬物的受傷，更進一步因不忍他人生命之受傷，而珍惜別人的生命，這種勇氣是利人的、無私的，是「文王一怒而安天下！」〔註76〕而不是「撫劍疾視曰：

〔註69〕《孟子‧滕文公》，頁108～109。
〔註70〕《孟子‧告子》，頁280。
〔註71〕林安梧《當代新儒家哲學史論》（臺北：明文書局，1996年），頁193。
〔註72〕《孟子‧告子》，頁270。
〔註73〕《孟子‧公孫丑》，頁65。
〔註74〕《孟子‧公孫丑》，頁67。
〔註75〕同前註。
〔註76〕《孟子‧梁惠王》，頁35～36。

『彼惡敢當我哉！』」〔註77〕的血氣之勇。大丈夫「持其志，無暴其氣」是以良知爲勇氣之根源，義無反顧，無慊於心，其氣「塞于天地間」〔註78〕，是以「雖千萬人吾往矣」〔註79〕，不會因外在環境改變，或心情起伏而動搖其意志。

第四、大丈夫以浩然正氣衝破人生一切難關：養心養氣，不動心，即可衝破「由仁義行」中必然遭遇的橫逆，對於種種逆境，君子只能盡自己的本分，以自覺、清醒的態度，抗拒誘惑，鍛鍊自己的意志力，無論寵辱得失，只有「正命以盡其道而死」的理性面對〔註80〕而不易其常度！而不動心之所以可能，全然因浩然正氣之存養所致，藉由勇氣的存養，使大丈夫對自身之道德使命產生絕對的信念，「非仁無爲也，非禮無行也，如有一朝之患，則君子不患矣」〔註81〕，何以「君子有終身之憂，而無一朝之患」〔註82〕呢？因爲君子之憂自己能否「如舜而已矣」，現實幸福所遭逢的挫折，又哪會放在心上呢？所以孟子曰：「當今之世，舍我其誰也？吾何爲不豫哉！」〔註83〕孟子之所以不在乎福報，概由於其浩然正氣「沛然莫之能禦」之故也。

（四）有恆產而後有恆心的外王政治

幸福之追求，固非孟子學說中心，然而爲政之本在養民；故孟子主張先

〔註77〕《孟子・梁惠王》，頁34。
〔註78〕《孟子・公孫丑》，頁67。
〔註79〕《孟子・公孫丑》，頁63。
〔註80〕牟宗三《圓善論》，頁46：「一切莫非是命，人自當順而受之，不能違逆於命，即使你想違逆之，亦違逆不來。雖是如此，然于順受中亦當順而受其正當者，不應受其不者。受其正當者，其所受之命是『合理合道盡其所當爲』中的命，斯之謂『正命』。若受之而卻受了一個不正當的命，此便是『不合理合道而未盡其所當爲』中的命。既然有正不正之別，則正不正之如何表示須看是何方面的『命』而定。茲仍落在生死上說。生死雖有命存焉，但在此面，知命者卻不因爲有命存焉，即立於巖牆之下。康德于此名曰『理性無用』。盡道而死，雖就是要死，亦需盡道。盡道就表示理性有用。盡道而死，則所受之命是正當的命。不盡道而死，如死於拘禁械繫，戕賊以死，則是死於非命，是不正當的命。」
〔註81〕《孟子・離婁》，頁206。
〔註82〕《孟子・離婁》，頁206。
〔註83〕《孟子・公孫丑》，頁104。

知有啓發後知之義務，而政府更有使萬民「有恆產而後有恆心」之責任，茲分別說明如下：

1. 行王道施仁政：讓人人當好人

盡心盡性而知天，只問德行不求福報，是儒者的基本修爲；然孟子亦不能否認在現實世界中，「所性」未必能享「所樂」，實踐道德也未必可以獲得幸福；然如牟宗三先生所說：「人生不能永遠處於缺陷悲壯之中」〔註84〕。道德與幸福必須取得一致，才能避免好人無好報的遺憾；因此儘管孟子思想講大丈夫、成大人之道；但孟子的外王架構中，並未忽略人生對於幸福需求，並以爲人民之幸福，乃是政府的基本責任：

> 無恆產而有恆心者，惟士爲能。若民則無恆產，因無恆心。苟無恆心，放辟邪侈，無不爲已。及陷於罪，然後從而刑之，是罔民也。焉有仁人在位，罔民而可爲也？是故明君制民之產，必使仰足以事父母，俯足以畜妻子；樂歲終身飽，凶年免於死亡；然後驅而之善，故民之從之也輕。今也制民之產，仰不足以事父母，俯不足以畜妻子；樂歲終身苦，凶年不免於死亡；此惟救死而恐不贍，奚暇治禮義哉？王欲行之，則盍反其本矣。五畝之宅，樹以之桑，五十者可以衣帛矣。雞豚狗彘之畜，無失其時，七十者可以食肉矣。百畝之田，勿奪其時，八口之家可以無飢矣。謹庠序之教，申之以孝悌之義，頒白者不負戴於道路矣。老者衣帛食肉，黎民不飢不寒，然而不王者，未之有也。〔註85〕

「無恆產而有恆心」，是「士」之本分；然無恆產則無恆心，卻是人之常情。人固當有道德自覺，然道德自覺亦不可脫離現實生存而空談。故政府當先提供「恆產」使庶民得「恆心」，而後可教育人民成「好人」；是以政府理當爲民置產，「必使仰足以事父母，俯足以畜妻子；樂歲終身飽，凶年免於死亡」，而後可以教之以禮義；所謂「使民養生喪死無憾也。養生喪死無憾，王道之始也。」蓋衣食足而後知榮辱，若不能保障人民之基本幸福，道德自覺，豈可求乎？

因此針對梁惠王一連串「寡人有疾，寡人好色」「寡人有疾，寡人好貨」「寡人有疾，寡人好勇」「寡人有疾，寡人好樂」的託詞，孟子未就好色、好

〔註84〕牟宗三《圓善論》，頁 57。
〔註85〕《孟子‧梁惠王》，頁 27～28。

貨、好勇、好樂等慾望加以駁斥，而是基於同理心，以「與百姓同樂」〔註86〕「文王一怒而安天下民」〔註87〕之政治期許疏導之，蓋如李明輝先生所說，「功利原則可作爲衍生的道德原則」〔註88〕，與百姓同利而安天下之民便是王道仁政，如此幸福，孟子當不反對。因此對於過份矯情的清廉，孟子也不加贊同，他批評齊國「身織屨、妻辟纑」的廉士陳仲子是「蚓而後充其操者也」〔註89〕，足見荒淫失禮固然不可，但自苦至極的非人之道，同樣不是儒家所贊同。所以，若非面臨生死之間無可妥協的抉擇，孟子以爲人生存之基本需求，亦不可偏廢：

> 仕非爲貧也，而有時乎爲貧；娶妻非爲養也，而有時乎爲養。爲貧者，辭尊居卑，辭富居貧，惡乎宜乎？〔註90〕

> 可以死，可以無死，死傷勇；可以取，可以無取，取傷廉。〔註91〕

「仕」之目的，當爲行「道」，「仕」本不當僅只爲貧；但若爲生活，不得已需爲貧而仕，則出入進退，當「辭尊居卑」，知所進退，不可爲仕傷廉，不可爲仕貪財，如此在道德與幸福間，亦可取得平衡了。

2.「中也養不中，才也養不才」：人人皆能成就自己

天生才氣，本不平等，而人之所以異於禽獸，在人有性善，人有四端之心；故儒者的使命感，不僅在獨善其身，更要兼善天下。因此孟子福德觀一方面認爲人人皆有義務「居仁由義」，實踐修養工夫，以成就自己爲大人、大丈夫；另一方面有能力之「大人」，亦有義務啓發後進，成就後進也成大人，所謂：

> 中也養不中，才也養不才，故人樂有賢父兄；中也棄不中，才也棄不才，則賢不肖相去不容以寸！〔註92〕

> 天之生此民也，使先知覺後知，使先覺覺後覺也。予，天民之先覺者也。予將以斯道覺斯民也，非予覺之而誰也？思天下之民匹夫匹婦有不被堯舜之澤者，若己推而内之溝中。〔註93〕

〔註86〕《孟子・梁惠王》，頁32。
〔註87〕《孟子・梁惠王》，頁35。
〔註88〕李明輝《孟子重探》（臺北：聯經出版事業公司，2001年），頁65：「孟子的存心倫理學並不否認功利原則可作爲衍生的道德原則。」
〔註89〕《孟子・滕文公》，頁155。
〔註90〕《孟子・萬章》，頁247。
〔註91〕《孟子・離婁》，頁199。
〔註92〕《孟子・離婁》，頁190。
〔註93〕《孟子・萬章》，頁235。

賢父兄之所以爲賢父兄,在其自身雖賢,卻對不中、不才不失包容、提攜、與照顧;反之若中也棄不中,才也棄不才,那麼所謂賢與不肖,又有何差別呢?因此聖人使人人皆善,賢人使人人皆賢,王邦雄先生說先知覺後知,先覺覺後覺,「使每一個人的生命,都能自覺挺立,不僅使斯民爲堯舜之民,根本上是人人皆可爲堯舜,那時人人皆先知先覺,皆自知自覺,這才是儒家思想的終極理境。」〔註 94〕如此人人爲善,便是人人有福,德行與福報俱足圓滿,福德關係至此,亦可圓滿完成了。

第二節　墨家的福德觀

　　墨家的福德觀十分特別,在周公、孔子等哲人已開始脫離人格神信仰,由神本逐漸走向人本的時代,墨家的福德觀,卻依舊維持傳統禍福報應的觀念,葛兆光先生認爲墨子的憂慮是「如果相信儒家敬鬼神而遠之的態度,用儒家祭神如神在的方式,當上天與鬼神都失去了臨鑒示警的作用時,很可能人們已經失去了最後的敬畏,從而無法挽救精神的墮落。」〔註 95〕墨家認爲儒家「敬鬼神而遠之」的態度,必將導致人對上天失去最後的敬畏,故墨家以鬼神與天志的實存,確保善惡報應的存在。故墨家之福德觀有以下特色:首先,義自天出,人類的道德理序來自天;因此人需尚同天志。而天主賞罰,以「明鬼」貫徹上天之意志。服從「天志」而「兼愛」「非攻」,便是福報。故墨家之福德觀,是以兼愛非攻之實踐天志爲內聖,而兼愛非攻所獲得的天下大利,即是外王福報。

一、天志爲德的價值根源

　　墨家認爲,人間的社會理序來自天志,因此人需「法天」,唯此所謂「法天」並非老子「人法地,地法天」〔註 96〕之自然意,老子之法天,在法天之自然〔註 97〕;墨家之法天,在法天之天志,墨子以爲天志欲人相愛,違背天志,天必禍之,故人必須尚同於天,所謂:

　　　　然則奚以爲治法而可?故曰莫若法天。天之行廣而無私,其施厚而

〔註94〕王邦雄等《孟子義理疏解》(臺北:鵝湖出版社 1997 年),頁 370。
〔註95〕葛兆光《中國思想史》,上海:復旦大學出版社,2001 年 10 月,頁 503。
〔註96〕《老子‧二十五章》,頁 107:「人法地,地法天,天法道,道法自然。」
〔註97〕同前註。

不德，其明久而不衰，故聖王法之。既以天爲法，動作有爲必度於天，天之所欲則爲之，天所不欲則止。然而天何欲何惡者也？天必欲人之相愛相利，而不欲人之相惡相賊也。奚以知天之欲人之相愛相利，而不欲人之相惡相賊也？以其兼而愛之、兼而利之也。奚以知天兼而愛之、兼而利之也？以其兼而有之、兼而食之也。今天下無大小國，皆天之邑也。人無幼長貴賤，皆天之臣也。此以莫不犓羊、豢犬豬，絜爲酒醴粢盛，以敬事天，此不爲兼而有之、兼而食之邪！天苟兼而有食之，夫奚説以不欲人之相愛相利也！故曰愛人利人者，天必福之；惡人賊人者，天必禍之。曰殺不辜者，得不祥焉。夫奚説人爲其相殺而天與禍乎！是以知天欲人相愛相利，而不欲人相惡相賊也。〔註98〕

天欲義而惡不義。然則率天下之百姓以從事於義，則我乃爲天之所欲也。我爲天之所欲，天亦爲我所欲。然則我何欲何惡？我欲福祿而惡禍崇。若我不爲天之所欲，而爲天之所不欲，然則我率天下之百姓，以從事於禍崇中也。然則何以知天之欲義而惡不義？曰天下有義則生，無義則死；有義則富，無義則貧；有義則治，無義則亂。然則天欲其生而惡其死，欲其富而惡其貧，欲其治而惡其亂，此我所以知天欲義而惡不義也。〔註99〕

義者不自愚且賤者出，必自貴且知者出。曰誰爲知？天爲知。然則義果自天出也。〔註100〕

「義自天出」，人間一切道德法律的依據皆出自「貴且知」的「天」，故「今天下無大小國，皆天之邑也。人無幼長貴賤，皆天之臣也。」天是有意志的人格神，而人的一切都來自上天賜予，「天」不僅「欲義而惡不義」，更會主動賞善罰惡，所謂「愛人利人者，天必福之；惡人賊人者，天必禍之」，既然「天欲人相愛相利，而不欲人相惡相賊也」。所以人要服從天志，可以說墨家的核心理論兼愛非攻，都是來自「天志」。天志既然是天的意志，甚至是人間權威最大的天子，都必須承受天的賞罰：

〔註98〕本文引用之《墨子》版本爲張純一《墨子集解》（臺北：文史哲出版社，1982年），頁32～35。
〔註99〕《墨子・天志上》，頁241～242。
〔註100〕《墨子・天志下》，頁261。

天子有善，天能賞之；天子有過，天能罰之。天子賞罰不當，聽獄
不中，天下疾病禍福，霜露不時，天子必且犓豢其牛羊犬彘，絜爲
粢盛酒醴，以禱祠福於天，我未嘗聞天之禱祈福於天子也，吾以此
知天之重且貴於天子也。〔註101〕

天子代表人間至高權位，然「天之重且貴於天子」，因爲「天子有善，天能賞
之；天子有過，天能罰之」，天會以「疾病禍福」「霜露不時」懲罰「賞罰不
當」的天子，因此「天子必且犓豢其牛羊犬彘，絜爲粢盛酒醴，以禱祠福於
天」。人類的一切行爲必須符合上天的意志（即兼愛），違反要求，必遭上天
報應，而面對發怒的上天，人類唯有「以禱祠福」，而無抗衡之力；至於天志
的權威，乃由明鬼展現。

二、鬼神賞善罰惡

天既然有意志，那麼上天要如何貫徹自己的意志呢？答案在「明鬼」，所
謂：

聖王禹、湯、文、武，兼愛天下之百姓，率以尊天事鬼，其利人多，
故天福之，使立爲天子，天下諸侯皆賓事之。暴王桀、紂、幽、厲，
兼惡天下之百姓，率以詬天侮鬼，其賊人多，故天禍之，使遂失其
國家，身死爲僇於天下，後世子孫毀之，至今不息。故爲不善以得
禍者，桀、紂、幽、厲是也；愛人利人以得福者，禹、湯、文、武
是也。愛人利人以得福者有矣，惡人賊人以得禍者亦有矣。〔註102〕

故古者聖王，明天鬼之所欲，而避天鬼之所憎，以求興天下之利，
除天下之害。是以率天下之萬民，齊戒沐浴，絜爲酒醴粢盛，以祭
祀天鬼。其事鬼神也，酒醴粢盛不敢不蠲潔，犧牲不敢不腯肥，珪
璧幣帛不敢不中度量，春秋祭祀不敢失時幾，聽獄不敢不中，分財
不敢不均，居處不敢怠慢。曰其爲正長若此，是故上者天鬼有厚乎
其爲政長也，下者萬民有便利乎其爲政長也。天鬼之所深厚而能彊
從事焉，則天鬼之福可得也。萬民之所便利而能彊從事焉，則萬民
之親可得也。其爲政若此，是以謀事得，舉事成，入守固，出誅勝

〔註101〕《墨子·天志下》，頁260。
〔註102〕《墨子·法儀》，頁35～36。

者，何故之以也？曰唯以尚同爲政者也。故古者聖王之爲政若此。
〔註103〕

墨子以「桀、紂、幽、厲」，與「禹、湯、文、武」的善惡報應說明「愛人利人以得福者有矣，惡人賊人以得禍者亦有」的結果，說明「故古者聖王，明天鬼之所欲，而避天鬼之所憎，以求興天下之利，除天下之害」的原因。此說實在完全否定人存的價值，蓋「天鬼之所深厚而能彊從事焉，則天鬼之福可得也。」墨子認定人生只須服從信仰即可獲得福報，問題是現實生活的經驗顯然不是如此，那麼墨子如何解釋「現實世界中未必看得到報應」呢？墨子的解釋是：因爲祭祀只是必要條件，卻非充分條件，所謂必要條件，亦即「有之不必然，無之必不然」，祭祀未必有福報，但福報並非藉由祭祀這單一方式即可獲致，墨子的解釋如下：

> 子墨子有疾，跌鼻進而問曰：「先生以鬼神爲明，能爲禍福，爲善者賞之，爲不善者罰之。今先生聖人也，何故有疾？意者先生之言有不善乎？鬼神不明知乎？」子墨子曰：「雖使我有病，何遽不明？人之所得於病者多方，有得之寒暑，有得之勞苦，百門而閉一門焉，則盜何遽無從入？」〔註104〕

墨子苦行救世，一如聖人，竟染斯疾，使學生的明鬼信仰產生動搖，因而質問：「先生以鬼神爲明，能爲禍福，爲善者賞之，爲不善者罰之。今先生聖人也，何故有疾」，顯然學生以爲祭祀與健康似無必然關係。墨子的回應則是「人之所得於病者多方，有得之寒暑，有得之勞苦，百門而閉一門焉，則盜何遽無從入？」換言之，導致疾病的因素太多，或因寒暑致病，或因積勞致病，祭祀只是可能致病的「百門」之一罷了，百門只關閉一門，當然不能防盜，而導致疾病的要素極多，當然也不能因自己染病，而懷疑祭祀無效。同樣的論證方式也出現在〈魯問〉：

> 子墨子出曹公子而於宋，三年而反，睹子墨子曰：「始吾游於子之門，短褐之衣，藜藿之羹，朝得之，則夕弗得，祭祀鬼神。今而以夫子之教，家厚於始也。有家厚，謹祭祀鬼神。然而人徒多死，六畜不蕃，身湛於病，吾未知夫子之道之可用也。」子墨子曰：「不然！夫鬼神之所欲於人者多，欲人之處高爵祿則以讓賢也，多財則以分貧

〔註103〕《墨子・尚同中》，頁111〜114。
〔註104〕《墨子・公孟》，頁592〜593。

也。夫鬼神豈唯擢季拊肺之為欲哉？今子處高爵祿而不以讓賢，一
不祥也；多財而不以分貧，二不祥也。今子事鬼神唯祭而已矣，而
曰：『病何自至哉？』是猶百門而閉一門焉，曰『盜何從入？』若是
而求福於有怪之鬼，豈可哉？」〔註105〕

這則引文中，墨子再度重申：只有祭祀而無其他具體作為，如同有心防盜，
卻「百門而閉一門」一般無效；更強調「鬼神之所欲於人者多，欲人之處高
爵祿則以讓賢也，多財則以分貧也」，顯然墨子以為鬼神希望有能者「高爵多
財」的真正目的在「讓賢分貧」，因此「處高爵祿而不以讓賢，一不祥也；多
財而不以分貧，二不祥也」，既然「不讓賢」「不分貧」本為「不祥」之事，
那麼祝禱當然也就無效了。

墨家學說儘管感動世人，但墨子證明鬼神存在的論證，卻屬無效論證；
因為墨子證明鬼神存在的方法，是：「無法證明鬼不存在，所以鬼存在」，但
此種推論其實屬於「訴諸無知的謬誤」；以〈公孟〉為例：

有游於子墨子之門者，謂子墨子曰：「先生以鬼神為明知，能為禍人
哉福？為善者富之，為暴者禍之。今吾事先生久矣，而福不至，意
者先生之言有不善乎？鬼神不明乎？我何故不得福也？」子墨子
曰：「雖子不得福，吾言何遽不善？而鬼神何遽不明？子亦聞乎匿徒
之刑之有刑乎？」對曰：「未之得聞也。」子墨子曰：「今有人於此，
什子，子能什譽之，而一自譽乎？」對曰：「不能。」「有人於此，
百子，子能終身譽亓善，而子無一乎？」對曰：「不能。」子墨子曰：
「匿一人者猶有罪，今子所匿者若此亓多，將有厚罪者也，何福之
求？」〔註106〕

墨子曰「今子所匿者若此亓多，將有厚罪者也，何福之求」，意即「罪孽深重，
當然無福可求」，問題是此說不但不能證明鬼神的存在，對方未受報應，反倒
顯見天志不彰，終究無法證明鬼神存在可以確保禍福報應。尤其值得注意的
是〈明鬼〉中的這段文字：

今絜為酒醴粢盛，以敬慎祭祀，若使鬼神請有，是得其父母姒兄而
飲食也，豈非厚利哉？若使鬼神請亡，是乃費其所為酒醴粢盛之財
耳。自夫費之，非特注之汙壑而棄之也，內者宗族，外者鄉里，皆

〔註105〕《墨子·魯問》，頁 608～609。
〔註106〕《墨子·公孟》，頁 591～592。

得如具飲食之。雖使鬼神請亡，此猶可以合驩聚眾，取親於鄉里。
今執無鬼者言曰：「鬼神者固請無有，是以不共其酒醴粢盛犧牲之
財。吾非乃今愛其酒醴粢盛犧牲之財乎？其所得者臣將何哉？」此
上逆聖王之書，内逆民人孝子之行，而爲上士於天下，此非所以爲
上士之道也。是故子墨子曰：今吾爲祭祀也，非直注之汙壑而棄之
也，上以交鬼之福，下以合驩聚眾，取親乎鄉里。若神有，則是得
吾父母弟兄而食之也。則此豈非天下利事也哉！〔註107〕

這段文字中，墨子雖然強調祭祀的好處，卻同樣未能證明鬼神的存在，因爲
「若使鬼神請有」與「若使鬼神請無」之說，便表示墨子雖然認定祭祀確實
有好處，卻不能確定鬼神之「有」。鐘友聯先生認爲這段文章的形式化後的論
證形式爲（1）如果鬼神是存在的，則人們的祭祀可以得到好處。（2）如果鬼
神是不存在的，則人們的祭祀同樣也可以得到好處。（3）鬼神是存在的，或
鬼神是不存在的。（4）因此，人們的祭祀都可以得到好處〔註108〕。但上述論
證其實只說明了祭祀的種種實際利益；問題在墨子固然可以證明祭祀有「合
驩聚眾，取親乎鄉里」、「得吾父母弟兄而食之」之種種利益，卻同樣未能證
明鬼神之存在。可見墨子雖然一再強調明鬼，並以朝代興衰等歷史事實證明
鬼神賞罰，但恐怕也只是以鬼神設教，反倒是祭祀所得的「豈非厚利」與「天
下利事」等種種實際利益，才是墨子關注之焦點。

　　「明鬼」是墨家與儒、道、法家截然不同之處，孔子敬鬼神而遠之，《左
傳》亦有「薛徵於人，宋徵於鬼，宋罪大矣」〔註109〕之論；孟、莊二子更已
完全脫離鬼神信仰，而荀子、韓非則訴諸外王事業解決社會問題，當各家皆
致力以人事面對福德問題之際，墨家卻秉持鬼神信仰的傳統。儘管墨子明鬼
之推論過程其實充斥謬誤，但或許正是因爲結合了傳統信仰的墨家思想，使
墨家因此廣受中下階級歡迎，而可成爲顯學之故。蓋如荀子所說：「君子以爲
文，百姓以爲神」儒家的人文理智顯然不是庶民可以輕易理解，道家亦非宗
教，故無宗教撫慰人心之效驗，法家又專注於耕戰，而實無精神生活，在此
之際，或只有墨家之鬼神信仰與信仰所帶來的實際利益，可以撫慰廣大民眾
之心靈需求。

〔註107〕《墨子‧明鬼下》，頁300～301。
〔註108〕鐘友聯《墨家的哲學方法》（臺北：東大圖書公司，1976年），頁107。
〔註109〕《左傳》，頁940。

三、兼相愛交相利的實際利益

墨子思想為一重利之想，其學說之所以風靡天下，當然與其重利思想相關；依墨子，既然義自天出，天以鬼神賞罰禍福，則人只要服膺天志，即可保證福報，所謂：

> 順天意者，義政也。反天意者，力政也。然義政將奈何哉？子墨子曰：處大國不攻小國，處大家不篡小家，強者不劫弱，貴者不傲賤，多詐者不欺愚。此必上利於天，中利於鬼，下利於人，三利無所不利，故舉天下美名加之，謂之聖王。〔註110〕

> 古之知者之為天下度也，必順慮其義，而後為之行，是以動則不疑，速通成得其所欲，而順天鬼百姓之利，則知者之道也。是故古之仁人有天下者，必反大國之說，一天下之和，總四海之內，焉率天下之百姓，以農臣事上帝山川鬼神。利人多，功故又大，是以天賞之，鬼富之，人譽之，使貴為天子，富有天下，名參乎天地，至今不廢。

> 此則知者之道也，先王之所以有天下者也。〔註111〕

「愛人者，人亦從而愛之；利人者，人亦從而利之；惡人者，人亦從而惡之；害人者，人亦從而害之。」〔註112〕其實是天下通義，不同的是，墨子之說未免如孟子所謂：「以利說秦、楚之王，秦、楚之王悅於利，以罷三軍之師；是三軍之士樂罷而悅於利也。為人臣者，懷利以事其君，為人子者，懷利以事其父，為人弟者，懷利以事其兄，是君臣、父子、兄弟終去仁義，懷利以相接」〔註113〕，是流於利益交換之功利主義，雖然或可換取一時之和平，終將導致仁義之不存，況且假若發動戰爭可以獲取更大之利益，墨者又如何能勸阻侵略之發生呢？因此「兼相愛」必「交相利」之說，雖可說服市井大眾，卻少了哲學的純粹。因此吾人可說——墨子將道德根源訴諸於人格神之天，而將「利人多，功又大」的天子，說是「天賞之，鬼富之」的報酬；將福德問題簡化為信仰問題，再以實際損益強調信仰的力量，藉由信仰之獲利與獎懲，消弭福德可能不一致之遺憾，即為墨子之福德觀。

〔註110〕《墨子・天志中》，頁245～246。
〔註111〕《墨子・非攻下》，頁187～188。
〔註112〕《墨子・兼愛中》，頁142～143。
〔註113〕《孟子・告子》，頁290～291。

第三節　老莊對儒墨福德觀的反思

　　道家的福德觀，與儒墨大異其趣，首先儒墨對福德雖有本末之分，但皆不反對福報之追求，唯獨道家對幸福追求之行為，特別戒慎恐懼；儒墨皆重視德行，而欲以崇德善政之外王工夫保證眾生之幸福，唯獨道家視儒墨之德為有心造作，欲以「作用的保存」〔註114〕同時解消德行與福報之壓力。道家對福德觀的見解，是以「下德不失德，是以無德」批判儒墨的福德觀；而以「上德不德，是以有德」建立自家的福德觀，茲分別說明如下：

一、老莊對「福」的反思

　　道家對儒墨的福德觀，有深刻的反思，老莊首重「無為」，因此在其眼中，儒墨德行，皆屬有心有為之人為造作；然而「飄風不終朝，驟雨不終日。孰為此者？天地。天地尚不能久，而況於人乎」〔註115〕？天地自然運化而出的的飄風驟雨，尚且不能長久，何況人為造作呢？人為造作違反自然，只要背離自然「知和曰常」〔註116〕的生成原理，即不可能長久；是以儒墨人為之德行，當無可能長久！道家對福報之反思，一在世俗幸福，即為負累，二為福報不可知，三為福報本不可求，分別說明如下：

（一）世俗幸福之追求，反易成為負累

　　世俗之幸福，即為負累，「有」的本身，便是禍源。以上為道家對世俗幸

〔註114〕牟宗三《圓善論》，頁281：「道之所以為最高以其『法自然』，無為而無不為，無為故無敗（為者敗之），無執故無失（執者失之）之故也。此明示道為圓滿之境。凡有為有執者皆有限定，有限定即滿，即其生命不合道，未成一神聖生命，未成一真人或天人。上引經語並不表示道家一定否定德、仁、義、禮等，重在表示以何等方式始能成其為德、為仁、為義、為禮等。蓋必須以無為無執之方式始能實有之也。故云『上德不德，是以有德；下德不失德，是以無德。（同上三十八章）』此亦如『絕聖而後聖功存，棄仁而後仁德厚』（王弼語，見老子微旨例略）亦復如『般若非般若斯之謂般若』，般若以無學學，以無得得。此在佛家言般若智之妙用，在道家則為玄智之妙用，其基本精神同也，同唯一融通淘汰之精神。融通是汰除執、為，蕩相遣執；融通是消化封限而歸於玄德，令萬物各歸根復命而得自在也。故般若成全一切法，玄智亦成全一切德如仁義禮智等，同時亦成全天地萬物令歸自在。此種成全曰『作用的成全』。」
〔註115〕《老子・二十三章》，頁13。
〔註116〕《老子・五十五章》，頁33。

福之洞見，是以道家對建立在物欲追求的幸福的追求戒慎恐懼，老子曰：

> 五色令人目盲，五音令人耳聾，五味令人口爽，馳騁畋獵令人心發
> 狂，難得之貨令人行妨。是以聖人爲腹不爲目，故去彼取此。〔註117〕

> 持而盈之，不如其已；揣而梲之，不可長保；金玉滿堂，莫之能守；
> 富貴而驕，自遺其咎。功遂身退，天之道。〔註118〕

五色、五音、五味、馳騁田獵、難得之貨與金玉滿堂，皆屬人人欲得之福；然而世俗追求之幸福，其實只是個人慾望之膨脹；人人欲求「盈」，人人欲爭「梲」，然則此一「可欲」的實現，其過程卻是負累，而不是善！王邦雄先生在《老子道德經的現代解讀》說：「孟子所說的『可』是良知、本心的認可；欲求通過『良心』的檢驗，認『可』，那就是『善』。老子所說的『可』是心之執著的預期，人心會因期盼、癡狂而大亂。」〔註119〕結果幸福的追求不但無法讓人感到滿足，反而使人陷入「目盲」、「耳聾」、「口爽」、「行妨」、「心發狂」的麻木與恐慌。追求外在的幸福，不但無法帶來真正的平安喜樂，反而讓人在追求的過程中，心因「驚」恐而「患得患失」，表面看似榮寵，實則帶來屈辱，因此老子說：

> 寵辱若驚，貴大患若身，何謂寵辱若驚？寵爲上，辱爲下。得之若
> 驚，失之若驚，是爲寵辱若驚。〔註120〕

原本幸福的追求，當以自我實現爲目標，可是高貴自「身」的造作，適足以形成「大患」，因「心知」的執著迫使自己打天下，然則辛苦追逐的名利不但不可常保、莫之能守，甚至不免自遺其咎。此人爲造作，適得其反。《莊子·人間世》說：

> 事若不成，則必有人道之患；事若成，則必有陰陽之患。若成若不
> 成而後無患者，唯有德者能之。〔註121〕

「事成」有陰陽之患，蓋如李勉所說「不得平靜，易以傷神，此亦患也」〔註

〔註117〕《老子·十二章》，頁6。
〔註118〕《老子·第九章》，頁5。
〔註119〕王邦雄《老子道德經的現代解讀》（臺北：遠流出版社，2010年），頁27。
〔註120〕《老子·十三章》，頁7。
〔註121〕《莊子·人間世》，頁152。
〔註122〕李勉說：「言事若成，則胸中陰陽之氣因喜而激動，不得平靜，易以傷神，此亦患也，是謂之陰陽之患。陰陽者，人體內陰陽之氣也。各家解此句爲喜懼交戰於胸中，然事既成矣，喜則有之，何懼之有？故不當解爲喜懼交戰於胸中。」轉引自陳鼓應《莊子今注今譯》，頁136。

122〕；至於「事不成」更有人道之患，因人事未竟，必有責罰。結果無論最後
能否獲得幸福，過程中的擔心受駭，已早一步成為人生大患。故莊子感嘆人
間事無論「成」與「不成」，皆有所患；如唐君毅先生所說：「名為為善者之
桎梏，刑為為惡者之桎梏。」〔註123〕如此一來，善名惡刑同為桎梏，則善名
等同惡刑，雖有善惡之別，卻皆為「以有涯隨無涯」之患〔註124〕，如此一來，
善之德行本身即是負累，因心知執著而來，且加上人為造作，成為一生的負
累，導致善惡的執著分別，而此一執著分別帶給生命壓力，甚或傷痛，則是
自苦，哪有福報可言？

　　執著於世俗認定之幸福，不但在競逐過程中形同負累，且對福報之滿足，
扭曲於慾望之爭逐，於是福報反而適足以傷害德行，所謂：

> 不尚賢，使民不爭。不貴難得之貨，使民不為盜。不見可欲，使民
> 心不亂。是以聖人之治，虛其心，實其腹，弱其志，強其骨；常使
> 民無知、無欲，使夫智者不敢為也，無為則無不治。〔註125〕

> 甚愛必大費，多藏必厚亡。知足不辱，知止不殆，可以長久。〔註126〕

人間爭逐之福，是以財富權貴之名利衡量，然而尚賢使人爭名，可欲使人心
亂，難得之貨誘民偷盜，人人追求福報，卻不知「為者敗之，執者失之」〔註
127〕，求成求得，反而敗亂失去。且本質上「天下皆知美之為美」、「皆知善之

〔註123〕 唐君毅《中國哲學原論・原道篇卷一》（臺北：學生書局，1982 年 3 月），頁
　　　　　362：「為善無近名，為惡無近刑。按所謂善無近名，即當是逍遙遊聖人無名
　　　　　之旨。……當其『自視若此』，以為天下之知行為此若是，違乎此者，皆謂之
　　　　　為非；則即皆本其成心以為窮之是非，而莫之能止，更無涯岸矣。此即其人
　　　　　之緣其『有涯之生之事而有成心』，隨從於一『無涯之是非之知』之後，而形
　　　　　成一內有涯與外無涯之對反，而使人迷亂不自得也。此亦即『為善』之有特
　　　　　定之善可名，而『自視若此』者所常有之情也。至於下之『為惡無近刑』，所
　　　　　以與『為善無近名』對言者，則以此『名』為『為善者』之桎梏，使其為善
　　　　　之事為有涯者；正如刑為『為惡者』之桎梏，而使其為惡之事為有涯者也。
　　　　　此二句相對成文……非意在教人為善或為惡，乃意在教人不可以有涯隨無
　　　　　涯，而以此為善為惡之事為証。否則此二語終不得善解。」
〔註124〕 唐君毅《中國哲學原論・原道篇卷一》，頁 362：「『名』為『為善者』之桎梏，
　　　　　使其為善之事為有涯者；正如刑為『為惡者』之桎梏，而使其為惡之事為有
　　　　　涯者也。此二句相對成文……非意在教人為善或為惡，乃意在教人不可以有
　　　　　涯隨無涯，而以此為善為惡之事為証。」
〔註125〕 《老子・第三章》，頁 2。
〔註126〕 《老子・四十四章》，頁 28。
〔註127〕 《老子・二十九章》，頁 17。

爲善」之美善，皆是主觀的偏見與心知之執著，更迫使與自身不同、與不符合此一價值標準者，皆被判定爲不美不善，這根本是「有無相生，難易相成，長短相較，高下相傾，音聲相和」的人爲造作，人爲造作機應運而生，「甚愛必大費，多藏必厚亡」，福報的追逐累積不但不能保證幸福，反而足以累德，哪有福報可說呢？

福報可以害德，不如「不尙賢」、「不見可欲」、「不貴難得之貨」之清靜自正；若上位者「處無爲之事，行不言之教」〔註128〕，不強調福報，不炒作福報；人民自然不爭、心不亂、更不欲淪爲盜賊；只要上位者不顯自家德行來牽動天下人，眾生的福報，反而會在無心自然中實現了。

老莊對世俗幸福之追求戒愼恐懼，蓋因世人對幸福之追求，往往流於物欲橫陳而不能知止；心知無盡，逐物不反，執著於幸福之追尋，反而成爲身心之負擔；小則傷身害性，大則攻伐他國，於是世俗幸福之滿足，適足以爲患。那麼老莊對追求幸福的警戒，是否意味老莊反對福報之體現與幸福之滿足呢？本文以爲並非如此，所謂：

> 聖人處無爲之事，行不言之教，萬物作焉而不辭，生而不有，爲而
> 不恃，功成而弗居。夫唯弗居，是以不去。〔註129〕

> 功成事遂，百姓皆謂：我自然。〔註130〕

老子肯定「功成」，肯定「事遂」，便是肯定幸福，因此在道家「不有」、「不恃」、「弗居」的修養前提下，福報並非不能追求，幸福不是不能享有；重點在福報之追求與幸福之享有，當以「無爲」之謙退與「自然」之無爲作前提，因此老子係以自然無爲之態度成全人生，而不是以消極逃避之方式拒絕福報，如王邦雄先生言：「功成事遂帶來天下太平，百姓過著太平歲月，安居樂俗，還以爲人生美好的『然』都從自己來。」〔註131〕如是眾生之幸福將在聖人的不干預與不執著中開顯，所謂「甘其食，美其服，安其居，樂其俗」〔註132〕，猶如桃花源般，單純和樂素樸無爭之生活，何嘗不是幸福？可見老子固然要世人勿因心知執著自遺其咎，但若少私寡欲，於清靜單純之生活中，安享甘食美服、安居樂俗之儉樸生活，便是人生最大之幸福。如是吾人可以理

〔註128〕《老子‧第二章》，頁2。
〔註129〕《老子‧第二章》，頁2。
〔註130〕《老子‧第十七章》，頁9～10。
〔註131〕王邦雄《老子道德經的現代詮釋》，頁89。
〔註132〕《老子‧第八十章》，頁46～47。

解老莊的福報觀與幸福觀，是以世俗之福報觀為負累，而認為唯有隨順自然，無心無為，功成事遂而「不居」，其德方可「不去」而長久，如是德行與福報，便可雙全矣。

（二）禍福相倚的正確解讀

老子以為世俗之福報為負累，福報可累德，那麼吾人又當如何解釋《老子‧五十八章》：「禍兮福兮之所倚，福兮禍兮之所伏，孰知其極」〔註133〕呢？這句關係福德問題的關鍵句，學界卻有兩種截然不同的詮釋：第一種解釋認為禍福關係屬於辯證關係，只要掌握變動的關鍵，便能掌握禍福，乃至控制禍福；抱持此一觀點者，如陳鼓應先生與劉笑敢先生。另一種解釋則認為禍福本不可知，既然「不知」，不如從根本避免讓心知淪落智巧算計之傷害，持此一觀點之學者，如王弼與王邦雄先生，茲分別比較說明兩種觀點：

1. 禍福相反相成：禍福可知的觀點

首先，陳鼓應先生與劉笑敢先生都採取「禍福相反相成」的論點，陳鼓應《老子今注今譯》說：

> 禍福之相因，很容易使我們聯想起塞翁失馬，焉知非福的故事。在日常生活中，福中常潛伏著禍的根子，禍中常含藏著福的因素，禍與福是相依相生的。事實上，正與邪，善與惡，莫不是如此。甚至一切事項都在對立的情狀中反覆交變著，而這種反覆交變的過程是無止盡的。這種循環倚伏之理，常讓人迷惑不解。老子提示我們觀察事物，不可停留在表面，應從顯相中去透視裡層，做全面的了解。他向我們拉開了觀察事物的視野，使我們能超越於現實環境的侷限，使我們不致為眼前的困境所陷住，也使我們不致為當下的環境所執迷。〔註134〕

另外劉笑敢先生《老子》也說：

> 老子顯然意識到了事物正反互轉的條件問題，那麼，老子思想中的正反互轉的條件是什麼呢？上文說到：「孰知其極？其無正也？」極和正就相當於轉化的條件，第三十章說「物壯則老，是謂不道，不道早已」，壯就是由盛而衰轉化的起始點，也就是轉化的條件。壯就是極，就是事物發展的頂峰或頂點，事物發展到自身生命過程的頂

〔註133〕《老子‧五十八章》，頁35～36。
〔註134〕陳鼓應《老子今注今譯》（臺北：台灣商務印書館，2000年），頁263。

點，沒有新的生命動力或機理，就要開始衰頹，一項事物發展到一定程度就可能超出環境所許可的範圍，就不得不面對必須收縮的壓力。「物壯則老，是謂不道」，說明道所維護的是自然的平衡與和諧，一物發展過剩就破壞了整體的自然秩序，所以說「是謂不道」。……概括起來說，正反互彰，以反彰正的理論認爲，比較圓滿的狀態是容納了反面因素的正面狀態，正面而包括了反面的成分或特點，這才是更高明的正，更偉大的正，是值得追求的正，是能夠避免失敗的正。老子的這種思想後來融入於「相反相成」（《漢書·藝文志》）的成語之中〔註135〕。

陳、劉兩位先生都主張禍福可以互轉，並認爲禍福之間的辯證關係，乃是老子的重大發現，尤其陳鼓應先生另引老子三十章的說法，似能證成其論點。但吾人可反思之處在於，既然劉笑敢先生亦以爲「老子思想後來融入於相反相成」，顯見「相反相成」乃是後起之概念，可是相反相成是否是老子著書立說當下的學問重心呢？我們不妨來看另一種觀點，即以「不可知」解釋「孰知」的觀點。

2. 禍福孰知其極？禍福不可知的觀點

主張辯證觀的學者認爲禍福是可以控制的，但老子原意是否如此呢？也有學者不以道術的觀點詮釋此章，而認爲「禍福之間根本沒有客觀性的分界」，抱持此種觀點之學者，如王弼、王淮、王邦雄先生之觀點如下：

王弼注：「言誰知善治之極乎？唯無可正舉，無可形名，悶悶然而天下大化，是其極也。」〔註136〕

王淮《老子探義》：「世俗之人所以爲之『禍福』、『善惡』，其實皆沒有一定，因其智慧淺薄，所見多非究竟，所執皆未必然，彼所以以爲禍者轉而爲福，以爲福者轉而爲禍，禍福如此，其他亦然，所謂『正復爲奇，善復爲妖』，老子於此悲世人之愚，不足以見道理之『眞實』與『究竟』，故曰『人之迷，其日固久』，於無可奈何中，大悲生焉。」〔註137〕

王邦雄《老子道德經的現代詮釋》：「問禍福之間的分界線在哪裡？

〔註135〕劉笑敢《老子》（臺北：東大圖書公司，1997 年），頁 162～163；167。
〔註136〕王淮《老子探義》（臺北：台灣商務印書館，1985 年），頁 232。
〔註137〕王淮《老子探義》，頁 234。

老子認爲不可能有客觀性的標準答案。……禍福榮辱，成敗得失，均是心知執著的相對二分，人生的困苦就在這一執著分別中患得患失，不僅失是患，得更患。惟在生命主體的虛靜明照中，超離吉凶禍福的截然二分，不執著，無分別，不比較，無得失，壓在心頭的無邊大患就可以消散了。故十六章云：『知常曰明，不知常，妄作，凶。』『明』，是致虛守靜的觀照作用；『知常』，不是認知自然現象的變化軌跡，而是照現了『常德不離』、『常德乃足』（二十八章）的『天生本眞』。『不知常』，是心知的執著；『妄作』，是人爲的造作；『凶』，是執著造作的適得其反。故重點不在從『必固』之自然造化的消息盈虛中，去推斷『將欲』之人事遇合的吉凶倚伏；而在從『必固』之心知執著的人爲造作中，看到『將欲』之適得其反的後果。」〔註138〕

以上三位學者的看法，無疑與陳鼓應先生、劉笑敢先生的辯證說相反：王弼以爲「唯無可正舉，無可形名，悶悶然而天下大化，是其極也」，可見本章之重點不在「奇／正」、「禍／福」之辯證，因爲「天下大化」的實現，靠的不是奇正禍福的辯證，而是「無」的工夫實踐；因此王淮先生認爲此章係老子對世人執著於禍福善惡之批判；並指出沈迷於禍福奇正之辯證思想，必然導致正復爲奇，善復爲妖的自我異化；故此段文字當不是機關算盡的辯證思想，而是老子有感於「人之迷，其日固久」而生的「大悲心」。至於王邦雄先生的立論則最爲詳實，蓋「禍福榮辱，成敗得失，均是心知執著的相對二分」故「惟在生命主體的虛靜明照中，超離吉凶禍福的截然二分，不執著，無分別，不比較，無得失，壓在心頭的無邊大患就可以消散了」，因此王先生另引《老子‧十八章》與《老子‧十二章》說明五十八章的「孰知其極」，當以「知常」化解「必固」、「將欲」、而「妄做」之「凶」，如此「知常」既是「德」，又可保住幸福，又何需藉由辯證轉化以避禍求福呢？

3.「孰知其極」當以「不知」爲本義

「孰知其極」既有兩種截然不同的詮釋，那麼何者較貼近老子原意呢？兩種觀點眞正的差異，其在「人之迷，其日固久」這一句，依陳鼓應先生說，這句話指的是「人之迷於禍、福之門，而不知其循環相生之理者」〔註139〕，

〔註138〕王邦雄《老子道德經的現代詮釋》，頁166。
〔註139〕陳鼓應《老子今注今譯》，頁261。

陳氏以爲一般人之所以感到迷惑，是因爲他們並不能理解禍福之間乃屬辯證關係；一旦對禍福的轉化有所體認，可以掌握並預測禍福就不會再感到困惑了。但王弼注的解釋卻正好相反，依王弼，「人之迷」的原因，就是因爲相信禍福可以互轉，所以眞正的迷來自人的知見，這種知人之智，才眞是雖智大愚。兩種解釋正好相反，那麼當以何種詮釋較爲合理呢？

　　本文以爲「孰知其極」之解釋，當以「禍福之間根本沒有客觀性的分界」較接近原意，儘管禍福之變化必有一臨界點，問題在吾人不可能知道禍福轉換的臨界點究竟何在？且此一轉化之關鍵顯然不是人智可以預測，更何況《老子‧三十八章》斥責：「前識者，道之華而愚之始」〔註140〕，顯見預測未來趨勢並藉此趨利避害，絕非老學重心；而老學之重心，當在提醒世人福中有禍而禍中有福，故吾人當秉持「愼終如始」〔註141〕之態度，任萬物自生自化，方爲自然；而非汲汲營營於預測禍福何時互轉；蓋預測即是「前識」，此乃老子戒愼恐懼者。故本文以爲老子係以「一曰慈」〔註142〕的慈看待世人辯證禍福的心知執著，認爲吾人對禍福當秉持「不知」以維持心靈的安適。劉笑敢先生與陳鼓應先生之論點，固然在單句的解釋上可以成立，在其自身之理論架構中也言之成理，但若單以「道之相反相成」解釋此章，讀者勢必將此章往權勢術用之方向解讀，其實陳、劉兩位先生，同樣是反對將老子看作陰謀權術的，如劉笑敢先生指出：

> 以歷史上的政治和軍事謀略來解釋老子的以反求正的思想，這種解釋自然有它一定的合理性，但卻很容易把人誤導到陰謀詭計的歧路上去。對老子思想的這種解釋一方面忽略了老子重點是講柔弱勝剛強的具體狀況，另一方面也把如何以柔弱勝剛強的一般性方法侷限到了政治軍事爭鬥之中，因而不符合老子哲學的本來面貌〔註143〕。

劉笑敢先生反對將老子視作厚黑學，然而將禍福相倚作正反互轉的認知，卻必然導致一般讀者往厚黑學的權術運用解讀，其實既然反對將老子視作厚黑學，不如在根源處避免此一問題，即「禍福相倚」根本不需被視作「正反互轉」，蓋此章之重點當放在「不知」，蓋考量老子義理的一貫與完整，顯然「孰

〔註140〕《老子‧三十八章》，頁23。
〔註141〕《老子‧六十四章》，頁39。
〔註142〕《老子‧六十七章》，頁41。
〔註143〕劉笑敢《老子》，頁169。

知其極」的解釋，當以「不知」，不執著，無分別，不比較，無得失，以徹底化消禍福糾結的工夫論較能符合老子原意，並避免讀者產生誤讀之蔓生枝節。

「禍福相倚」既然不當視作「正反互轉」，那麼另一個必須釐清的問題，便是掌握「道的規律」，掌握「柔弱勝剛強」的道術運用，是否就可以立於不敗之地？是否就可以預測趨勢？是否就可以掌握「幸福」？

4. 實踐道德不是爲了追求福報

讀者對「道」的不同認知，造就解讀的不同，由於老子的「道」除了就是「德」，也可解釋爲一形上實體，亦可以是宇宙萬物生成變化之規律；問題是如老子所謂的「反者道之動，弱者道之用」〔註 144〕，是否可以解釋成「道具有往復運動的特質」〔註 145〕呢？「既以爲人己愈有，既以與人己愈多。」〔註 146〕是否可以解釋作透過「爲人」、「予人」的手段，可以達到讓自己「愈多」的目的呢？果爾如是，那麼只要掌握物勢的必然規律，不爲物先，不爲物後，是否便能掌握成敗，獲得幸福呢？劉笑敢先生即認爲：「這些說法涉及了爲人與爲己、給予與獲得、因任生命之自然與養生貴生，以及多種手段與目的的關係，但概括起來，都是以反世俗的角度或方法去獲得更高的成果。在老子看來，以反求正比以正求正更爲有效，更爲可靠。」〔註 147〕毫不掩飾「爲人」與「爲己」乃一「手段——目的」之關係，在這樣的觀點下「以反爲正」便成爲「以退爲進」，是一獲得更高效能的手段。可是假若「以反爲正」、「以退爲進」便是老子對經驗世界之理解，那麼讀者必將老子往陰謀權術之方向聯想，其中最容易引起誤導讀者的，莫過於《老子・三十六章》：「將欲歙之，必固張之。將欲弱之，必固強之。將欲廢之，必固興之。將欲奪之，必固與之……柔弱勝剛強，魚不可脫于淵，國之利器不可示人。」〔註 148〕依此章語意，實易讓讀者以爲老子之道，乃如「兵者，詭道也」，是如「鄭伯克段於鄢」一般，以表面示弱之手段，遂行欺敵致勝的詐術。韓非子便把「將欲弱之，必固強之」解釋作「起適於無形，而要大功於天下」〔註 149〕的陰謀權術；並將「國之利器不

〔註 144〕《老子・四十章》，頁 25。
〔註 145〕唐君毅《中國哲學原論・導論篇》（香港：新亞研究所，1974 年修訂再版），頁 348～365。
〔註 146〕《老子・八十一章》，頁 47。
〔註 147〕劉笑敢《老子》，頁 171。
〔註 148〕《老子・三十六章》，頁 20～21。
〔註 149〕《韓非子・喻老》，頁 211：「越王入宦於吳，而觀之伐齊以弊吳。吳兵既勝齊

可示人」引伸爲人君當「重勢」之意〔註150〕，顯然已將老子的自然之勢，解讀爲君王的人爲之勢。而黃老思想更將「道」實體化，並且將「道」視作「道生法」的依據〔註151〕，但是如此解讀，是否符合老子本義？

　　船山先生以爲：「老子知雄而守雌，知白而守黑，知者博大而守者卑弱，其意以空虛爲務知所不能距，故宅於虛以陰陽人事之挾實而來者，窮而自伏，是以機而至天人者也。陰符經之說，蓋出於此。以忘機爲機，機尤險矣！若莊子之兩行，則進不見有雄白，退不屈爲雌黑；知止於其所不知，而以不持持者無所守。雖虛也，而非以致物，喪我而於物無攖者，與天下休乎天均，非枯以示槁木死灰之心形，以待物之自服也」〔註152〕，顯然認爲老子哲學雖「以空虛爲物」，而不免讓讀者以「陰陽人事之挾實而來」的心機刻意誤讀，而一旦讀者「以忘機爲機」的曲解老子，老子便不免淪爲心機陰謀之運用。因此本文以爲，吾人當先理解老莊所謂的道，究竟旨意爲何。

　　本文以爲，老子之「道」，本來就不是自然科學，不是統計學，不是科學，也不是測算之學，更不是手段與目的。首先，老莊並非黃老〔註153〕，因爲老

　　人於艾陵，張之於江、濟，強之於黃池，故可制於五湖。故曰：『將欲歙之，必固張之；將欲弱之，必固強之。』晉獻公將欲襲虞，遺之以璧馬；知伯將襲仇由，遺之以廣車。故曰：『將欲取之，必固與之。』起事於無形，而要大功於天下，是謂微明。處小弱而重自卑謂損弱勝強也。」本文所選取的《韓非子》版本，爲傅武光、賴炎元注譯《新譯韓非子》（臺北：三民書局，2003年）。

〔註150〕《韓非子·喻老》，頁215：「勢重者，人君之淵也。君人者勢重於人臣之間，失則不可復得也。簡公失之於田成，晉公失之於六卿，而邦亡身死。故曰：『魚不可脫於深淵。』賞罰者，邦之利器也，在君則制臣，在臣則勝君。君見賞，臣則損之以爲德；君見罰，臣則益之以爲威。人君見賞而人臣用其勢，人君見罰而人臣乘其威。故曰：『邦之利器不可以示人。』」

〔註151〕薛明生《先秦兩漢道家思維與實踐》（臺北：文津書局，2007年），頁131：「兩漢道論的發展確已步入生活的實踐，這種生活的實踐並非老莊所論的仿天道之行人事的簡易生活實踐，而是道生法下的依法行事之實踐。」

〔註152〕王船山《莊子通·莊子解》，頁284。

〔註153〕陳德和〈戰國老學的兩大主流——政治化老學與境界化老學〉，《鵝湖學誌》2005年，第三十五期，頁77：「政治化老學以自然爲固然成勢。」頁79：「境界化老學以自然爲自由解放。」頁101：「政治化老學之將『虛』、『靜』或『虛靜』當成價值之道時，它希望國君不露聲色並眞正達到以陰制陽、以靜制動、以無制有、以虛制實的目的；境界化老學則是將『虛靜』看成人生之所以能夠放遠曠達的功夫與境界，『虛靜』就是能夠徹底將我執與所執置之度外，讓自己不必背負莫須有的包袱與累贅，讓自己能夠逍遙於自由的天地。」黃老與老莊一者強調勢之必然，一者強調天然獨化，此二者之重大區分，不可不辨。

莊並未將「道」視作「客觀的自然律」〔註154〕，也未將道視作控制萬物之工具，僅將「道」視爲主體修養工夫所開顯之境界〔註155〕，它是自由高超的精神，從來沒有剝奪他人自由或加以控制的意圖〔註156〕。牟宗三先生以爲道雖實存，「卻不能落入經驗層面的思考，否則必迷失其眞宰，下陷於追逐情態的信迹，以爲經驗中心的心理我即是眞宰。」〔註157〕因此對老莊而言，「道」既不是客觀的律則，也不是一可藉由經驗知識加以預測趨勢的客觀知識法則〔註158〕，所謂「道生一，一生二，二生三，三生萬物」只是以本體論解釋宇宙之生成〔註159〕，其中的一、二、三並非變化之律則，實則即爲道之本身！「道」既然是修養開顯的境界，又只是又無又有之「玄」，即無所謂客觀化或實體化的問題，黃漢光先生認爲：「把修證道的道，體現在世間的現實生活中；但這種體証示現，應該也是任運式的隨機示現，亦無任何一定的示現方式可言，即修道者是完全的自由的，若要把道創造性地運用到人生和政治上去，也是完全自由的隨機而發，沒有規則可言。」〔註160〕所以道是個人修養所開顯的

〔註154〕黃漢光《黃老之學析論》（臺北：鵝湖出版社，2000 年出版），頁 79：「《黃老帛書》重視『道』，經過分析，我們了解『道』雖然有最高範疇、形上實體之意，但實際指的是客觀的自然律則，那就和法的意思相同。」

〔註155〕袁保新《老子哲學之詮釋與重建》（臺北：文津出版社，1997 年 12 月初版），頁 33：「老子並未透過認識之客觀有效性的批判反省，以確立其形上之『道』的眞實性，但對『修道之方』的提示卻俯拾皆是，不容吾人忽視。」

〔註156〕方東美《原始儒家道家哲學》頁 283：「『無爲而無不爲』仍然是一個積極的精神，而且從來都不說這個世界是屬於我的，我要控制它，要剝奪它的自由。從來大道是沒有這個意圖的。……可以說大道在宇宙裡面的精神，是『既公且大』。宇宙的現象從它的本體流露出來之後，就完全讓它自由自在發洩其妙用、不加以箝制、不加以束縛、不加以控制。大道代表眞正高超的自由精神，這是大道的本性。」

〔註157〕牟宗三《莊子齊物論義理演析》，頁 35。

〔註158〕黃漢光《黃老之學析論》（臺北：鵝湖出版社，2000 年出版），頁 138：「道在人身上開闢的通往大道之路。道在虛室或虛寂之中自然湧現，這樣的道不可能是通往永恆的律則，也不可能是宇宙不變的本質，唯一的可能是天地自然進入無蔽的澄明狀態。虛室生白說的是天地自然的顯現和光照，『自然』受到虛寂之心的召喚，自然地湧現和綻出，進入無蔽的澄明，於是道在此聚集和保存。」

〔註159〕王邦雄《老子道德經的現代解讀》，頁 193：「『天下萬物生於有，有生於無』（四十章）此由下往上的追問生成萬物的本體爲何，屬本體論的範疇；而『道生一，一生二，二生三，三生萬物』，則由上往嚇得解說生成的原理，屬宇宙論的範疇。統而言之，則爲本體宇宙論，由形上道體來解釋萬物的存在。」

〔註160〕黃漢光《黃老之學析論》，頁 64。

境界而不是經驗知識，陳德和先生也認爲黃老道家之特色是「將老子講的『自然』徹底表現在政治事功上，它主張君既天生而自然擁有其權位，就應聽任此威勢以爲治國之道。政治化老學顯然重本然意義的『自然』並另有一套『因道全法』、『因靜自得』的思想夾雜在裡面，由此乃和莊子所理解之解放意義和自由意義的『自然』，出現明顯的不同。」〔註161〕綜合兩位先生之見，老莊與黃老的最大差異，在老莊之道所重者並非物勢之必然，而是自由之解放，它「無任何一定的示現方式」而是「完全自由的隨機而發」，所以修道所得之效驗是自然的、隨機的、甚至是不可預期效果的，當然就無所謂掌握成敗之問題。《老子‧三十六章》之所以容易引起誤解，在該段文字確實可以權術方面解讀，殊不知老子所謂「將欲」與「必固」之間，本質不過是自然物勢之變化；然而此一自然變化，實非人力與智識所能改變。

所以老莊所謂「與時應化」不但不是順應變化以獲取最大利益之意，反而當解作道之變化非吾人可以掌握，故吾人無須費盡心機思量，僅可放下主觀造作，隨順變化之意，薛明生先生即以爲：「所謂的『與時』就是隨著時間的荏苒、流變或遷徙之意；『應化』則是不以主觀之意念造作干涉，隨著大趨勢的洪流而變化。亦即『與時應化』乃是對於人的順、逆、興、敗、替、換都持著繫屬上天的演化。」「社會價值並非屬於『一將功成萬骨枯』的模式，而是在各自才性自由彰顯的情形下所做的衡量。因此道家道論的『與時變異性』就有著：人雖貴爲萬物之最靈秀，但卻沒有超越天道自然的終極能力。換言之，人之終極性即在人的有限性，唯有把握住這個有限性，並且做最大限度的功能發揮，即爲無限永恆理念的擷取。」〔註162〕原來「人」本來是無法操作天道的，與其將道視作「一將功成萬骨枯」的兵法權術，不如放下執著，在有限的人生中，讓自我與萬物各自自我實現。所以如果讀者以爲「道」既然有往復性與可操作性，而可爲一縱橫捭闔之陰謀權術，則反而正落入《老子‧三十八章》：「前識者，道之華而愚之始」的批判中，正如王邦雄先生所言：預測未來「既不是宗教信仰的先知，又不是科學知識的預測未來，而是心知的執著與人爲的造作，不僅『當下即是』的人生美好因而失落，且連未來的可能空間也被抹殺。故前之者看似

〔註161〕陳德和〈戰國老學的兩大主流——政治化老學與境界化老學〉，《鵝湖學誌》2005 年，第三十五期，頁 79。
〔註162〕薛明生《先秦兩漢道家思維與實踐》，臺北：文津書局，2007 年，頁 211。

精明，實則愚昧，僅是道的浮面光彩。」〔註163〕老莊之無爲本身便是目的，且如老子首章所言，道如可道，便非常道，名若可名，亦非常名；老子文字中看似可操作轉換之部分，吾人僅當視爲一自然變化之陳述，然則花開花落月圓月缺本是自然，禍福間既無客觀之分界可言，吾人若僅就物勢自然往復之觀點，將老子視爲一測算趨勢之學問，恐怕只是落於老莊所鄙視之成心偏見，而不免以管窺天了。

（三）福德問題的癥結根源

老子對世俗幸福之追求戒愼恐懼，以爲沈迷於慾望爭逐累德害德，只需以不知之心待之。至莊子之世，戰火愈烈，兼併日盛，身家性命尙且難保，莊子眼中幸福之追求已不僅是「負累」，而是根本不可知，也不可求：

1. 福輕乎羽，禍重乎地：幸福的不易追求

老子認爲禍福「孰知其極」，固然「不知」，但既然「相倚」，故兵家、法家、術數家即依此相生相成之理，認爲禍福相倚之規律，亦可加以掌握。然莊子對禍福觀的認知，卻是懷疑論者〔註164〕，他根本不認爲福報可知或可料；〈齊物論〉說：「夢飲酒者，旦而哭泣；夢哭泣者，旦而田獵。方其夢也，不知其夢也。夢之中又占其夢焉，覺而後知其夢也。且有大覺而後知此其大夢也。」〔註165〕可見現實人生本一如顛倒夢想，既是夢中之夢，在夢想之中追逐夢，可謂愚之至矣！關於未來世界將會如何變化？或將變化爲何種型態？莊子的答覆是「予惡乎知？」——未來不可知，福報不可知，且「有大覺而後知此其大夢」，既然人生如同大夢，則追求福報，避禍求福，皆只是「以有涯隨無涯」〔註166〕，徒然浪費精神而已，福報未至，「殆而已矣」〔註167〕的傷身害性，已然臨身矣。

莊子以爲福報不可知，加以身處亂世，兵禍頻仍，意識型態彼此傾軋，身受刑戮不但是尋常之事，即使自身修養之「德行」，也適足以致禍，故莊子對福報更是不抱任何希望：

〔註163〕王邦雄《老子道德經的現代詮釋》，頁178。
〔註164〕劉笑敢《兩種自由的追求：莊子與沙特》（臺北：正中書局，1994年）頁53：「在認識論上，莊子是一個懷疑主義者和直覺主義者。」
〔註165〕《莊子・齊物論》，頁104。
〔註166〕《莊子・養生主》，頁115。
〔註167〕同前註。

　　昔者桀殺關龍逢，紂殺王子比干，是皆修其身以下傴拊人之民，以
下拂其上者也，故其君因其修以擠之。〔註168〕

　　方今之時，僅免刑焉。福輕乎羽，莫之知載；禍重乎地，莫之知避。
已乎已乎，臨人以德！殆乎殆乎，畫地而趨！迷陽迷陽，無傷吾行！
吾行郤曲，無傷吾足！〔註169〕

亂世之中，「福輕乎羽」而「禍重乎地」；關龍逢與比干不但不能以自身所修
之德行免於禍患，其主上反而因其過人之修養，而生翦除之意。而以孔子之
賢，在人間世亦不能免於「傷足」、「傷刑」之種種迫害。莊子的體會，實遠
較老子深刻，亦更為悲憤；當今之世「僅免刑焉」，亦即全身而退已屬不易，
「福輕乎羽」，如何可求？何況修行涵養之「德行」，適足以導致「其君因其
修而擠之」的災禍，所以在莊子的認知中，德行正好帶來禍患，「臨人以德」
乃是心知執著之德行，必然帶來災難，所以「才全德不形」〔註170〕才是德行
修養的理境！是故依莊子之理解，儒家「德厚信矼，名聞不爭」的德行，在
亂世暴君面前，反倒成了凶器〔註171〕，故老子謂「不德有德」，無掉人為之德
而存天真之德，保有天真，就是人生真正的福報了。

　　2. 福報問題之根源為死生問題

　　老莊否定世俗對福報的追尋，惟福報之於人性，畢竟難以抗拒，李斯為
荀子高徒，不免有「詬莫大於卑賤，而悲莫甚於窮困」〔註172〕之說；主父偃
為漢初大儒，亦有：「大丈夫生不五鼎食，死即五鼎烹耳」〔註173〕之嘆。其為
人之勢利好利固然令人鄙視，但人生對福報殷切期待，亦可見一斑；那麼福
報問題究竟從何而來呢？

　　福報問題的根源，當在死生；《老子・十三章》曰：「吾所以有大患者，
為吾有身」〔註174〕，人對生命有所執取，所以要求福報；而民間信仰為向眾

〔註168〕《莊子・人間世》，頁139。
〔註169〕《莊子・人間世》，頁183。
〔註170〕《莊子・德充符》，頁210。
〔註171〕《莊子・人間世》，頁136：「且德厚信矼，未達人氣，名聞不爭，未達人心。
　　　　而強以仁義繩墨之言術暴人之前者，是以人惡有其美也，命之曰菑人。菑人
　　　　者，人必反菑之」。
〔註172〕司馬遷著，楊家駱主編《新校本史記三家注列傳》（臺北：鼎文書局，2004
　　　　年），頁2539。
〔註173〕《史記・平津侯主父偃列傳》，頁2961。
〔註174〕《老子・十三章》，頁7。

生保證福報的獲得，遂以德行作爲福報之交換條件，是以民間信仰中往往充斥「修德行取福報」之各式理論，或種福田，或積陰德，或禮拜，或茹素，其實皆是將「德行——福報」視爲「手段——目的」之關係。然究其根源，福報問題實與死生問題相纏結，若能解消關涉福報之最大的死生問題，則期待福報之壓力，亦自然解消：

> 夫列子御風而行，泠然善也，旬有五日而後反。彼於致福者，未數數然也。此雖免乎行，猶有所待者也。〔註175〕

> 鄭有神巫曰季咸，知人之死生存亡，禍福壽夭，期以歲月旬日，若神。鄭人見之，皆棄而走。列子見之而心醉。〔註176〕

列子之修行未臻至人之境，故曰「猶有所待」，然其工夫修養已擺脫形軀的執著，其御風而行，可能是「得風仙之道，乘風而行」〔註177〕，也可能是「形軀的修鍊，鍊得讓自己放開，跟風一起飛行」〔註178〕，道教學者李豐楙先生則認爲這是「古巫在幻覺中的飛翔、行天」〔註179〕的幻覺或神通。不過無論御風而行是精神境界或宗教神通，列子都可藉由工夫之修鍊，達到忘我之難得境界；也因此當眾人因神巫季咸「知人死生存亡禍福壽夭」而恐慌得「皆棄而走」之時，列子卻「見之心醉」；此一「心醉」，證明其心中固然已無禍福壽夭之福報期待，卻猶有心知分別之執著，故儘管列子不執著於一己之死生存亡，卻迷惑於神巫之奇妙道術。由列子解消形軀執著即可解消禍福分別爲例，吾人可以肯定，禍福問題之根源即在對生命之執著，反之只要解開對生命之執著，禍福問題即可迎刃而解。

二、老莊對儒墨德行的反思

　　老莊不願正面肯定福報的期待，老子以爲福報會牽累德行，且福報本身即爲負累；莊子更認爲福輕乎羽，不但是心知執著之產物，並且不可追求；老莊對所謂的「德行」，進行批判與反思。

〔註175〕 《莊子‧逍遙遊》，頁 17。
〔註176〕 《莊子‧應帝王》，頁 297。
〔註177〕 郭慶藩《莊子集釋》，頁 19。
〔註178〕 王邦雄《莊子道》，頁 23。
〔註179〕 李豐楙《誤入與謫降》（臺北：學生書局，1996 年），頁 37：「殷人之後的莊子及其活動區域應與殷商的巫教文化有密切的淵源：古中國原屬原始文化圈的『薩滿教區』（Shaman Area），薩滿——巫覡的特長就是基於巫師密傳的訓練方式，進入一種恍惚的入神狀態，面對水火一無感覺；或在幻覺狀態中飛翔、行天。」

　　老莊對儒墨德行的批判，主旨在德行造作已流蕩失眞，而爲沽名釣譽之工具；而強以仁義德行加諸他人身上，更使德行成爲傷人傷己之禍患，茲分別說明如下：

（一）德蕩乎名：德行的價值標準因名號的追逐流蕩失眞

　　老子直指有心之德爲「下德」，因爲自以爲有德，乃是失德之始，所謂「故失道而後德，失德而後仁，失仁而後義，失義而後禮。」〔註180〕德行乃是大道失落後之產物，與其「親而譽之」的炒作人爲之德行，不如回歸「太上，下知有之」的天眞自然。莊子更以爲「德蕩乎名，知出乎爭」，德行因失眞而流蕩爲好名者彼此炫耀，不但遠離眞實，且虛僞滋生，說仁義是非適足以造成「黥汝以仁義，而劓汝以是非」〔註181〕之傷害，顯然有爲德行乃是外鑠我也，是對人性自然之戕害。尤有甚者，此一道德架構一旦爲有心人士所運用，則儒墨理想之道德政治，反淪爲誆騙天下之政治騙術：

> 田成子一旦殺齊君而盜其國。所盜者豈獨其國邪？並與其聖知之法而盜之。故田成子有乎盜賊之名，而身處堯、舜之安；小國不敢非，大國不敢誅，十二世有齊國。則是不乃竊齊國，並與其聖知之法以守其盜賊之身乎？〔註182〕

「聖知之法」一旦由田成子掌握，其身份便不再是「殺齊君而盜其國」的「篡位者」，反而搖身一變成爲「處堯舜之安」的大聖人，結果「小國不敢非，大國不敢誅」，亂臣賊子不但不受聖知之法制裁，反而在聖知之法的保護下得其善終，如此惡人有好報的結果，豈非德行福報觀的最大反諷？如此聖人標榜之德行不但失去其眞，反爲大盜之護符，結果便如莊耀郎先生《郭象玄學》所說：「所謂『聖人』反而成了天下的亂源，唯有去除這種執著和扭曲，還給聖人的本來的眞實，一切任物之自然，才能保住一切價值的眞實性，這也就是老莊所以要絕聖棄智的本義。」〔註183〕所以老莊以爲人爲的德行不但不足以阻止罪惡，反而可以成爲罪惡者利用的工具，何不徹底放棄失眞扭曲而灼傷世人的德行，讓自然回歸「德」本有的美好呢？

〔註180〕《老子・三十八章》，頁23。
〔註181〕《莊子・大宗師》，頁279。
〔註182〕《莊子・胠篋》，頁343。
〔註183〕莊耀郎《郭象玄學》（臺北：里仁書局，1999年），頁195。

（二）德進乎日：讓德行不會灼傷人

「德行」可能因心知執著名號而流蕩失真，成為亂臣賊子欺世盜名之工具；莊子說「是非之彰也，道之所以虧也，道之所以虧，愛之所以成！」〔註184〕所以在莊子眼中「愛」不是發自四端之心的仁愛，而是如憨山大師所說，是：「受其成形，自迷真性，成此形骸，固執為我」〔註185〕的主觀偏見。若吾人強自身偏見加諸他人身上，徒然造成更大之傷害，以《莊子‧人間世》為例：

> 顏回見仲尼，請行。曰：「奚之？」曰：「將之衛。」曰：「奚為焉？」
> 曰：「回聞衛君，其年壯，其行獨，輕用其國，而不見其過；輕用民
> 死，死者以國量乎澤若蕉，民其無如矣。回嘗聞之夫子曰：『治國去
> 之，亂國就之，醫門多疾。』願以所聞思其則，庶幾其國有瘳乎！」
> 仲尼曰：「譆！若殆往而刑耳！夫道不欲雜，雜則多，多則擾，擾則
> 憂，憂而不救。古之至人，先存諸己而後存諸人。所存於己者未定，
> 何暇至於暴人之所行！且若亦知夫德之所蕩而知之所為出乎哉？德
> 蕩乎名，知出乎爭。名也者，相軋也；知者也，爭之器也。二者凶
> 器，非所以盡行也。且德厚信矼，未達人氣，名聞不爭，未達人心。
> 而強以仁義繩墨之言術暴人之前者，是以人惡有其美也，命之曰菑
> 人。菑人者，人必反菑之，若殆為人菑夫！且苟為悅賢而惡不肖，
> 惡用而求有以異？若唯無詔，王公必將乘人而鬥其捷。而目將熒之，
> 而色將平之，口將營之，容將形之，心且成之。是以火救火，以水
> 救水，名之曰益多。順始無窮，若殆以不信厚言，必死於暴人之前
> 矣！且昔者桀殺關龍逢，紂殺王子比干，是皆修其身以下傴拊人之
> 民，以下拂其上者也，故其君因其修以擠之。是好名者也。昔者堯
> 攻叢枝、胥敖，禹攻有扈，國為虛厲，身為刑戮，其用兵不止，其
> 求實無已。是皆求名實者也，而獨不聞之乎？名實者，聖人之所不
> 能勝也，而況若乎！」〔註186〕

在〈人間世〉的中，顏回憑藉一身「治國去之，亂國就之，醫門多疾」的道

〔註184〕《莊子‧齊物論》，頁74。
〔註185〕憨山《老子道德經憨山注‧莊子內篇憨山注》，頁231：「道之所以虧，愛之所以成。」
〔註186〕《莊子‧人間世》，頁134～136。

德使命感，「願以所聞思其則」，要前往衛國實踐一己的外王志業，結果卻遭孔子反對。孔子一方面固然肯定顏回具備「德厚信矼」、「名聞不爭」之德行修養；另一方面卻認為顏回的修行「未達人心」「未達人氣」——由於顏回並未意識到自身修行之美德反倒傷害暴君之自尊，又「強以仁義繩墨之言術暴人之前」，則其結果必然是「菑人者，人必反菑之」，不但不能說服暴君，反而為自己帶來殺身之禍。可見倘若下位者之修行「未達人心，未達人氣」，必將刺傷上位者的自尊而遭致報復，此之謂菑人。反之若是上位者本身「未達人心，未達人氣」，而欲將自身德行推廣於人間，又會造成什麼樣的災難呢？莊子用「十日並出」描寫這些「有德」的領袖們所造成的禍害：

> 昔者堯問於舜曰：「我欲伐宗、膾、胥敖，南面而不釋然。其故何也？」
> 舜曰：「夫三子者，猶存乎蓬艾之間。若不釋然，何哉？昔者十日並出，萬物皆照，而況德之進乎日者乎！」〔註187〕

「十日並出」的批判，是莊子對儒墨二家「外王」「德治」的嚴重質疑，蓋統治者眼中的「仁政」、「德政」，就民間來說乃是擾民，就鄰國看來，更是炫耀。王弼注曰：「日照猶有所不及，德則無不得也」〔註188〕。堯欲「伐宗、膾、胥敖」的慾望，其實出自欲做聖人的偏執；聖人所追求之善政，反使三小國君民不得其安，因此要「德進乎日」，換言之需以聖人之德，給予三小國生存之空間；王邦雄先生說：「陽光普照，帶來溫暖與熱力，卻灼熱傷人，人的德行修養，可以內斂含藏，解消愛的癡迷狂熱所散發的殺傷力，可以『光而不耀』，可以『合其光，同其塵』。此『德之進乎日』的價值源頭，就在老莊道家所體現的形上道體。」〔註189〕愛人可能傷人，德政可能灼傷世人，故聖人當以「德進乎日」的沖虛自然，解消征討他國之欲望，如吳怡先生所說：「葆光既不相燒，而能遍照萬物，使萬物非但因強光而灼毀，相反的，是能各遂其生，『德之進乎日者』是指德不滯於一方，而達於圓妙。」〔註190〕故聖人之德之所以為德，在其能照物卻不傷物，不但保有溫暖熱力，更能讓萬物各遂其生而不傷。反之若是「道之所以虧，愛之所以成」〔註191〕的偏執之愛，便難免因為「虧」了道的「全」，而不免要適得其反了；莊子以愛馬者為例：「夫愛馬者，

〔註187〕《莊子·齊物論》，頁89。
〔註188〕《莊子·齊物論》，頁90。
〔註189〕王邦雄《中國哲學論集》，頁396。
〔註190〕吳怡《新編莊子內篇解義》（臺北：三民書局，2000年），頁107。
〔註191〕《莊子·齊物論》，頁75。

以筐盛矢，以蜃盛溺。適有蚊虻僕緣，而拊之不時，則缺銜毀首碎胸。意有所至而愛有所亡，可不慎邪？」〔註192〕說明愛民反而是害民，所以依莊子之見，儒墨之德行非但不需稱讚，反而必須慎防讓愛心造成災難，因為自恃其德，害人害己，德失其眞，正是爲德不卒！

　　幸福不可求，執著於福報不但是累人，更足以累德，加以德行又易傷人，豈可「盡行」乎？老莊認爲儒墨世俗的福德觀是「下德不失德，是以無德」，因而以「上德不德，是以有德」的福德觀對應之。

─────────────

〔註192〕《莊子・人間世》，頁 168。

第三章　老莊福德觀的理論架構

　　道家思想起自周文疲弊的省思，各家對福德問題的處理與內聖外王的見解雖各有所長，但各家的福德觀，在老莊眼中，無異充滿漏洞。依道家立場，墨家的人格天與道家形上天的自然義大相逕庭，自苦爲極的處世態度，有違自然，至於墨家儘管反戰，動機卻是有爲，亦非全性保眞的道家可以接受。孔孟儒家陳義雖高，但在老莊看來，德在名的流蕩中失眞，道德不但不能保障幸福，亦無法抑制罪惡〔註1〕；反倒是失眞的道德爲罪犯所假借，造就「竊鉤者誅，竊國者侯」的荒謬亂世；而有德者如孔子，竟不能免於陳蔡之圍，也無能逃脫盜跖之辱。至於楊朱、告子、列子的學說，其實已完全爲莊子及其後學所吸收，並補足學說中之缺憾，爲時代所淘汰〔註2〕；而田駢、愼到之學說「非生人之行而至死人之理」〔註3〕，遂令天下「豪桀相與笑之」〔註4〕，豈可爲常道常名？就在各家福德論都不能令道家學者滿足的氛圍下，老莊道家提出一套與儒墨大異其趣，而遠遠超越楊朱列子等早期道家學者的理論架構。

　　道家的福德觀，一方面對儒墨顯學的有心有爲，作一通盤之反省；另一方面道家之福德觀，亦自有一套完整之理論架構。本章先討論道家如何界定

〔註1〕　勞思光《新編中國哲學史》，頁286：「一切文化成績與罪惡並頭發展，每有一新文化成績，即有一新罪惡出現，而人類欲憑文化之創造以制止罪惡，遂成一無窮之追逐過程，而罪惡永不能被防止。不唯一切技術可爲罪惡所利用，如繩索之類，一切道德規範亦是如此，……一切道德條目可爲善人利用，亦可爲惡人利用，足見道德亦不足以防止罪惡。」

〔註2〕　勞思光《新編中國哲學史》，頁329：「莊學之大行，道家之說取楊朱之地位而代之。」

〔註3〕　《莊子・天下》，頁1088。

〔註4〕　同前註。

福德問題，道家對「福」與「德」的認知與儒墨兩家究竟有何差異？並兼論道家對儒墨兩家的批判，與道家如何處理福德問題。

第一節　上德不德，是以有德：道家的福德觀

道家不肯定福報，也不認同儒墨德行，道家既然認為儒墨之福德觀乃是「下德不失德，是以無德」，其自身之福德觀，便是以「上德不德，是以有德」，要以作用的保存，保存德行之真。

一、道家對「德」的界定：德是實然，不是應然

在探討福德問題前，吾人當對「德」之定義先作界定，究竟什麼是「德」呢？

「德」，便是「存在的本質」〔註5〕，王邦雄先生說：「道家認為每個人都是天真，所以那個真就是生命存在的本質，是與生俱來的『德』，到內在於人的『德』」〔註6〕「『德』之意涵依老子『道生之，德蓄之』（五十一章）而來，是存有論的自然天真之義，未有儒家『道之以德』或『為政以德』（為政）的德行義，安以德或成德，皆就修養工夫，論如何成全天真之意，且清靜無為，萬物則無不為，是為萬物畢得，各得生命的安頓」〔註7〕。故依老莊見解，「德」既是「道」也是「真」，是自然天真，因此就道家的認定，儒家的道德，是「下德」，因為道家以為「德」是實然、本然、是自然、是生命的真實，而不是應然。從孟子「以人性為仁義，猶以杞柳為桮棬」〔註8〕的仁義內在之辯開始，仁義到底會不會戕賊人性，就成為儒道兩家的一大課題。儒家視道德為應然，但儒家之「德」在道家眼中卻不該只是應然；因為既言應然，則有其不得不然之強制性；既有其強制性，則「德」必然衍生出為「黥汝以仁義，而劓汝以是非」〔註9〕的禍害！故在老莊眼中，儒家之「德」只會帶來緊張、壓力與壓迫，那麼這種緊張、壓力與壓迫究竟從何而來？依道家的觀點，問題出在

〔註5〕　王邦雄《走在莊子逍遙的路上》（臺北：台灣商務印書館，2004年），頁59：
　　　　　『存在的本質是『德』。」
〔註6〕　同前註，頁58。
〔註7〕　王邦雄《中國哲學論集》，頁324。
〔註8〕　《孟子·告子上》，頁257。
〔註9〕　《莊子·大宗師》，頁279。

儒家的「德」是執著造作的外在教條，但人本有德行俱足，何需以應然之外在標準加諸於人呢？反之若人性中本無「德」的存在，則應然對人只是傷害，若人性之中本有「德」，何待應然之教化？

　　老莊巧妙化解了將道德視為應然可能造成的壓迫，因為「人的行為或存在原本就應該完全的與『德』相符」〔註10〕。誠如謝啓武先生在〈莊子的道德觀與人性觀〉一文中所言：「人本來是實然的一部份，也即本來就在道德群系之中，所以最徹底的應然觀就是不要有應然這意識，不要有目標意識。沒有目標意識，自必永居道德群系中，如此一來，根本用不著為應然找理由了。」〔註11〕所以「人的應然是什麼？應是他的實然。為什麼呢？因為莊子已經把實然作為應然的指標。」〔註12〕由此可見道家並非反對道德，而是要歸復老子「太上，下知有之」〔註13〕、莊子「行賢而去自賢之行」〔註14〕的至德之境，陳德和先生在《從老莊思想詮詁莊書外雜篇的生命哲學》中指出，「德」是「人類生活實踐與精神修養的依據或能力」〔註15〕，不但不是外在枷鎖，反而是本自俱足，此種「以不德保住德」的表述方式，就是「作用的保存」。

二、作用的保存：解消德行的執著，即解消福報的祈求

　　老莊的「德」是自然，不能操作把持，如葉海煙先生在《莊子的生命哲學》所說：「所有的美德無非在於遺忘。」〔註16〕與其讓德行的追求帶來福報的壓力，老莊對福德問題之處理，乃在不自以為有德，即無等待福報實現的壓力。因此人不當遺忘自身本來就德行俱足。李康洙先生說「德是得之於道而兼於道，所以德以道為主體，是道在人、物身上的反映。人、物的生長化育，是德之光輝的體現」〔註17〕。所以老莊並不反對「德」，只是以「正言若

〔註10〕李日章《莊子逍遙境的裡與外》（臺北：巨流圖書有限公司，2000年）。
〔註11〕謝啓武〈莊子的道德觀與人性觀〉，《中國人性論》（臺北：東大出版社，2000年初版），頁36。
〔註12〕同前註，頁37。
〔註13〕《老子・十七章》，頁9。
〔註14〕《莊子・山木》，頁700。
〔註15〕陳德和《從老莊思想詮詁莊書外雜篇的生命哲學》（臺北：文史哲出版社，1993年），頁20。
〔註16〕葉海煙《莊子的生命哲學》，頁403。
〔註17〕李康洙〈莊子的心性觀〉，《道家文化研究》第十四輯（北京：生活・讀書・新知三聯書店，1998年7月）。

反」之「作用的保存」來保存德，牟宗三先生《圓善論》說:「重在表示以何等方式始能成其爲德、爲仁、爲義、爲禮等。蓋必須以無爲無執之方式始能實有之也。此種成全曰『作用的成全』。」〔註 18〕這樣「作用的成全」，便是道家之「德」的工夫進路。

老子以爲，儒家對道、德、仁、義、禮的追求，是步步下墮;而此一向下沉淪的關鍵，即在有心有爲，既然問題出在「心知執著」，則對應的方式，即在「化解此一執著」，故曰:

> 上德不德，是以有德;下德不失德，是以無德;上德無爲，而無以爲;下德爲之，而有以爲。上仁爲之，而無以爲;上義爲之，而有以爲;上禮爲之，而莫之應;則攘臂而扔之。故失道而後德，失德而後仁，失仁而後義，失義而後禮。〔註19〕

正言若反之表述方式，看似否定，實如牟宗三先生《才性與玄理》說:「窺道家之意，實是想將仁義理文乃至聖智推進一步，提升一步，而至『至仁、至義、至聖、至智』之境界，而期依詭詞爲用之方式，由『無心爲道』以實現之。此是作用的保存之，而不是儒家本體之肯定之。」〔註20〕王邦雄先生《儒道之間》也說:「老子由不仁的無心，說不德的超越作用，通過不德的超越作用，人才能存全眞實的生命，人有眞實的生命，就是有德，人人實現自我的生命，就是常道。」〔註21〕因此道家對「德」的界定，乃是以儒家之德爲「下德」，唯有透過「作用的保存」，才能保住德之眞、德之常;故道家並非否定「德」，乃是認爲只有透過「無掉有心的執著」開顯的無心之德，方爲常德。

老子說「上德不德」，莊子則用更迫切的「支離」二字說明「作用的保存」，《莊子・人間世》曰:

> 支離疏者，頤隱於臍，肩高於頂，會撮指天，五管在上，兩髀爲脅。挫鍼治繲，足以餬口;鼓筴播精，足以食十人。上徵武士，則支離攘臂而遊於其間;上有大役，則支離以有常疾不受功;上與病者粟，則受三鍾與十束薪。夫支離其形者，猶足以養其身，終其天年，又況支離其德者乎!〔註22〕

〔註18〕 牟宗三《圓善論》，頁 281。
〔註19〕 《老子・三十八章》，頁 23。
〔註20〕 牟宗三《才性與玄理》(臺北:台灣學生書局，1993 年) 頁 293。
〔註21〕 王邦雄《儒道之間》(臺北:漢光出版，1985 年)，頁 125～126。
〔註22〕 《莊子・人間世》，頁 180。

支離其形，表面上是殘廢，卻化解了全形之人所必須承擔的風險；真正至德之人，「德有所長而形有所忘」〔註23〕，由於德充於內，亦使人忽略其貌之支離。故支離其德是藉由化解人德的壓迫，還原至德原本的美好。唐君毅先生說：「莊子所言至德全德之人，其德充於內，而見於形骸，可藉任何殘缺不完全之形骸而表現，而人亦更忘其形骸之異於人。又其德之感人，亦不在其表現為愛人助人等一定之行，復不在其德之為一定之德，而在其德之見於其人之態度中，即有一吸引人、攝住人之力量，以見其德之若為一能涵攝一切特殊之德之全德、至德。」〔註24〕所以莊子追求的當然不是殘廢的身心或一味的反道德，而是如葉海煙先生所說：「支離其形，是為了德全；所以支離其德，則是為了道全。支離是為了超越，為了成全，這是自反而正的生命歷程。」〔註25〕所以莊子的「支離」一如老子「不德」，不是否定德行，而是要超越德行，才能保住德行的美好。

　　道家既以「作用的保存」成全「德」，則道家是否要保留「德行」之疑問，就不難明瞭──道家還是肯定「德行」的，只是這種德行，來自順應自然而無成見之心，故其行為符合自然之道；故道家不但肯定「德」，並且認為真正的「至德」，就是「全德」。且道家之勝場，在此德不但「才全」，並且「德不形」，所謂「才全德不形」，莊子謂：

> 哀公曰：「何謂才全？」仲尼曰：「死生存亡，窮達貧富，賢與不肖毀譽，飢渴寒暑，是事之變，命之行也；日夜相代乎前，而知不能規乎其始者也。故不足以滑和，不可入於靈府。使之和豫，通而不失於兌；使日夜無郤而與物為春，是接而生時於心者也。是之謂才全。」「何為德不形？」曰：「平者，水停之盛也。其可以為法也，內保之而外不蕩也。德者，成和之脩也。德不形者，物不能離也。」

〔註26〕

「才全」者，儘管在「命之行」的天生命限與「事之變」之外物變化「相代乎前」，其心境卻是「不足以滑和，不可入於靈府」的「與物為春」。無「其殺若秋冬」之傷神，自無陰陽之患；至於「德不形」者，其心境「內保之而外不蕩」，

〔註23〕 《莊子·德充符》，頁216。
〔註24〕 唐君毅《中國哲學原論·原道篇卷一》，頁373。
〔註25〕 葉海煙《莊子的生命哲學》（臺北：東大圖書公司，1993年）頁216。
〔註26〕 《莊子·德充符》，頁212。

心如止水，不與物相刃相靡，豈有人道之患乎？故所謂「才全德不形」，乃至德充於內，而又能「行賢而去自賢之行」〔註 27〕，因此雖有「至德」，旁人卻不因其自以爲有德，而感受到「十日並出」之灼熱；反因其「德」乃是得之於道，使人自然也就「物莫之傷」〔註 28〕，且「勝物而不傷」〔註 29〕了。

最後，老莊既然以「作用的保存」保住「上德」，那麼老莊對於儒墨之德，究竟是本質的否定？還是作用的保存呢？

本文以爲，老莊對儒墨之德行與世人追求之幸福戒愼恐懼，而不願積極承認其正面價值，因爲在老莊的價值體系中，有心有爲，便是人爲造作，因此老莊所非議者爲儒墨有心之德行與世人對幸福之追求。問題在，「作用的保存」是否意味老莊所「保存」者，便是儒墨之「德性」？

牟宗三先生認爲「道家的『無』不能特殊化，不能特殊化爲『仁』，或者特殊化爲天命之不已，特殊化爲基督教的上帝，或特殊化而爲印度教的梵天」〔註 30〕，因此上德不是聖智仁義，只是在作用上保住聖智仁義。老莊實未深思自家之「上德」與儒墨之「道德」，內涵定義其實有所歧異。蓋老莊所追求之「上德」，爲一眞實自然之生命，孔孟所追求之道德，卻是仁義內在的道德實踐；至於墨家標榜之德，則近乎宗教情操。三者實踐道德所體現之聖人境界雖然相似，然而各家所謂之「道德」，內涵卻大不相同；既然儒、道、墨三家對「德」的界定本身便有所歧異，那麼老莊「作用的保存」，是否保存了儒墨的仁義？

老莊所質疑者，爲儒墨成全其道德之方式，而非否定道德本身；而道家智慧之勝場，即在其爲一「忘」的智慧〔註 31〕——只要無心無條件的忘了自己有德，那麼聖智仁義即能如實體現；依此義理，儒墨只要無掉其有爲造作之心知執著，便可成就眞正的聖智仁義之德，而無礙其人格特質或者爲儒，或者爲墨，甚至無礙儒道墨三家對道德之定義，本自不同。故老莊所反對者，爲儒墨有心有爲之「德行」，反之若儒墨之徒願以無心無爲之工夫修養開放退讓，那麼聖智仁義便能圓滿體現，如此便可見證「德性」之眞實無僞。故吾

〔註 27〕 《莊子・山木》，頁 700。
〔註 28〕 《莊子・逍遙遊》，頁 30。
〔註 29〕 《莊子・應帝王》，頁 307。
〔註 30〕 牟宗三《中國哲學十九講》頁 146。
〔註 31〕 牟宗三《中國哲學十九講》頁 144：「道家的智慧是『忘』的智慧，所謂『魚相忘於江湖，人相忘於道術。』……一有心，有私意，就是康德所說的有條件的，不是定然的。」

人可說透過老莊之修養工夫，儒墨之上德與至仁，便可獲得成全，還原一無所謂儒墨，而讓儒墨皆是而無非之眞實理境。

第二節　無厚入有間：心上做工夫，性上得收穫的修養工夫

老莊既以「作用的保存」，「才全德不形」肯定「至德」，那麼當儒家孟子視「天爵」與「人爵」爲二路，屬於「人爵」之幸福，乃不可得而必之事時〔註32〕，道家對「福報」採取什麼態度呢？

老莊固然以爲福報不可必，然此種「福報」，乃指世人「寵辱若驚」「貴大患若身」之「寵」與「貴」，是形而下的，有待於外的福報收穫；其實全德之人，亦必有所收穫，牟宗三先生即以爲「道家從心上做工夫，從性上得收穫」〔註33〕，那麼如何可從性上得收穫？牟先生以爲：「就是養性，養性就是養生，性就是生。所以，道家講養生，這個『生』是要養的。」〔註34〕那麼「生」又爲何要養呢？「養生」與「至德」之間的關係又是如呢？

高柏園先生在《莊子內七篇思想研究》中指出，「生」之所以需要「養」，是因爲「人之生命原有受傷之可能」〔註35〕，因此「養生者無他，即在去此生命之傷，亦即不使生命突兀地冒出於自然之上而離其自己，而使其知返、知歸、知復」〔註36〕一旦人自覺的實踐修養工夫，讓原本流蕩失眞生命知返、知歸、知復，歸根復靜而在其自己，不再因無謂的損耗受傷，那麼原先這個無所謂價值意義的自然生命，才體現其眞正的價值，眞正的意義〔註37〕。

〔註32〕牟宗三《圓善論》，頁195：「福必以德爲條件，而若動心忍性，堅心行善而不動搖，則雖貧賤憂戚亦必中致於福。『玉汝于成』亦然，『玉成』也許只是玉成你的德，而不必能使你眞有福。如是，在孟子與橫渠所說的情形中，福也許只是德的別名，並無獨自的意義。『生於憂患死於安樂』與『玉汝于成』這種普遍的實踐原則也許只是一種警戒與鼓勵——鼓勵你堅心成德，而『配稱於德』之幸福仍不可得而必。」

〔註33〕牟宗三《四因說演講錄》（臺北：鵝湖出版社，1997年），頁88。

〔註34〕同前註。

〔註35〕高柏園《莊子內七篇思想研究》（臺北：文津出版社，1992年），頁118。

〔註36〕同前註。

〔註37〕牟宗三《四因說演講錄》，頁88：「道家說的養生就是養這個自然生命，這個自然生命原本沒有價值的意義，通過『養』以後，它便是最高價值的標準，因爲它是合道的天趣盎然自由自在的生命。」

因此，老莊福德觀並非不求福報，只是所謂福報，並非「寵」「貴」之現實功利，更不在來世之天國或彼岸，老莊之福報，在「性」上得——生命反璞歸眞，不傷不殉，全性保眞，性上得收穫即是「德行」之收穫，〈養生主〉所謂「可以保身，可以全生，可以養親，可以盡年」〔註38〕之意。

福德問題的癥結，起自人心的「欲得」與爲政者的有爲「造作」，也唯有透過「人」自己的修養工夫，才能處理「孰知其極」的福德問題，老子曰：「上士聞道，勤而行之」〔註39〕，莊子亦曰：「道行之而成」〔註40〕懇切實踐修養工夫，才是解消禍福的不二法門，以下分別說明道家如何以修養工夫化解福德問題。

一、老子：兕無所投其角，兵無所容其刃

老子以爲人間多數禍害，起自人心執著，而執政者的貪婪造作，更是戰禍所以蔓延之原因，故曰：「持而盈之，不如其已；揣而梲之，不可長保；金玉滿堂，莫之能守；富貴而驕，自遺其咎。」〔註41〕亦曰：「不知常，妄作凶」，〔註42〕人間災禍的眞正源頭，是人心的「不知常」，與「妄作」，則避禍之道，當從自身做起，本文以爲老子處理福德問題之重點，一者「知常」不妄作，二者「不遇」不陷危境，三者「無所」心無死地〔註43〕。

（一）「知常」不妄作

「不知常，妄作凶」，不知常而妄作本身，便是禍患；上個世紀獨裁者的野心，造成兩次世界大戰與種族淨化的重大傷害；而人類對大自然毫無限制的強取豪奪，導致大自然的反撲，災難性的後果也正在陸續浮現。獨裁領袖不知足的野心侵略，最後不能免於自身之滅亡；而人類對自然不知足的剝削，

〔註38〕《莊子·養生主》，頁 115。
〔註39〕《老子·四十一章》，頁 26。
〔註40〕《莊子·齊物論》，頁 69。
〔註41〕《老子·第九章》，頁 5。
〔註42〕《老子·十六章》，頁 9。
〔註43〕王邦雄《生命的實理與心靈的應用》（臺北：立緒文化，1999 年）頁 242：「人生的不死之道，首在『不遇』……人生的不死之道，首在『不遇』……從名利場，權勢圈超拔出來，就不會把自己逼上死亡的邊緣。問題在『不遇』僅是幸運，不死之道不能依憑僥倖，而當有必然性的保證，故老子由客觀機緣的『不遇』轉向主體修養的『無所』。」

也正在促成災難。老子於四十六章言：「知足之足常足矣」，十六章云：「知常容，容乃公，公乃王，王乃天，天乃道，道乃久，沒身不殆。」無待外求即是知足常足，只需知常知足，即可不爲外物所辱，更不因妄求而毀壞；天長地久，沒身不殆之道在知常，知足知常本身，即是福報，豈待毫無節制向外追求擴張之妄求呢？

（二）「不遇」即不陷危境

　　老子曰：「出生入死，生之徒，十有三；死之徒，十有三；人之生，動之死地，亦十有三。夫何故？以其生生之厚，蓋聞善攝生者，陸行不遇兕虎，入軍不被甲兵，兕無所投其角，虎無所措其爪，兵無所容其刃，夫何故？以其無死地。」〔註44〕老子以爲，人生之夭壽禍福，出「生」入「死」固爲不可抗力；然在自然因素之外，至少有十分之三之禍害乃由人爲造作而來。對於這些由人自招之災禍，只有修己修德以免禍。

　　所謂「不遇」，就是消極的避免自取其禍，其意義類似「危邦不入，亂邦不居」——就客觀事實論，不入險地，就不會遇上風險；但人間確實充滿凶險，「不遇」只能從機率上減低，卻不能從根本解決，因此老子提出第三個觀念：「無所」。

（三）「無所」則心無死地

　　「不遇」可以減低意外風險，但人生總有災難無法避免；所以根本解決之道，除了消極的避免陷於災難的處境，更應在心上做工夫；心裡沒有災難可以存在的陰影，此之謂「無所」，所謂：「兕無所投其角，虎無所措其爪，兵無所容其刃。」問題在「無所」如何可能？

　　「兕無所投其角，虎無所措其爪，兵無所容其刃」，不是隱形神通，而是對「身」無所執著，《老子・十三章》曰：「吾所以有大患者，爲吾有身，及吾無身，吾有何患？」〔註45〕因此聖人要「後其身而身先，外其身而身存」〔註46〕原來人生禍患的恐懼來自我執，後其身、外其身是德行的解消，「身先」與「身存」則是福報，不僅無物可傷，且生成不殆。王邦雄先生在《生命的實理與心靈的虛用》中說：「『無所』不在形軀的修鍊，而在心靈的解放，人在

〔註44〕《老子・五十章》，頁30～31。
〔註45〕《老子・十三章》，頁7。
〔註46〕《老子・第七章》，頁4。

心中不為死亡留下餘地。」〔註47〕其實禍福問題之根本關鍵乃在死生，老子知死亡之所以可懼，根源亦因對生之欲求，乃提出「無所」之說──「無可死之所，心頭已無死亡的陰影，人生就在朗朗乾坤中昂揚，可以天真的活、自在的活、全然的活、無後顧之憂的活，堪稱是起死回生的活。」〔註48〕禍福問題之困結，在心知執著而有所求，執著自身之弱點，便有死亡的暴露，故人生修養至「無所」之境，即可以無禍福死生之患矣。

二、莊子：從「材與不材之間」到「乘道德而浮游」

　　莊子同樣以修養工夫處理福德問題，由於莊子對人世艱苦之體認較老子深刻，反映在修養工夫上，不似老子多格言之勸勉，反而多體悟之寓意。本文以為其工夫論之重點簡易者為「處於材與不材之間」，真正的修養工夫，則是要「乘道德而浮游」；至於現實生活中的我們，只要「知其莫可奈何而安之若命」，亦可以無患矣。

（一）處乎材與不材之間

　　依道家義理，德行與福報間無必然關係，〈山木〉的寓言，便是有趣的例證：

> 莊子行於山中，見大木，枝葉盛茂，伐木者止其旁而不取也。問其故，曰：「無所可用。」莊子曰：「此木以不材得終其天年。」夫子出於山，舍於故人之家。故人喜，命豎子殺雁而烹之。豎子請曰：「其一能鳴，其一不能鳴，請奚殺？」主人曰：「殺不能鳴者。」明日，弟子問於莊子曰：「昨日山中之木，以不材得終其天年；今主人之雁，以不材死；先生將何處？」莊子笑曰：「周將處乎材與不材之間。材與不材之間，似之而非也，故未免乎累。」〔註49〕

在這個寓言故事中，第一天所見的有用之木不免斧斤之患，無用巨木卻可以安養天年，於是莊子說「此木以不材得終其天年」。但第二天的狀況卻正好相反，無用之鵝成了桌上佳餚，有用之鵝倒能安度此禍。學生便以此衝突詰問老師，莫非昨日「不材」之論，昨是而今非？

〔註47〕王邦雄《生命的實理與心靈的虛用》，頁243。
〔註48〕同前註。
〔註49〕《莊子・山木》，頁668。

　　學生的詰問，恐怕已超出莊子原先預設，因此莊子一開始的回覆，是近乎玩笑的「周將處乎材與不材之間」——似乎樹只要當無用之樹，便能終其天年；鵝卻必須做有用之鵝，才能免於烹殺；至於莊周本人，當然是在有用無用間，不求聞達於諸侯，苟全性命於亂世。然而這個答案實可比諸〈人間世〉中顏回「雖固亦無罪」〔註50〕之對策，只是「似是而非」的俗諦，因為雖然可保全生而「無罪」，但卻「未免乎累」，畢竟人生要不斷搖擺自己處於材與不材之間，實在令人疲憊，就算一生無羔，卻無法凸顯出人性尊嚴，因此莊子真正的答案，是以「乘道德而浮游」的真工夫，超越禍福。

（二）以無厚入有間

　　真正的福德一致，不是在材與不材之間僥倖生存，而是乘道德而浮游的徹底超越，〈山木〉中，莊子繼續說道：

> 若夫乘道德而浮遊則不然。無譽無訾，一龍一蛇，與時俱化，而無肯專為；一上一下，以和為量，浮遊乎萬物之祖；物物而不物於物，則胡可得而累邪！〔註51〕

處在「材與不材之間」，生命只是擺盪，其中畢竟不免幸運的成分，終究是不究竟的；真正的解消禍福，是「浮遊乎萬物之祖；物物而不物於物」；但這樣的乘乎道德之上如何可能呢？答案當是「無厚入有間」的修養工夫，〈養生主〉曰：

> 彼節者有閒，而刀刃者無厚；以無厚入有閒，恢恢乎其於遊刃必有餘地矣。是以十九年而刀刃若新發於硎。雖然，每至於族，吾見其難為，怵然為戒，視為止，行為遲。動刀甚微，謋然已解，如土委地。提刀而立，為之四顧，為之躊躇滿志，善刀而藏之。〔註52〕

牛體複雜，宛若人間龐大之社會結構；複雜忙碌的社會生活，讓人身心俱疲，

〔註50〕《莊子·人間世》，頁145：「顏回曰：然則我內直而外曲，成而上比。……若然者，雖直而不病，是之謂與古為徒。若是則可乎？」仲尼曰：『惡！惡可！大多政，法而不諜，雖固亦無罪。雖然，止是耳矣，夫胡可以及化！猶師心者也。』」顏回欲以「內直外曲，成而上比」之方式勸諫衛國國君，孔子則認為此一作法「雖固亦無罪」，亦即不但不能感化衛君，且不過讓自己僥倖脫罪罷了，實非真正自內心化解問題之良方。

〔註51〕《莊子·山木》，頁668。

〔註52〕《莊子·養生主》，頁119。

《莊子・人間世》中「朝受命而夕飲冰」﹝註53﹞的描述，反映出職場生活對生命造成的焦慮，原來世人汲汲營營的努力，正如同「割也」「折也」的粗糙屠牛，只是徒然令原本「可新發於硎」的生命之刃，於一歲之間，不能終其天年而中道夭罷了。倘若成就與財富的追求累積，終究被「物相刃相靡，其行盡如馳，而莫之能止」〈齊物論〉的對抗中損耗殆盡。如此世人引以為傲的財富權勢，究竟有何幸福可言？

　　「乘道德而浮游」的前提無他，透過「以無厚入有間」的修養工夫逐步解消心知，隨順自然，「唯順自然，生命才能自作主宰，自然之精神乃莊子倫理學的普遍性前提。順自然予生命之限定，吾人才能經由安命順命而回歸自然。」﹝註54﹞心知愈少，不以「好惡內傷其身」﹝註55﹞，便可避免讓有限的生命與不可奈何之義做無謂之衝撞，尋得無厚入有間的心靈自由，吾人便能在有限的人生中過得游刃有餘，正是所謂的「適」﹝註56﹞，才是理想的生活的幸福品質。

第三節　「出生入死」的福德觀

　　人生兩大問題，在「生自何處來？」與「死往何處去？」作交代，福德問題最後必然問至生死，因此老莊亦必須對此一問題作出回應。

﹝註53﹞《莊子・人間世》，頁153：「葉公子高將使於齊，問於仲尼曰：『王使諸梁也甚重，齊之待使者，蓋將甚敬而不急。匹夫猶未可動，而況諸侯乎！吾甚慄之。』子常語諸梁也曰：『凡事若小若大，寡不道以懽成。事若不成，則必有人道之患；事若成，則必有陰陽之患。若成若不成而後無患者，唯有德者能之。』吾食也執粗而不臧，爨無欲清之人。今吾朝受命而夕飲冰，我其內熱與！吾未至乎事之情，而既有陰陽之患矣；事若不成，必有人道之患。是兩也，為人臣者不足以任之，子其有以語我來！」文中葉公子高將出使齊國，原本「執粗而不臧，爨無欲清之人」之公子高甚畏懼「匹夫猶未可動，而況諸侯乎！吾甚慄之。」子常語諸梁也曰：「凡事若小若大，寡不道以懽成。事不成有人道之患，事成有陰陽之患」，而患「朝受命而夕飲冰」的「內熱」之症。

﹝註54﹞葉海煙《莊子的生命哲學》，頁218。

﹝註55﹞《莊子・德充符》，頁222。

﹝註56﹞楊儒賓、黃俊傑編《中國古代思維方式探索》，（臺北：正中書局，1996年），頁197：「莊子總的精神是克服摩擦衝突。也就是說我們對待世界的態度是要找到『適』——就是使自己不去較量那些不能控制的事物，不把任何界限都看成約束，不和這些約束枉費力氣地頑固對抗，而是設法在現有各種條件中活得更好。」

一、老莊對生死的認知

（一）「貴大患若身」：貴生與養生

老子身處「天下無道」之世，莊子更屢屢感嘆亂世中「全身」之不可得而必，那麼在生命朝不保夕的年代，道家當如何看待自己的生命呢？《老子·十三章》謂：

> 何謂貴大患若身？所以有大患者，爲吾有身，及吾無身，吾有何患？

〔註57〕

人生最大禍患，原來就是人「身」自己，因爲人生最大的煩惱，無非是爲榮耀自身；爲追求高貴自己的生命，而有大恐小恐的種種恐慌，「有身」便是最大問題的來源。但「有身」固爲煩惱來源，道家也不因此將「身」視爲必須解脫的臭皮囊；或如田駢慎到一般，直將生命視爲「飄風之還，若羽之旋」《莊子·天下》，而欲以「塊不失道」來解消問題。「身」之所成爲負累，問題在心知執著，「身」固然有限，但修養實踐卻依靠的畢竟也是此「身」，因此儘管如陳鼓應《老子今注今譯》說：「有身斯有患」〔註58〕，執著自「身」實在是人生大患，但對治之道在「無身」。

身何以要「養」？因爲人人都太輕視自己的生命，老子質疑：「名與身孰親？身與貨孰多？得與亡孰病？」〔註59〕人總爲追逐外物而迷失，得了名與貨，卻失落生命自身的天眞；莊子更意識到無論聖賢愚劣，總是逐物不返，《莊子·駢拇》說：「小人則以身殉利，士則以身殉名，大夫則以身殉家，聖人則以身殉天下。故此數子者，事業不同，名聲異號，其於傷性以身爲殉，一也。」〔註60〕原來莊子眼中聖人與大盜的差別，僅在好名利者殉名利，好聖智者殉聖智，雖有高下優劣之差，然「只要有一殉於外，則一切皆壞。故殉名與殉利，其爲殉一也。其爲『適人之適，而不自適其適』」〔註61〕，這是委屈自己，顧及了適天下人之適，卻反而失落了自適其適的天空。

孟子以爲人之所以有「惡」，問題出在「物交物則引之而以矣」〔註62〕的

〔註57〕《老子·十三章》，頁7。
〔註58〕陳鼓應《老子今注今譯》，頁96。
〔註59〕《老子·四十四章》，頁28。
〔註60〕《莊子·駢拇》，頁323。
〔註61〕牟宗三《才性與玄理》，頁303。
〔註62〕《孟子·告子》，頁253。

「放失本心」；老莊則以爲人之所以有「累」，問題出在「觀於流水而迷於清淵」〔註63〕的「放失本眞」。執政者者無論是放失本心或放失本眞，都必導致「朝甚除，田甚蕪，倉甚虛，服文采，帶利劍，厭飲食，財貨有餘，是謂道夸」〔註64〕的災難性後果。而究其根源，其實皆可歸因於人的「有身」，這「有」，是由心知執著的「有」，而非「一受其成形」〔註65〕的「身」本身。

孟子以回歸道德本心面對人生大患，老莊以回歸天生本眞處理吾有大患；大患來自「我」對自己生命的執著，由執著導致對自我與他人生命的戕害，因此道家的解決之道，當在無心無爲，《老子‧十三章》接續說明道：「故貴以身爲天下，若可寄天下；愛以身爲天下，若可託天下。」〔註66〕王邦雄先生指出：「人生就是自我活在天下，貴身是自我，大患在天下。問題在天下的貴；天下的愛是靠不住的，甚至是帶來屈辱，而難逃卑下的自我批判。一個不要天下的人，才可以擔負天下的重任。」「由是而言，眞正的貴身，眞正的愛身，是回歸自我，活出天眞的人。」〔註67〕老子以爲內在自身與外在天下相較而言，無疑是內在天眞更爲可愛，所以只有把自家看得比天下還可愛的人，才能將天下託付在他手上，因爲不要天下，就不會執著天下而傷害天下，故老子曰：「夫雖無以生爲者，是賢於貴生」〔註68〕──只有先「貴」自己的生命，才能愛惜別人的生命。

（二）「出生入死」：死生如同出入

首先，道家對死亡的認知是，死生如同一趟旅程，我們執著不放的生命，只是這趟旅程的過渡：

> 出生入死。〔註69〕

> 死生，命也，其有夜旦之常，天也。人之有所不得與，皆物之情也。彼特以天爲父，而身猶愛之，而況其卓乎！人特以有君爲愈乎己，而身猶死之，而況其眞乎！〔註70〕

〔註63〕《莊子‧山木》，頁698。
〔註64〕《老子‧五十三章》，頁32。
〔註65〕《莊子‧齊物論》，頁56。
〔註66〕《老子‧十三章》，頁7。
〔註67〕王邦雄《老子道德經的現代解讀》，頁73。
〔註68〕《老子‧七十五章》，頁44。
〔註69〕《老子‧五十章》，頁30～31。
〔註70〕《莊子‧大宗師》，頁241。

老子用「出入」形容生死，莊子則用「夜旦」象徵生死；蓋在老莊眼中，出生入死形同日夜交替，不但平常，並且必然。那麼自然的生死何以又被賦予夭壽禍福的不同意義呢？老子的解釋是「生之徒，十有三；死之徒，十有三；人之生，動之死地，亦十有三。夫何故？以其生生之厚。」〔註71〕原來「禍福無門，惟人自招」，人之所以不能「終其天年而中道夭」，固然有十分之三是自身無法處理的不可奈何，但也還有十分之三的死因，根本是自己導致；那麼自己如何導致自己的死亡呢？老子認爲是「以其生生之厚」——原來過於愛惜自己的生命，同樣導致生命的損傷，營養過剩，過度的開發導致環境污染、生態破壞、全球天候異常、與病變的災害，不就是「人之生，動之死地」的寫照嗎？

老莊一致認同生死本是自然，莊子更進一步說：「彼特以天爲父，而身猶愛之，而況其卓乎」，人生在世不過暫居，而人本來無須、也無能與自然相抗衡，人未體現「卓於父」的天道，因死生之患而遁天悖情，反而是陷溺於倒懸之苦了！

（三）「生也死之徒，死也生之徒」：死生是一氣流行

《莊子・大宗師》謂：「夫大塊載我以形，勞我以生，佚我以老，息我以死。故善吾生者，乃所以善吾死也。」〔註72〕又曰：「陰陽於人，不翅父母。」〔註73〕其中「大塊」、「陰陽」與「善」，皆爲「大自然」之意，亦即天地萬物皆來自大自然，終將回歸大自然，大自然本身並沒有任何神聖的目的，而人生如同眾生，並不特別偉大，也只能服從大化自然的安排，隨順自然的生，也順應自然的死。莊子外雜篇爲了對出生入死有更精確的說明，開始以「氣」的概念說明生命流轉，如：

> 生也死之徒，死也生之始，孰知其紀？人之生，氣之聚也；聚則爲生，散則爲死，若死生爲徒，吾又何患？故萬物一也，是其所美者爲神奇，其所惡者爲腐臭，腐臭化爲神奇，神奇化爲腐臭，故曰：「通天下一氣爾。」聖人故貴一。〔註74〕

> 莊子妻死，惠子弔之……莊子曰：「不然。是其始死也，我獨何能無

〔註71〕《老子・五十章》，頁30～31。
〔註72〕《莊子・大宗師》，頁262。
〔註73〕同前註。
〔註74〕《莊子・知北遊》，頁733。

概然！察其始而本無生，非徒無生也而本無形，非徒無形也而本無
氣。雜乎芒芴之間，變而有氣，氣變而有形，形變而有生，今又變
而之死，是相與爲春秋冬夏四時行也。人且偃然寢於巨室，而我噭
噭然隨而哭之，自以爲不通乎命，故止也。〔註75〕

在這些篇章中，莊子說明生命不過一氣之化，氣聚而生，氣散而死，「氣變
而有形，形變而有生，今又變而之死，是相與爲春秋冬夏四時行也。」乍看
之下「通天下一氣」頗有氣化論傾向。然而值得注意的，是莊子並非「氣化
宇宙論」的擁護者，儘管《莊子》中有此色彩，因爲莊子僅將「氣」視作一
「存在的流行，或流行的存在」〔註76〕，他無意以「氣化」作爲人生哲學的
重心，相反的，他主張的是「若死生爲徒，吾又何患？」顯然莊子認爲既然
氣的聚散實不可知，不如整個放下，一任腐臭與神奇自然散聚，這才是〈知
北遊〉所謂的「貴一」。故〈知北遊〉只是藉由「氣」的「無生也而本無形」、
「雜乎芒芴之間」，說明生命的變化當屬自然，非人智所能窮盡，而人生從
自然來，自當遵循自然的規律，生、老、死，乃是人生之行程，乃至死後的
回歸於大塊，莫非不是自然，《莊子·大宗師》謂：「故善吾生者，乃所以善
吾死也」〔註77〕，「善」是無心自然，意味人當無心自然而生，亦當無心自
然的死，如〈德充符〉所說，「以死生爲一條，以可不可爲一貫。」如果死
亡只是形化，雖然其形化，只要其心可以不與之然，那麼「死」也就不會成
爲人生難關了。

死生如一，對生的貪戀與對死的逃避，同樣起自心知的分別執著，然而
無分別即無執著，無執著，則禍福問題自根本化掉，故所謂眞人：

古之眞人，不知說生，不知惡死；其出不訢，其入不距；翛然而往，
翛然而來而已矣。不忘其所始，不求其所終；受而喜之，忘而復之，

〔註75〕《莊子·至樂》，頁615。
〔註76〕唐君毅《中國哲學原論·原道篇卷二》（臺北：學生書局，1993年），頁246：
「氣則自其非定形定質之存在，而爲一流行之存在，亦在心之底層，而恆能
虛以待物之生命說。故言『通天下一氣』，即言一切有定形定質之物，皆爲一存
在的流行，或流行的存在，而亦實亦虛，而更以其虛，涵其他物質之氣之實，
以相通相涵相生，以合爲一氣者，故此氣之一名言概念，乃所以表有定形定
質之一切物，能自超化其定形定質，以合爲一存在流行或流行的存在，以爲
此一切有定形定質之物所依，與所歸者。自此一氣爲一切物質之所依而相繼
與生言，則此氣爲一切物之母或元始，而莊子大宗師有『氣母』之名。」
〔註77〕《莊子·大宗師》，頁262。

是之謂不以心捐道，不以人助天。是之謂真人。〔註78〕

真人對生命的態度：是對「生」不欣喜，對「死」不逃避；生是自然，故順其自然而生；死是必然，故盡其天年而死。因此對於自己的生命，儘管「受而喜之」，卻更當「忘而復之」，因為「人耳人耳」〔註79〕的妄求，是以心損道，刻意執著的妄求，是以人助天；真人「以無為首，以生為脊，以死為尻，知死生存亡之一體」〔註80〕，才能「翛然而往，翛然而來」，無入而不自得而所遇皆安了。

二、福德問題之究極，在生死大關

老莊對死亡的認知，乃以生死為一條，生死都為一氣之化；重在「生」的時候「養生」，不在「死」的時候恐懼；但死生畢竟是人生大事，老莊面對死亡的態度，是天道的「息我以死」，與「無怛化」的順其自然。

（一）「息我以死」：解消死亡陰影的籠罩

死生本為自然，故對生的留戀，無異倒懸之苦，那麼人又為何會不由自主的陷溺其中呢？

《莊子·齊物論》說道：「一受其成形，不忘以待盡。與物相刃相靡，其行盡如馳，而莫之能止，不亦悲乎！終身役役而不見其成功，苶然疲役而不知其所歸，可不哀邪！人謂之不死，奚益！其形化，其心與之然，可不謂大哀乎？人之生也，固若是芒乎？其我獨芒，而人亦有不芒者乎？」〔註81〕原來人之所以樂生惡死，原因在於「不化」：生命一旦發現自我意識的存在，便「忘其所始，求其所終」〔註82〕，忘記人生原本來自天地，不再願意參與自然的變化，反而要讓有限的生命去追隨無涯的心知；於是本來天生本真的生命，遂猶如鑿破七竅的渾沌。無邊的心知反而因為「特犯人之形而猶喜之」〔註

〔註78〕《莊子·大宗師》，頁229。
〔註79〕《莊子·大宗師》，頁262：「今一犯人之形，而曰『人耳人耳』，夫造化者必以為不祥之人。今一以天地為大鑪，以造化為大冶，惡乎往而不可哉！成然寐，蘧然覺。」
〔註80〕《莊子·大宗師》，頁258。
〔註81〕《莊子·齊物論》，頁56。
〔註82〕《莊子·大宗師》，頁228：「古之真人，不知說生，不知惡死；其出不訢，其入不距；翛然而往，翛然而來而已矣。不忘其所始，不求其所終。」
〔註83〕《莊子·大宗師》，頁243～244。

83〕，讓人陷入大恐小恐的種種憂患。而為了維繫這難得的生命，每個人自我膨脹，彼此對立，相互否定，反而落得「物相刃相靡，其行盡如馳，而莫之能止」的痛苦，乃至最後「終身役役而不見其成功，苶然疲役而不知其所歸」，人生至此，堪稱既悲且哀。

心知無涯，不能任物之化，但人以身而沾沾自喜，於是在心知的執著下，意圖藏年延壽，但問題在，生命藏得住嗎？《莊子・大宗師》說道：

> 夫藏舟於壑，藏山於澤，謂之固矣。然夜半有力者負之而走，昧者不知也？藏小大有宜，猶有所遯，若夫藏天下於天下而不得所遯，是恆物之大情也。特犯人之形而猶喜之，若人之形者，萬化而未始有極也，其為樂可勝計哉耶？故聖人將遊於物知所不得遯而皆存。
> 〔註84〕

藏小舟於山谷，藏山於大澤，自以為藏得牢靠，哪知「夜半有力者負之而走」，自己卻一無所知；人所珍藏之最莫過於是自己的生命；但大化流行中，生命一樣遵循「大塊載我以形，勞我以生，佚我以老，息我以死。」〔註85〕的自然循環，還是藏不住啊！莊子因此語帶諷刺的說道：「若只因得到人的身形便如此喜悅，那麼天地萬物的變化可是無可窮盡的，歡樂不就無法估計了嗎？」

陶淵明〈神釋〉中感嘆「大鈞無私力，萬理自森著」〔註86〕，如果再怎麼藏，都逃不過造化的大力，那麼根本解脫之道，就在「不藏」，所謂「藏天下於天下而不得所遯」——根本不藏，就沒有遺失的恐慌，不執著「生」，就沒有「死」的憂心，原來「生死」本來就是相對並生的概念，有死因為有生，但對生的貪戀卻引起對死的恐慌，導致活生生的人，卻活在死亡的陰影中，既然對死的恐懼原來來自對生的執著，那麼只要「不生」，又何必擔心「猶有所遯」呢？

（二）「無怛化！」——死後還歸造化的通達智慧

生死問題糾結心中，最大的損失，是連當下的美好，一併斷送，對於「死

〔註84〕《莊子・大宗師》，頁243～244。
〔註85〕《莊子・大宗師》，頁242。
〔註86〕陶淵明〈神釋〉，頁49：「大鈞無私力，萬理自森著。人為三才中，豈不以我故！與君雖異物，生而相依附。結托既喜同，安得不相語！三皇大聖人，今復在何處？彭祖愛永年，欲留不得住。老少同一死，賢愚無複數。日醉或能忘，將非促齡具！立善常所欣，誰當為汝譽？甚念傷吾生，正宜委運去。縱浪大化中，不喜亦不懼。應盡便須盡，無復獨多慮。」

後將往何處去？」莊子並未給出任何肯定的答案，〈齊物論〉說：「予惡乎知說生之非惑邪！予惡乎知惡死之非弱喪而不知歸者邪！麗之姬，艾封人之子也。晉國之始得之也，涕泣沾襟；及其至於王所，與王同筐床，食芻豢，而後悔其泣也。予惡乎知夫死者不悔其始之蘄生乎？」〔註87〕既沒有明確指出「人死以後將去哪裡？」也沒有肯定「是否有另一個更快樂的世界？」

　　首先，莊子並非氣化宇宙論的信仰者，莊子僅在氣化論的基礎上說明變化之必然，而認為人當安時處順於此種變化，參與大化流行，未曾指出變化後將往何處去，或將以何種型態重生，〈大宗師〉說：

> 子來有病，喘喘然將死，其妻子環而泣之。子犁往問之，曰：「叱！避！無怛化！」倚其戶與之語曰：「偉哉造化！又將奚以汝為，將奚以汝適？以汝為鼠肝乎？以汝為蟲臂乎？」子來曰：「父母於子，東西南北，唯命之從。陰陽於人，不翅於父母；彼近吾死而我不聽，我則悍矣，彼何罪焉！夫大塊載我以形，勞我以生，佚我以老，息我以死。故善吾生者，乃所以善吾死也。今大冶鑄金，金踊躍曰『我且必為鏌鋣』，大冶必以為不祥之金。今一犯人之形，而曰『人耳人耳』，夫造化者必以為不祥之人。今一以天地為大鑪，以造化為大冶，惡乎往而不可哉！」成然寐，蘧然覺。〔註88〕

儘管莊子亦以氣化說萬物之死生流轉，並視之為「一切物之母之原或原始」〔註89〕，但氣化論並非莊子哲學中心，莊子只強調生命的變化「未始有極」，可為鼠肝，可為蟲臂；無所謂崇高，無所謂低賤；豈可昧於自知，以為人而樂？若強要追求以「人」為樂，那麼在自然造化之前，對生命的執著，反倒成了不祥之人。是以莊子固不否認氣化，但如陳德和先生所說：「人誤以為『一』是通天地的『一氣』，而說〈知北遊〉有氣化論的嫌疑，甚至說它是唯物論，當非善解，吾意，從氣之聚散說生死，只明生死本無常不可必也，因氣本芒芴不定，以之假借最易讓人心領神會，故外篇常用之。」〔註90〕所以氣化論只是一方便假借之說法，或可說是莊子對自然現象之解釋，卻非莊子哲學之核心；而此一「造物者」，尤其不是一異於萬物而創生萬物之人格神，錢穆先

〔註87〕《莊子‧齊物論》，頁103。
〔註88〕《莊子‧大宗師》，頁261～262。
〔註89〕陳鼓應《莊子今註今譯》，頁197。
〔註90〕陳德和《從老莊思想詮詁莊書外雜篇的哲學》，頁144。

生則指出：「莊子心中此一造化者，乃僅如一大冶、一大爐，雖若萬物由此而出，本身亦即是一物，絕非一近似於有人格性知天與帝，異於萬物外於萬物而存在，而其力又能創出此萬物。故萬物在此宇宙之中創生，正猶其創生於一大冶大爐中。大冶大爐，則實非能創造萬物，乃萬物在此中創生也。」〔註91〕因此萬物的生化，並非一人格神之上帝以氣創生宇宙萬物，而是萬物在天地間，依循自然之理的自生自化，其間並無神秘或神命之存在。

莊子藉氣化說死後歸還造化，旨在解消世人陷溺於死生之執著；那麼莊子的死生論與當時流行的善惡報應，乃至後來佛教輪迴觀相較，又有何異同呢？

在佛教傳入中國前，中國雖有善惡報應之觀念〔註92〕，但並沒有因果輪迴之信仰；在傳統善惡報應之觀念中，個人行為之善惡可以福蔭後世，可以禍延子孫〔註93〕，葛兆光先生更認為後起的道教運用「生善惡之因可以成為後世禍福之果的觀念，增加人的行為的心理壓力，使人不得不考慮本人與後人，此生與來世的負擔。」〔註94〕成全其教化意義。至於佛教一入中國，更以其因果報應與輪迴故事，很快的被社會大眾吸收。但是莊子死後歸於大化之精神，無疑與二者截然不同，首先莊子本不肯定福報與世俗幸福之追求，故其生死觀也不含道教道德教訓與保證幸福之意味，至於其氣化觀也與佛教死生流轉的輪迴觀明顯不同；葉舒憲先生在《莊子的文化解析》中指出：「在

〔註91〕 錢穆《莊老通辨》（臺北：東大圖書公司，1991年），頁154。

〔註92〕 如《周易·坤·文言》本文引用版本為阮元《重刊宋本十三經校注》之《周易正義》（臺北：藝文印書館，1960年），頁19：「積善之家，必有餘慶；積不善之家，必有餘殃。」

〔註93〕 如《史記·白起王翦列傳》，頁2341～2342：「夫為將三世者必敗。必敗者何也？必其所殺伐多矣，其後受其不祥。」《史記·陳丞相世家》頁2062：「我多陰謀，是道家之所禁。吾世即廢，亦已矣，終不能複起，以吾多陰禍也。」《史記·李將軍列傳》，頁2783～2784：「廣嘗與望氣王朔燕語，曰：『自漢擊匈奴而廣未嘗不在其中，而諸部校尉以下，才能不及中人，以擊胡軍功取侯者數十人，而廣不為後人，然無尺寸之功以得封邑者，何也？豈吾相不當侯邪？且固命也？』朔曰：『將軍自念，豈嘗有所恨乎？』廣曰：『吾嘗為隴西守，羌嘗反，吾誘而降，降者八百餘人，吾詐而同日殺之。至今大恨獨此耳。』朔曰：『禍莫大於殺已降，此乃將軍所以不得侯者也。』」李廣以沙俘作自身不得志之解釋；王離兵敗，被歸咎於其世家累積三世之殺戮；至於陳平修道家之術而運用於陰謀權術，亦以此自責；足見善惡報應，福蔭禍延之觀念，當時已深入人心。

〔註94〕 葛兆光《中國思想史·七世紀前中國的知識、思想與信仰世界》，頁503。

莊子看來，加入輪迴即可擺脫死亡的恐懼，獲得精神的解脫；在佛教徒看來，只有跳出輪迴才有解脫可言」「跳出死生循環之輪與加入此一循環，才是莊子輪迴觀與佛教輪迴觀最大不同之處。同一個死生之輪的意象，在佛家那裡是無盡的業報和無情的折磨之象徵；在道家那裡卻是『圜道』的『玄之又玄』或『旋而又旋』的永恆運動標示。」〔註95〕葉先生對佛教的理解或有可議〔註96〕，尤其莊子之氣化觀只是一可相互轉化流動之素樸生命觀，實不宜以「輪迴」形容，不過可以肯定之處，在佛教之基礎是苦業意識，解脫即以脫離此苦業爲目標；莊子的精神既然是「天地與我並生，而萬物與我爲一」〔註97〕，則其不以諸受爲苦，而願「與天地精神相往來」〔註98〕之精神可謂明矣；既然願與天地精神相往來，則只有安時處順以參與天地造化，當無「跳出輪迴以求解脫」之必要，那麼凡人最關心的善惡報應，因果循環，是否就隨著莊子的安時處順，一切存而不論了呢？

　　如吳怡先生《生命的轉化》所說：「莊子思想卻提供了一種新的思維，即無論是善惡業報，因果循環，在這宇宙大化中，都融入自然中，這並不是說沒有業報，沒有因果，而是它們融入自然後，不講業報，不講因果，更不是爲了善報而行善、善果而種因的有所爲而爲。」〔註99〕所以莊子對死後的世界，採取的是存而不論的態度，既然莊子認爲一切問題的核心，乃在「一知之所知，而心未嘗死者乎」〔註100〕那麼當吾人「忘其肝膽，遺其耳目」〔註101〕，

〔註95〕　葉舒憲《莊子的文化解析》（西安：陝西人民出版社，200 年初版），頁 442～443。

〔註96〕　佛教的解脫是否是要跳出輪迴？楊惠南《佛教思想新論》東大圖書公司，1982年，頁 76：「佛陀所強調的解脫，決不是怪力亂神的『不落因果』，而是平平實實，不壞假名的『不昧因果』。解脫者雖然落入生死的因果法則中，卻不爲他們所欺騙，而能夠以慧眼洞見期中的虛幻性、空性，如此，雖然仍受生死法則的支配，卻不因其支配而起不自在的諸種煩惱。就這點說，解脫者遊於不畏生死、不畏輪迴，因此經論也方便說無生死，無輪迴；而實際上，並不是說解脫者眞的是個無生死、輪迴、『不落因果』的大怪物！」依楊教授說，佛教當無所謂「跳出輪迴」而是「不昧於輪迴」，然其解脫輪迴畢竟是以苦業意識爲中心，與老莊僅將生命輪迴視爲「自然」而樂於參與變化，精神仍不相同。

〔註97〕　《莊子·齊物論》，頁 79。

〔註98〕　《莊子·天下》，頁 1098。

〔註99〕　吳怡《生命的轉化》，頁 118。

〔註100〕　《莊子·德充符》，頁 193。

〔註101〕　《莊子·大宗師》，頁 268。

不為變化憂慮的自由心靈，自是「惡知死生先後之所在」〔註102〕，業報輪迴的問題也就自然的由「忘」解消了。

（三）「指窮於為薪，不知其盡」放下問題的智慧

莊子不以氣化論保障來生，也不落入因果輪迴之說，可是老子說：「死而不亡者壽。」莊子也說「指窮於為薪，火傳也，不知其盡也。」〔註103〕是否意味人死後仍有「不滅」的精神體呢？

這段文字，容易被誤解為「薪盡火傳，生生不息」，或被解為「精神不死，靈魂不滅」〔註104〕，但兩種解法，恐怕皆非原意。蓋「生生不息」、「薪火相傳」乃是儒家見解；而「靈魂不滅」並非老莊道家所重視，因為在老莊眼中，死亡是「形化」，死亡本身並不可悲；可悲的是「其形化而其心與之然」。本文以為，歷來注疏家之所以會在這段文字出現歧異，是因為受「火傳也」這三個字誤導，假設莊子認同靈魂不滅，那麼秦失面對老聃弟子之悲痛，應以：「老聃雖死，但精神永遠存。」之論安撫眾人。但，秦失不但沒有主張靈魂不滅，反而訓了老聃弟子們一頓，他說：「適來，夫子時也；適去，夫子順也。安時而處順，哀樂不能入也！」老聃是如此的安時處順，我們當然也只需要如此的安時處順，所以眾人或可仿效孟子反、子琴張一般，彈彈琴、唱唱歌、送「回家」的老聃一程，亦已足矣〔註105〕。哭得「如哭其子」「如哭其母」，這是「遁天背情，忘其所受」，反而根本是對不起老聃了！

所以儘管「薪盡火傳」很自然的讓人聯想到「靈魂不滅」。問題是我們應該先回顧〈養生主〉開宗明義的論點：「吾生也有涯，而知也無涯，以有涯隨無涯，殆矣！」莊子認為人生真正的大患，不在人生有限，而在心知無限。問題既然出在「知」，那麼莊子的解決問題方法，就是通過人生修養，由「知」

〔註102〕《莊子・德充符》，頁193。

〔註103〕《莊子・養生主》，頁129。

〔註104〕陳壽昌《莊子正義》，頁50：「薪雖盡而火種已傳，喻形萎而神存。」慧遠〈形盡神不滅論〉：「火之傳於薪，猶神之傳於形；火之傳異薪，猶神之傳異形。」徐復觀《中國人性論史》，頁405：「似乎莊子已有精神不死的觀點，站在精神不死的觀點，即無所謂生死。」

〔註105〕與儒家不同，道家人物面對死亡，反而偏愛用音樂伴死者最後一程，如〈大宗師〉子桑：「若歌若哭」，孟子反、子琴張：「臨尸而歌」，〈至樂〉莊子：「鼓盆而歌」。

養至「不知」；因此「老聃死」一文之關鍵當不在「火傳」，而在「不知」〔註106〕。因爲假設〈養生主〉最後寓言的結論是「薪盡火傳，靈魂不滅，所以不要傷心」，那麼莊子的理論便自相衝突。畢竟靈魂的存在正是「不化」〔註107〕，既然〈養生主〉的開頭就言明「以有涯隨無涯」就要「殆」，而且道家所反對的，正是違反自然的「不化」，本文結尾要是肯定了「不化」的「靈魂不滅」，不是正好與第一段「知無涯」的感嘆相衝突嗎？

　　「指窮於爲薪，火傳也，不知其盡也」，可理解爲「活在當下」，雖然莊子並不否認形骸之外猶有精神〔註108〕，但無論是形骸或是精神，當在個體生命死亡，即回歸自然之道，或再化爲其他形骸〔註109〕，既然「知不能規乎其始」〔註110〕，本來無從窺知生命的起源，對於「死後往何處去」的問題，自當「不足以滑和，不可入於靈府」〔註111〕，不如當下「不知」。因此所謂「不知其盡」，當與孔子「發憤忘食，樂以忘憂，不知老之將至！」之精神相通；因爲如王邦雄先生《走在莊子逍遙的路上》所說：火光閃現的當下，哪裡需要去想自己就要燒盡了呢〔註112〕？莊子要我們「安時處順，哀樂不能入」〔註

〔註106〕王邦雄《走在莊子逍遙的路上》，頁307：「『薪盡火傳』不是說『靈魂不滅』，重點是在『不知』，是在當下的永恆。」

〔註107〕徐復觀《中國人性論史》，頁405：「靈魂，是生前的個體死了以後，依然保持著一個沒有形的個體；此一個體之存在，是以『不化』爲前提。而莊子的精神不滅的思想，則是由個體回到全體，再化爲另一個個體，這是以『化』爲前提的。」

〔註108〕《莊子・德充符》：「丘也嘗使於楚矣，適見㹠子食於其死母者，少焉眴若皆棄之而走。不見己焉爾，不得類焉爾。所愛其母者，非愛其形也，愛使其形者也。」故莊子不否認形骸之外，似猶有「神」存在。

〔註109〕徐復觀《中國人性論史》，頁405：「人的形骸是有盡的，但形骸裏的精神，則由此已盡之形骸回到道那裡去，再化爲其他方生的形骸。所以他才說『不知其盡也』。『不知其盡也』，乃是他『安時處順』及『物化』的真正根源。同時也可以瞭解，因爲莊子特提出與形還相對的精神來，以爲他安身立命之地，所以在莊子思想中，導不出縱欲及求身體長生的思想。不過，這裡的精神不滅，並不等於一般所說的靈魂不滅。」

〔註110〕《莊子・德充符》，頁212。

〔註111〕《莊子・德充符》，頁212。

〔註112〕王邦雄《走在莊子逍遙的路上》：頁306：「薪木總有窮盡的時候，但是當生命的火光在閃現、發光的時候，在『火傳也』的那個當下，我們會『不知其盡也』，那個時候你不會悲從中來，老想自己總有燒成灰燼的時候。重點在『不知』二字。人的材質，包括才情、氣魄都在燃燒，才會發光發熱；他總有燒成灰的時候，但重點就在『火傳』的那個當下，當生命的靈光一閃，那時整個心頭都『不知其盡也』，因爲當下無心啊！」

113〕、「行事之情而忘其身,何暇至於悅生而惡死?」〔註114〕可見其哲學要旨,乃在當下實踐,如陳鼓應《莊子哲學》所說:「只有過著健全的一生,才能享受圓滿的死亡。」〔註115〕莊子既然以為「知」的本質是執著,故當止於「不知」(「知,止其所不知!」〈齊物論〉)依此態度,他對「死後是否有不滅的靈魂」?當然是不會有正面解答的。

〔註113〕《莊子・養生主》,頁128。

〔註114〕《莊子・人間世》,頁155。

〔註115〕陳鼓應《莊子哲學》,臺北:商務印書館1992年,頁37:「『善吾生者,所以善吾死者也』:過著健全的一生,乃是享受圓滿的死亡;肯定生,乃能肯定死;死的價值,有賴生來肯定,死的意義,有賴生來賦予;你若有能力來掌握你的生,你就有權力來埋葬你的死。如此,『生』的肯定,乃是首要之事。由此可見莊子的生死觀念決不是消極的,更不是出世的。」

第四章　老莊福德觀比較

　　老莊基本精神相同，但就福德問題之處理，也有若干差異；王邦雄先生《走在莊子逍遙的路上》說：「莊子雖承接老子所開出的形上之道的價值根源，與政治人生回歸自然無爲的理想歸趨，惟並未在形上系統與政治哲學有其進一步的發揮，而專注在生命價值的深切反省，與不斷奔騰上揚的人格修養，一者救老子哲學可能落於貧弱虛空的危機。」〔註1〕就福德問題之處理而言，老莊最主要的差異：在老子訴諸以政治智慧處理福德問題，而著重「曲全」、「處下」、「知雄守雌」傾向的政治思想；莊子則由於本身即對政治缺乏信任，乃將福德問題向內轉以「逍遙」、「安命」、「知止其所不知」的人生修養處理之。《莊子・天下》對老子關尹學派的評價是：「人皆求福，己獨曲全，曰苟免於咎。以深爲根，以約爲紀，曰堅則毀矣，銳則挫矣。常寬容於物，不削於人，可謂至極。」〔註2〕可見莊子（或其後學）也認爲「曲全」與「免咎」的道術思想乃是老學的特徵，而與「死與生與，天地並與」〈天下〉、「獨與天地精神往來，而不敖倪於萬物」〈天下〉，以雙遮雙遣，傾向修養境界型態的莊周學派旨趣不同，我們可以比較兩者的態度如下。

〔註1〕王夫之《莊子通・莊子解》，頁298：「老子知雄而守雌，知白而守黑，知者博大而守者卑弱，其意以空虛爲物知所不能距，故宅於虛以陰陽人事之挾實而來者，窮而自伏，是以機而至天人者也。陰符經之說，蓋出於此。以忘機爲機，機尤險矣！若莊子之兩行，則進不見有雄白，退不屈爲雌黑；知止於其所不知，而以不持持者無所守。雖虛也，而非以致物，喪我而於物無攖者，與天下休乎天均，非枯以示槁木死灰之心形，以待物之自伏也。」
〔註2〕《莊子・天下》，頁1095。

第一節 老子以明照德的政治思想

老莊兩家同樣強調「明」——透過修養工夫，滌除私心己意後，透徹的心思，謂之「明」，老子曰：「自知者明」〔註3〕、「知常曰明」〔註4〕，莊子要「用心若鏡」〔註5〕、「莫若以明」〔註6〕，但同樣的心靈虛靜，兩人著眼的方向卻大不相同，老子的「明」著重於「以明照德」的政治思想，莊子的「明」卻是明融入德心的人生哲學。

一、「自知、自勝、知足」：回歸天生本德

老、莊哲義理型態最大的不同，在老子除修養工夫外，更蘊含政治思想，除了強調為政者本身之修養，更企圖透過政治手段，保障福德一致，故老子哲學常被視作人君南面之術。莊子則全然無心於政治，而著重以自身修養，化解福德之間可能的衝突。故老子有王者師之姿態，至於莊子雖有〈應帝王〉等名為帝王之篇章，其實無意於政治。老子的政治思想，在以自知、自勝、知足之自然無為，回歸天生本德，如此即可保住天下人的幸福：

> 聖人自知不自見，自愛不自貴，故去彼取此。〔註7〕

> 知人者智，自知者明。勝人者有力，自勝者強。知足者富。強行者有志。〔註8〕

> 罪莫大於可欲，禍莫大於不知足，咎莫大於欲得，故知足之足常足矣。〔註9〕

理想的為政者，有自知之明而不自現，自愛而不自以為高貴，因此沾戀於自身之事業之輝煌榮耀，既然不以榮耀自身為滿足，便不致陷溺於不知足之泥濘中不可自拔。因此為政者當知足知止，而無須知人勝人。「自知」、「自勝」、「自愛」「知足」才是老子認同的領導之特質，所謂「自知者勝」，若有自知之明，何肯輕起戰端？不起戰端，即是立於不敗之地，其「勝」義不言可喻。

〔註3〕《老子‧三十三章》，頁 19。
〔註4〕《老子‧十六章》，頁 9。
〔註5〕《莊子‧應帝王》，頁 307。
〔註6〕《莊子‧齊物論》，頁 63。
〔註7〕《老子‧七十二章》，頁 43。
〔註8〕《老子‧三十三章》，頁 19。
〔註9〕《老子‧四十六章》，28～29 頁。

聖人既有自知之明，復以「愛以身爲天下，若可託天下。」〔註10〕王邦雄先生說：「一個不要天下的人，才可以擔負天下的重任。若爲了高貴的自身，往天下求取名利權勢的人，自身背負大患，承受屈辱之餘，唯恐他在打天下中，傷害天下。因爲他會以天下爲舞台，以天下人爲道具，演出一場他自身的獨角大戲，進而宰制天下。由是而言，眞正的貴身，眞正的愛身，是回歸自我，活出天眞的人。」〔註11〕聖人回歸自我天眞，愛自己，就不會爲了榮耀自己而傷人，不傷人，就不會激起對立而互相傷害；「知足」便能無欲無求，而不會在權勢圈名利場的「欲得」中迷失自我，如此「知足不辱，知止不殆，可以長久」〔註12〕，便是福報。所以福報豈需外求？「不辱」「不殆」本身，不就是福報嗎？

二、以「無爲」之化解，保存天下人的幸福

　　老子固然注重修養工夫，唯老子處理福德問題的最終方法，是透過政治作爲實踐外王事業，所謂「修之於身，其德乃眞；修之於家，其德乃餘；修之於鄉，其德乃長；修之於邦，其德乃豐；修之於天下，其德乃普。」〔註13〕修身固然是人人所應然，但唯有透過政策的實踐，「修之天下」才有可能開顯道家式的福報──「百姓皆謂我自然」〔註14〕。故老子的政治智慧，即是先透過「忘德」顯「至德」，蓋人間的問題，起自人心的「欲得」與爲政者的「造作」，問題自「人」而起，也唯有透過「人」自己的修養工夫，才能處理「孰知其極」的福德問題：

　　　　禍莫大於不知足，咎莫大於欲得，故知足之足常足矣。〔註15〕

眞正的禍源，是人心的不知足，小我個人的不知足，可導致自我生命的傷害；領導者的不知足，則可能導致戰爭災荒之恐怖禍害。禍既自心而起，也只有從爲政者之心消解，因此老子要爲政者「專氣致柔，滌除玄覽」〔註16〕，蓋只有爲政者自己「去甚、去奢、去泰」〔註17〕，個人少私寡欲，施政無爲而

〔註10〕《老子‧十三章》，頁7。
〔註11〕王邦雄《老子道德經的現代解讀》，頁73。
〔註12〕《老子‧四十四章》，頁27～28。
〔註13〕《老子‧五十四章》，頁33。
〔註14〕《老子‧十七章》，頁10。
〔註15〕《老子‧四十六章》，頁28。
〔註16〕《老子‧第十章》，頁5。
〔註17〕《老子‧二十九》，頁17。

治，「不以智治國」〔註18〕，才真是「國之福」〔註19〕，因此老子在政治上的實踐便是：

> 不尚賢，使民不爭。不貴難得之貨，使民不為盜。不見可欲，使民心不亂。是以聖人之治，虛其心，實其腹，弱其志，強其骨；常使民無知、無欲，使夫智者不敢為也。為無為，則無不治。〔註20〕

> 天下多忌諱，而民彌貧；民多利器，國家滋昏；人多伎巧，奇物滋起；法令滋彰，盜賊多有。故聖人云：我無為而民自化，我好靜而民自正，我無事而民自富，我無欲而民自樸。〔註21〕

所謂「德政」，在道家的理解即是「有為」，「有為」是有心而為，逼使人民以「伎巧」、「力氣」去鑽法律漏洞，甚或淪為「盜賊」以對抗國家法令。然而上下鬥智，必導致執政者以公權力強制介入，而執政者為求穩定統治，必如〈十七章〉說，以「其次親而譽之，其次畏之，其次侮之。」〔註22〕之手段，逐步走向專制暴力。然政府之專制暴力，相對亦將導致民怨沸騰；最後之結果便成為「民不畏威，則大威至」〔註23〕、「民不畏死，奈何以死懼之。」〔註24〕。當威權政府失去其恐嚇效力，人民寧可付出生命也不願與執政集團合作，執政者反而陷入「為者敗之，執者失之」〔註25〕的惡果中；如此原初有心有為之德政，反而為一切亂源之始，儒墨之德政，安可以為訓？

所謂「圖難於其易，為大於其細。天下難事，必作於易；天下大事，必作於細」〔註26〕。為政之重點，不在有心有為的德治，而在「慎終如始，則無敗事」〔註27〕，重點並不在以何種手段執政，而在執政者自身的動機，不可執著而造作；執政者當自根源謹慎避免錯誤政策，從根源處不讓錯誤之決策發生，讓百姓依自己的常道常名，人人順其自然而成就其自己，如此由個人之「身」乃自家國天下，才能避禍致福，故曰：

〔註18〕《老子‧六十五章》，頁40。
〔註19〕同前註。
〔註20〕《老子‧第三章》，頁2。
〔註21〕《老子‧五十七章》，頁35。
〔註22〕《老子‧十七章》，頁9。
〔註23〕《老子‧七十二》，頁43。
〔註24〕《老子‧七十四章》，頁44。
〔註25〕《老子‧二十九章》，頁17。
〔註26〕《老子‧六十三章》，頁38～39。
〔註27〕《老子‧六十四章》，頁39。

> 道常無爲，而無不爲。侯王若能守之，萬物將自化。化而欲作，吾
> 將鎮之以無名之樸。無名之樸，夫亦將無欲。不欲以靜，天下將自
> 定。〔註28〕

無爲而治的前提，是執政者需守住道的自然，不把天下當作自我炒作的舞台，讓天下萬物往自己的方向發展，「不欲以靜」才能開顯蒼生之福，誠如陳德和先生所說：「讓它們在我的心中不變形、不扭曲的如如呈現，苟能如是，則我既能自在自得，萬物亦能如其所如，這就是道家以物觀物的大智慧。」〔註29〕爲政者自己放開，讓萬物各行其是，如是爲政者之修行，恰可以帶來萬物之福報，如此一來，德行與福報，也就圓融而可以俱得了。

三、無棄人也無棄物的外王理想與智慧

領導者本身自知、自勝、知足，則不起無謂爭端；而其應世、治世之原則，亦可稱之「常善」，所謂：

> 善行無轍跡，善言無瑕讁，善數不用籌策，善閉無關楗而不可開，
> 善結無繩約而不可解，是以聖人常善救人，故無棄人；常善救物，
> 故無棄物；是謂襲明。故善人者不善人之師，不善人者善人之資。
> 不貴其師，不愛其資，雖智大迷，是謂要妙。〔註30〕

老子反對儒墨德治，所反對者乃是有心有爲導致之人爲造作，故老子欲將善政之層次提升至更高之「常善」之境；蓋老子眼中，儒墨「德治」只是心知執著，然人爲炒作有違於自然常態，所謂「天地尚不能久，而況於人乎」〔註31〕，人爲之「德政」不自然，非但不能長久，且有立即的危害。故老子以爲養民之道，不可依賴一時之「德政」，而在永續經營之「常善」；常善救人，故無棄人，常善救物，故無棄物，「常善」不是選擇性的善，也不是炒作短線之善，而是歸根復命、清靜無私無爲之善。那麼「常善」如何可能呢？

答案在「知常」與「無私」，曰：

> 致虛極、守靜篤。萬物並作，吾以觀復。夫物芸芸，各復歸其根。歸
> 根曰靜，是謂復命；復命曰常，知常曰明。不知常，妄作凶。〔註32〕

〔註28〕 《老子・三十七章》，頁21。
〔註29〕 陳德和《道家思想的哲學詮釋》（臺北：里仁書局，2005年）頁136。
〔註30〕 《老子・二十七章》，頁15～16。
〔註31〕 《老子・二十三章》，頁13。
〔註32〕 《老子・十六章》，頁9。

天地所以能長且久者，以其不自生，故能長生。是以聖人後其身而身先，外其身而身存。非以其無私邪！故能成其私。〔註33〕

「致虛守靜」是修養工夫，領導者虛心而靜，用心若鏡，不隨「萬物並作」的人爲造作而流落於物論對立的鬥爭之中，「吾以觀復」，才能看到萬物之眞。見萬物之眞而歸根復靜，是謂「復命」，是謂「知常」，此時生命才能回歸和諧之美好，也還給萬物平靜和諧之空間。所以「復命曰常，知常曰明」，當人歸復自家生命之虛靜眞常，又豈有妄做而凶之人爲造作？故「知常」是修養，而聖人「無私」，才能成全萬物的長生。因爲天地之所以長久，在天地「不自生」，才能讓萬物成其私；聖人亦必須「不自生」的無私，才能眞正愛天下。否則便如王邦雄先生所說：「救人跟愛人，也是一種執著」〔註34〕，因爲「當別人不再被我愛的時候，生命好像突然變得空虛，……所以當下對不讓我救，不讓我愛的人，就有潛在的不滿，老子說：『不貴其師，不愛其資。』善人救不善人，善人要作不善人的導師，但是以要『不貴其師，不愛其資』不能自貴，也不能以爲自己能愛人救人。否則『雖智大迷』。」〔註35〕。」所以眞正的「常善」絕非陷溺於救人的光彩而不可自拔，而是期許領導者本身歸根復靜，知足無執；在制度的制訂上要求無所偏私，不以短線操作爲目的；動機的「常善」才有可能「德蓄、物形、勢成」〔註36〕，而不致流於下德不失德之困境。

四、「報怨以德」從根本化解的福報觀

老子以爲「常善」則無棄人，亦無棄物，那麼實際面對人間種種「不善」之時，吾人又當如何應對？

《老子‧六十三章》曰：「爲無爲，事無事，味無味；大小多少，報怨以德。圖難於其易，爲大於其細。天下難事，必作於易；天下大事，必作於細。

〔註33〕《老子‧第七章》，頁 4。

〔註34〕 王邦雄《中國哲學論集》，頁 190。

〔註35〕 同前註。

〔註36〕 牟宗三《圓善論》，頁 91：「『歸根曰靜，復靜曰命，復命曰常，不知常，妄作凶。』歸什麼根呢？這個根就是所養的那個『生』，不是對治的那個生。歸根才能恢復你的本命，這就是通過道生、德畜，物形，勢成的那個東西的自己。那個東西的自己就是那個東西的本命，這就是歸根復命。所以下面就說『復命曰常』，你這個生命就是得其常道。」

是以聖人不爲大，終能成其大。夫輕諾必寡信，多易必多難；是以聖人猶難之，故終無難矣！」〔註37〕面對仇怨，老子主張「報怨以德」，與《論語》「以德報怨」形似而義理有異，那麼「報怨以德」究竟當如何解釋？

　　這段文字，學界大致有兩種解釋，王邦雄先生《人間道》認爲「報怨以德」即是「無怨」〔註38〕，林安梧先生在《新道家與治療學——老子的智慧》亦以爲：「『報怨以德』的意思，即是我讓生命回到天生的本性，用天生本性流露的善意來對待怨，這個怨就能化解掉」〔註39〕。換言之，老子希望回歸人人自身的「善」來化解人間的「怨」，所以老子說：「善者吾善之，不善者吾亦善之，德善。」聖人不起分別心，聖人愛的是每個人，自然不會有愛誰怨誰的分別；所以老子希望人人回歸自己的天眞，回歸生命的靈動，不能像被政客煽動的民眾一般，只要受到炒作煽動，便隨之以愛憎之心彼此仇視！

　　也有學者另持其他看法看待「報怨以德」，如嚴靈峰先生與陳鼓應先生就認爲「報怨以德」這四個字，應該是從《老子·七十九章》脫漏的文字〔註40〕，他們認爲原來《老子·七十九章》：「和大怨，必有餘怨，安可以爲善？是以聖人執左契，而不責於人。有德司契，無德司徹。天道無親，常與善人。」〔註

〔註37〕《老子·六十三章》，頁38～39。

〔註38〕王邦雄《人間道》（臺北：漢藝色姸，1991年），頁171～172：「道家說『報怨以德』只說怎麼樣化解，不管是宗教、道德、或者是法律，都是要有怨了，然後我們說：『怎麼報才是對的』，老子的答案是：『無怨』，所以老子是超宗教、超道德、超法律的，他根本無怨。當你問他要用什麼態度來對待那個有怨的人的時候，老子說：『何必報怨，本來就沒有怨啊！』自然了，無心了，就讓怨不會產生。所以宗教、道德、法律，本來就是立場有異，法律是『以怨報怨』，道德是『以直報怨』，宗教是『以德報怨』，而道家站在化解的智慧來說他是『報怨以德』。」

〔註39〕林安梧《新道家與治療學——老子的智慧》，頁52。

〔註40〕陳鼓應《老子今注今譯》，頁318：「嚴靈峰說：『報怨以德』四字，係六十三章之文，與上文誼均不相應。陳助曰：『六十三章「報怨以德」句，當在「和大怨，必有餘怨」句上。』陳說是，但此四字，應在『安可以爲上』句上，並在『必有餘怨』句下：文作：『和大怨，必有餘怨，報怨以德，安可以爲善。』按：嚴說可從，『報怨以德』原在六十三章，但和上下文並無關連，疑是本章錯簡，移入此處，文意相通。本段的意思是：和解大怨，必然仍有餘怨，所以老子認爲以德來和解怨，仍非妥善的辦法，最好是根本不和人民結怨。如何才能不和人民結怨呢？莫若行『清靜無爲』之政——即後文所說的『執左契而不責於人』，這樣就不至於構怨於民，如行『司徹』之政——向人民詐取，就會和人民結下大怨了，到了那個時候，雖然用德來和解，也非上策。」

〔註41〕《老子·七十九章》，頁46。

41〕的文句，因此嚴靈峰先生與陳鼓應先生認為本章還原後之文句應該為：

> 和大怨，必有餘怨，報怨以德，安可以為善？居善地，心善淵，言
> 善信，正善治，事善能，動善時，夫為不爭，故無尤〔註42〕。

嚴、陳兩位先生還原後的文意，確實頗為通順，只是如此一來，老子面對怨的態度，反而變成與孔子一樣！因為「報怨以德，安可以為善」便是「報怨以德，實為不善」！因此嚴、陳兩位先生主張：與其等到「怨」發生了才想用「德」和解，何不從本源做起，根本不讓「怨」發生呢。如果自己「居善地，心善淵，言善信，正善治，事善能，動善時」，自己不結怨，就不會有怎麼「和」的問題。那麼老子面對仇恨的態度，究竟如何呢？

儘管「報怨以德」有兩種相反的詮釋，但雙方其實並非沒有交集，蓋嚴、陳兩位先生所謂「不責於人」，其實也等於王邦雄先生所謂之「無怨」；而雙方也一致認同老子的最高原則，就是反對等到積怨已成才設法「和大怨」——畢竟如果在第一序就做到「慎終如始」〔註43〕，自然沒有第二序「如何報怨」的問題。因此對於「當如何面對怨」，本文以為老子的態度當為：以不扭曲的天生本真，無私的面對已發生的仇怨，不以對立、撕裂、挑撥、報復的方式處理仇怨，更不主張替天行道或伸張正義；因那是有心有為，只會讓怨恨加深，所謂「夫代司殺者殺，是謂代大匠斲。夫代大匠斲者，希有不傷其手矣。」〔註44〕人間怨恨恩仇，自有天道損益，所謂「天網恢恢，疏而不失」〔註45〕，天道好還，非人可以預測度，「人」實在是不宜，也不能代替自然作決定的！

五、在放下中成全的生成之道

老子思想因深含政治慧見，因此在實際的操作上，就很容易往「術用」之面詮釋，以下篇章，都很容易使讀者誤讀：

> 曲則全，枉則直，窪則盈，敝則新，少則得，多則惑。是以聖人抱
> 一為天下式。不自見故明；不自是故彰；不自伐故有功；不自矜故
> 長；夫唯不爭，故天下莫能與之爭。〔註46〕

〔註42〕同註41。
〔註43〕《老子‧六十四章》，頁39。
〔註44〕《老子‧七十四章》，頁39。
〔註45〕《老子‧七十三章》，頁43～44。
〔註46〕《老子‧二十二章》，頁12。

聖人終不爲大，故能成其大。〔註47〕

將欲歙之，必固張之。將欲弱之，必固強之。將欲廢之，必固興之。
將欲奪之，必固與之，是謂微明。柔弱勝剛強。魚不可脫於淵，國
之利器不可以示人。〔註48〕

以上各章，都可以「術用」的方式解讀〔註49〕。韓非子〈解老〉〈喻老〉二文，
即爲讀者誤讀《老子》的傑作，司馬遷以爲老子之學重在「因應變化於無爲」
〔註50〕，班固則認爲道家之術著重於「歷記成敗存亡禍福古今之道，然後知
秉要執本，清虛以自守，卑弱以自持，此君人南面之術也」〔註51〕，可見先
秦兩漢學者多視黃老「術用」爲老學之特長。而秦末漢初之際更是老子政治
思想實際接受考驗之際，薛明生先生《先秦兩漢道家思維與實踐》認爲此際
道家學者實踐的重點在「道的可操作性」〔註52〕，熊鐵基先生《秦漢新道家》
也說：「老子天道自然無爲的思想，創造性地運用到人生和政治上去了。」〔註
53〕故先秦兩漢學者，多專精於黃老術用之學，如：

陳丞相平少時，本好黃帝、老子之術。方其割肉俎上之時，其意固
已遠矣。……常出奇計，救紛糾之難，振國家之患。及呂后時，事
多故矣，然平竟自脫，定宗廟，以榮名終，稱賢相，豈不善始善終
哉！非知謀孰能當此者乎？〔註54〕

（曹參）聞膠西有蓋公，善治黃老言，使人厚幣請之。既見蓋公，
蓋公爲言治道貴清靜而民自定，推此類具言之。參於是避正堂，舍
蓋公焉。其治要用黃老術，故相齊九年，齊國安集，大稱賢相。參
爲漢相國，清靜極言合道。然百姓離秦之酷後，參與休息無爲，故
天下俱稱其美矣。〔註55〕

〔註47〕《老子·六十三章》，頁38～39。
〔註48〕《老子·三十六章》，頁20～21。
〔註49〕牟宗三《中國哲學十九講》，頁143：「『後其身而身先，忘其身而身存』這就
　　　　是詭辭……。這種話，假使你看成是一種權術，它就是一種權術；假使你看
　　　　成是一種智慧，他就是一種智慧。」
〔註50〕《史記·老子韓非列傳》，頁2156。
〔註51〕《漢書·藝文志》，頁1732。
〔註52〕薛明生《先秦兩漢道家思維與實踐》，頁125。
〔註53〕熊鐵基《秦漢新道家》，頁18。
〔註54〕《史記·陳丞相世家》，頁2062～2063。
〔註55〕《史記·曹相國世家》，頁2029。

> （汲黯）學黃老之言，治官理民，好清靜，擇丞史而任之。其治，
> 責大指而已，不苛小。黯多病，臥閨閤內不出。歲餘，東海大治。
> 稱之。上聞，召以爲主爵都尉，列於九卿。治務在無爲而已，弘大
> 體，不拘文法。〔註56〕

以「蕭規曹隨」聞名的曹參，出身行伍，前半生攻城野戰，天下底定後卻改
弦更張，問學於黃老之道，而在實際施政上「清靜極言合道」，使天下「俱稱
其美」，堪稱老子治道的實踐者。丞相陳平不但好黃老子之術，還「常出奇計，
救紛糾之難，振國家之患」，且於紛亂之世，屢次因禍爲福，轉敗爲安，司馬
遷評論曰「善始善終」，欣羨之情不言可喻。汲黯爲漢武帝名相，此時政治發
展已逐漸走向獨尊儒術，然其「東海大治」的政治經驗，亦可印證黃老治術
的實際效驗。另外如張良「學辟穀，道引輕身」〔註57〕，雖未自述學問根柢，
其學思受道家影響則當屬必然。甚至連當歸屬儒家的儒生叔孫通，都有「大
直若詘，道固委蛇」〔註58〕這種當屬道家的稱讚（與反諷）。不唯知識份子熱
中黃老治術，帝王階級亦推崇黃老之學：

> 孝惠皇帝、高后之時，黎民得離戰國之苦，君臣俱欲休息乎無爲，
> 故惠帝垂拱，高後女主稱制，政不出房戶，天下晏然。刑罰罕用，
> 罪人是希。民務稼穡，衣食滋殖。〔註59〕

> 孝文帝本好刑名之言。及至孝景，不任儒者，而竇太后又好黃老之
> 術。〔註60〕

> 竇太后好黃帝，老子言，帝及太子諸竇不得不讀黃帝、老子，尊其
> 術。〔註61〕

與民生息，減輕賦稅，避免戰爭，崇尚儉約，無爲而治的老子政治理想，在
漢惠帝、高后時代獲得施行。漢文帝本好刑名之術，竇太后更藉由自身的影

〔註56〕《史記・汲鄭列傳》，頁 3015。

〔註57〕《史記・留侯世家》，頁 2048：「學辟穀，道引輕身。會高帝崩，呂后德留侯，
乃彊食之，曰：『人生一世間，如白駒過隙，何至自苦如此乎！』」

〔註58〕《史記・劉敬叔孫通列傳》，頁 2726：「叔孫通希世度務，制禮進退，與時變
化，卒爲漢家儒宗。『大直若詘，道固委蛇』，蓋謂是乎？」其中「大直若詘」
出自《老子・四十五章》，「委蛇」則出自《莊子・應帝王》《莊子・庚桑楚》
等篇。

〔註59〕《史記・呂太后本紀》，頁 412。

〔註60〕《莊子・儒林列傳》，頁 3117。

〔註61〕《史記・外戚世家》，頁 1975。

響力強迫王宮貴族接受之。這個時代知識份子與皇室貴族對黃老學的解釋，許倬雲先生《求古篇》說是：「用黃老之說，以天地之恆常，投射於萬民之恆位。結合了自然的秩序與社會的秩序，一旦法道成立，只需持守不失。漢初以黃老之至爲政治思想的主流。蕭何爲法，講若畫一，曹參待之，守而無失。載其清靜，民以寧一。因爲自然秩序與人間秩序相結合，於是必然延伸爲天人相參，人間必須服從自然秩序的約束。」〔註62〕，可見黃老之術之所以能在此時大盛，有其「自然秩序與人間秩序相結合」的特殊時空背景。透過實際運作，漢初七十年的文景之治，也充分證明老子的「曲全術用」、「與民生息」確有實用之處。在政治上，漢初的曲全之道包括清靜無爲，對內脫離戰國之苦，累積財富，對外敵匈奴則以曲全之道避免衝突，厚植國力，奠定漢武帝解決匈奴問題的基礎。蓋自漢高祖至漢武帝時代，天下初定，國力不足，面對國內的經濟蕭條與國外的強敵威脅，均只能「休息無爲」，這種忍讓表面受「辱」〔註63〕，實際卻是厚植實力，等待反撲；薩孟武先生在《中國社會政治史》中說：「西漢天子最能運用黃老哲學，在國力疲憊之時，不惜謙辭交歡，妻之以公主，贈之以金繒，吾人觀呂后報書冒頓，文帝賜書趙陀，即可知之……到了國力充足，方才改變此前交歡的態度，而不惜乘機開釁……老子云：『將欲奪之，必固與之』。高惠文景是『必固與之』的時代，即武帝即位，方是『將欲奪之』的時代。」〔註64〕政策如此，蓋此際之政治家亦多用

〔註62〕 許倬雲《求古篇》（臺北：聯經出版社，2003年）。

〔註63〕 《史記‧匈奴列傳》，頁2894：「是時漢初定中國，徙韓王信於代，都馬邑。匈奴大攻圍馬邑，韓王信降匈奴。匈奴得信，因引兵南逾句注，攻太原，至晉陽下。高帝自將兵往擊之。會冬大寒雨雪，卒之墮指者十二三，於是冒頓佯敗走，誘漢兵。漢兵逐擊冒頓，冒頓匿其精兵，見其羸弱，於是漢悉兵，多步兵，三十二萬，北逐之。高帝先至平城，步兵未盡到，冒頓縱精兵四十萬騎圍高帝於白登，七日，漢兵中外不得相救餉。匈奴騎，其西方盡白馬，東方盡青駹馬，北方盡烏驪馬，南方盡騂馬。高帝乃使使間厚遺閼氏，閼氏乃謂冒頓曰：『兩主不相困。今得漢地，而單于終非能居之也。且漢王亦有神，單于察之。』冒頓與韓王信之將王黃、趙利期，而黃、利兵又不來，疑其與漢有謀，亦取閼氏之言，乃解圍之一角。於是高帝令士皆持滿傅矢外鄉，從解角直出，竟與大軍合，而冒頓遂引兵而去。漢亦引兵而罷，使劉敬結和親之約。……高祖崩，孝惠、呂太后時，漢初定，故匈奴以驕。冒頓乃爲書遺高后，妄言。高后欲擊之，諸將曰：『以高帝賢武，然尚困於平城。』於是高后乃止，複與匈奴和親。」和親政策始於漢高祖，經呂后（惠帝）、文、景二帝四代，至漢武帝爲止。

〔註64〕 薩孟武《中國社會政治史》，頁153。

老子術用之道，由於「術用」便是此時老子學說之特色，因此不懂實踐「曲則全，枉則直」之道，必受論者抨擊，如項羽被評爲「自矜功伐」〔註65〕，顯然史公認爲有違老子不自見、不自是、不自伐、不自矜之教，則其「以力征經營天下，五年卒亡其國」〔註66〕之下場，固亦當宜；同理韓信被認定「假令韓信學道謙讓，不伐己功，不矜其能，則庶幾哉」〔註67〕，周亞夫被批判：「足己而不學，守節不遜」〔註68〕，則其「夷滅宗族，不亦宜乎！」〔註69〕的評價，便成定論。足見在以黃老思想爲根柢的價值觀下，曲全的術用，乃是當時流行之觀念，儘管一如陳平所言：「我多陰謀，是道家之所禁」〔註70〕，將老子處下謙退之智慧用於權術陰謀，不但不是老子本意，更爲修習者所不齒；然運用老子智慧避禍求福，品評人物，即爲當時世風，儘管《老子》之價值，實在不僅止於術用之意義。

本文以爲，以曲全權謀避禍求福，實非老子思想本意，「後其身」、「忘其身」固可以權術解讀，然誠如牟宗三先生《中國哲學十九講》言：「『後其身而身先，忘其身而身存。』這個忘字最重要，道家是從這個『忘』字，把『正言』透露出來。」〔註71〕所以老子的第一義當爲修養上的「忘其身」而不僅止於行爲上的「後其身」，把老子思想運用在爲人處世中，處心積慮的欲以「處其後」、「處其下」患得「身先」、「身存」的結果，反而是最「不忘其身」〔註72〕的刻意造作，如何可能爲老子之本義？

要避免誤讀老子，不當忽略「致虛守靜」之終極目的，不在個人幸福或權術操作，乃在「歸復常道」。所謂：「致虛極、守靜篤。萬物並作，吾以觀復。夫物芸芸，各復歸其根。歸根曰靜，是謂復命；復命曰常，知常曰明。」〔註73〕當如袁保新《老子哲學之詮釋與重建》所說，無爲是：「隨著吾人生命

〔註65〕 《史記・項羽本紀》，頁339。

〔註66〕 同前註。

〔註67〕 《史記・淮陰侯列傳》，頁2630。

〔註68〕 《史記・絳侯周勃世家》，頁2080。

〔註69〕 同前註。

〔註70〕 《史記・陳丞相世家》，頁2062。

〔註71〕 牟宗三《中國哲學十九講》，頁143。

〔註72〕 牟宗三《中國哲學十九講》，頁144：「忘其身而身存，『忘』是個什麼意思呢？就是無有作好，無有作惡那個『無作』，把造作去掉，這個忘就是要消化掉那些東西。」

〔註73〕 《老子・十六章》，頁9。

的歸復，以往虛妄主體所執起的芸芸萬物，也從吾人定執的心知與欲望中解放出來，復歸到本然狀態。」〔註74〕因此其本質是「無執」的。而在吾人致虛守靜，萬物各歸其根的和諧狀態下，「我無爲而民自化，我好靜而民自正，我無事而民自富，我無欲而民自樸。」〔註75〕的「自化、自正、自富、自樸」之境，始有可能展現。

老子所終極關懷的問題，絕非以陰謀權術獲利；蓋出發點倘若僅爲一己之爲私利，絕非老子本懷。老子所終極關懷之目標，當如袁保新先生所謂，是以「一復而一切復」〔註76〕的人生修養，「回歸復原」〔註77〕。進而以「方而不割，廉而不劌，直而不肆，光而不燿」〔註78〕的聖人之明，體現「以身觀身，以家觀家，以鄉觀鄉，以邦觀邦，以天下觀天下」〔註79〕的有道之世；而此一境界的達成，端賴於「生而不有，爲而不恃，長而不宰」〔註80〕的修養工夫。王邦雄先生《中國哲學論集》中指出老子政治哲學的重點當在「我不主宰別人，讓一切生命成爲可能」〔註81〕，原來爲政者的責任不在主宰一切，而在減少人爲干擾，讓政府減少對民間不必要的干預，讓天下萬物遵循自然的發展，方爲「無心」開出之「明德」，若只將老子之「無」運作於術用，反倒是連生命本身之清明，亦不可得了！

第二節　莊子逍遙無待的工夫境界

莊子與老子最大的不同，在莊子對政治採取批判與反省之態度，而以主體生命之修養爲其哲學之第一義，顯清明之精神，而視政治爲其次；王邦雄先生說：「莊子以『無』入『有』，『心知』消融在生命中，故不顯『無』的『明』，只顯『有』的『德』，不顯政治智慧，只顯生命的清明」〔註82〕，鍾泰則認爲「莊子的內聖外王之道，只先透過內聖之修養，必使優遊婉轉，事有功成而

〔註74〕袁保新《老子哲學之詮釋與重建》，頁96。
〔註75〕王淮《老子探義》，頁34～35。
〔註76〕同前註，頁97。
〔註77〕陳德和《從莊子外雜篇詮詁莊書外雜篇的生命哲學》，頁44。
〔註78〕《老子・五十八章》，頁36。
〔註79〕《老子・五十四章》，頁33。
〔註80〕《老子・五十一章》，頁31。
〔註81〕王邦雄《中國哲學論集》，頁192。
〔註82〕王邦雄《中國哲學論集》，頁344。

無犯人患，又一歸於大中至正之道，無絲毫權謀詐術雜於其間。」〔註83〕可見莊子與老子不同，不將福德一致之希望寄託於政治運作，故莊子不主動追求具體之事功，而其外王思想，則為內聖修養之延伸，先求自身無傷而與人無犯之養生之道，而致理事無礙又兼能安身之道，雖無權謀之色彩，卻終歸中正之道。故莊子之所長乃在將修養所證之無心明覺，收攝於真人之生命人格。因此相較於老子思想可實際運用於政道治術，莊子的勝場，當在個人修養。至於兩者的不同，茲分別敘述如下。

一、福報的解消與德行的重構

　　《莊子》與《老子》的一大差異，在於對不同的境界有詳細描述，莊子對不同工夫修養所開顯的境界，區分甚詳，以福德問題為例，〈逍遙遊〉與〈大宗師〉都對福報的解消與德行的重構，依不同層次的境界做出詳細說明，我們先以〈逍遙遊〉為例：

> 夫知效一官，行比一鄉，德合一君而徵一國者，其自視也亦若此矣！而宋榮子猶然笑之。且舉世而譽之而不加勸，舉世而非之而不加沮，定乎內外之分，辯乎榮辱之境，斯已矣。彼其於世未數數然也。雖然，猶有未樹也。夫列子御風而行，泠然善也，旬有五日而後反。彼於致福者，未數數然也。此雖免乎行，猶有所待者也。若夫乘天地之正，而御六氣之辯，以遊無窮者，彼且惡乎待哉！故曰：至人無己，神人無功，聖人無名。〔註84〕

〈逍遙遊〉區分了人生四層境界，由低而高分別為「知效一官，行比一鄉，德合一君，而徵一國」的世俗庸人，他們追求知識德行的累積以換取「合一君」「徵一國」的權勢財富，當然就是世間最普遍的福報德行觀；更高一級的宋榮子，「定內外，辨榮辱」，解脫了人間名利的桎梏；再往上為「無己」的列子，其為人也行無礙而吳制福，解消了身體的束縛；直到最上層才是「乘天地之正，御六氣之辯」、「無己、無功、無名」的至人、神人、聖人。值得注意的是，在這四個層次的境界區分中，福德問題的解消，是在列子的層次；列子的境界位居宋榮子之上，而在至人神人聖人之下，易言之，宋榮子儘管超越「名」的箝制，尚無法「忘己」；要解脫「福報」之桎梏，非得要到列子

〔註83〕鍾泰《莊子發微》（上海：上海古籍出版社，1988年），頁75。
〔註84〕《莊子‧逍遙遊》，頁16～17。

超脫形體束縛之境界，福報問題才會隨之解消。莊子顯然以爲人對「福報」
的追求，唯有先「忘己」，而後始能解消。〈應帝王〉：「鄭有神巫曰季咸，知
人之死生存亡，禍福壽夭，期以歲月旬日，若神。鄭人見之，皆棄而走。列
子見之而心醉」〔註 85〕一文，亦可作印證：神巫斷人生死，故凡人「見之，
皆棄而走」，唯獨「列子見之心醉」，足見列子心無禍福壽夭，故無畏神巫死
生存亡之預言；唐君毅先生說：「列子之不畏神巫，蓋以列子之不以其生命之
利害禍福爲念，然終不能不羨慕此神巫之心知。此即雖然能忘其生之利害禍
福，而不免慕此心知。」〔註 86〕換言之，列子已解消福報之執，故無禍福之
患；但是儘管已修行至「忘生之利害禍福」之境，潛意識中卻尙有心知，遂
爲神巫所欺。故列子之境界如同佛門的阿羅漢，雖然斷惑，但仍未斷習氣〔註
87〕，因爲雖能忘身，卻如憨山大師所謂「還不能忘了欲忘之心」〔註 88〕。

　　除〈逍遙遊〉的四層境界展示，〈大宗師〉的境界區分，也可相互印證：

> 參日而後能外天下；已外天下矣，吾又守之，七日而後能外物；
> 已外物矣，吾又守之，九日而後能外生；已外生矣，而後能朝徹；
> 朝徹，而後能見獨；見獨，而後能無古今；無古今，而後能入於
> 不死不生。殺生者不死，生生者不生。其爲物，無不將也，無不
> 迎也；無不毀也，無不成也。其名爲攖寧。攖寧也者，攖而後成
> 者也。〔註 89〕

> 顏回曰：「回益矣。」仲尼曰：「何謂也？」曰：「回忘仁義矣。」曰：
> 「可矣，猶未也。」他日，復見，曰：「回益矣。」曰：「何謂也？」

〔註85〕《莊子・應帝王》，頁 297。
〔註86〕唐君毅《中國哲學原論・原道篇》，頁 400。
〔註87〕印順《成佛之道》（新竹：正聞出版社，1998 年），頁 258～259：「雖說斷了
　　　　煩惱，但事實證明，還是『有所不』清『淨』的。如大樹緊那羅王彈琴，年
　　　　高德劭的大迦葉，竟然情不自禁的手舞足蹈起來，迦葉說：我雖能遠離世間
　　　　的欲樂，但菩薩法的微妙欲樂，還有所染著呢！又如天女散華，華到菩薩身
　　　　上，不曾繫著，而落到聲聞阿羅漢身上，卻繫著了，這證明了內心的有所染
　　　　著。又如小鳥通過舍利佛的身影，還不免『餘悸』；而通過佛的身影，就一些
　　　　恐怖都沒有了。阿羅漢們是『不斷習氣』的，這種習氣，便是菩薩所要斷的
　　　　煩惱。」
〔註88〕憨山大師《老子道德經憨山註・莊子內篇憨山註》，頁 177，於〈逍遙遊・堯
　　　　讓天下與許由〉注曰：「堯讓天下，雖能忘功，而未忘讓之名；許由不受天下，
　　　　雖能忘名，而取自足於己，是未能忘己。」
〔註89〕《莊子・大宗師》，頁 252～253。

曰：「回忘禮樂矣。」曰：「可矣，猶未也。」他日，復見，曰：「回益矣。」曰：「何謂也？」曰：「回坐忘矣。」仲尼蹵然曰：「何謂坐忘？」顏回曰：「墮肢體，黜聰明，離形去知，同於大通，此謂坐忘。」仲尼曰：「同則無好也，化則無常也。而果其賢乎！丘也請從而後也。」〔註90〕

〈大宗師〉中，「外天下」、「外物」與顏回的「忘禮樂」，相當於宋榮子「無名」，「外生」與「忘仁義」，「墮肢體，黜聰明」則相當於列子之「無己」；這幾則例子中都可看出，必先忘卻「名」之束縛，次第忘卻「身」之大患，而後才能上達「至德」之境界。而其中「福報」的追求正以生死為大患，因此一旦「身」之執著解消，福德問題及自此解消。至於至人神人聖人之境，「同則無好也，化則無常也」即因對福報之執著業已消散，故能「無不將也，無不迎也；無不毀也，無不成也」，此即聖人所開顯之境界，而「無不成」且「無不毀」，任其自將自迎而無分別取捨，「是以迎無窮之生，送無量之死」〔註91〕，不正是實踐修行所開顯的幸福嗎？

二、聖人內斂涵藏的修養

　　老子的虛靜智慧，開出無心明照之用，更進一步影響了莊子與荀子，王邦雄先生說：「老子道的『無』與『有』的兩個面向，『無』是心知的『明』，『有』是生命的『德』，老子以『無』生『有』，以『明』照『德』，以『心知』還照『生命』。莊子傳其『有』與『德』的生命一路，荀子傳其『無』與『明』的心知一路；莊子以『無』入『有』，『心知』消融在生命中，故不顯『無』的『明』，而顯『有』的『德』，不顯生命的智慧，只顯生命的清明，道就在治人、神人、聖人、真人的境界中流行。荀子的『無』脫離『有』，『明』獨立在『德』之外，『明』不照『德』，以是之故，『性』闇而不明，人性沒有善，而獨顯心知的『明』，為『其善者偽也』留下可能的空間。」〔註92〕故莊子與荀子的無心照明同源於老子，然莊子消融心知，以回歸生命之清明；荀子卻以虛靜之「明」，創作其禮義之統，同樣是無心照明之用，荀子反而特著重別以「虛一而靜」的「認知心」凸顯心知之獨立功用，《荀子・解蔽》謂：

〔註90〕 《莊子・大宗師》，頁 283～284。
〔註91〕 《莊子・大宗師》，頁 255，成玄英疏「無不迎也，無不毀也。」。
〔註92〕 王邦雄《中國哲學論集》，頁 384。

虛一而靜，謂之大清明。萬物莫形而不見，莫見而不論，莫論而失位。坐於室而見四海，處於今而論久遠。疏觀萬物而知其情，參稽治亂而通其度，經緯天地而材官萬物，制割大理而宇宙裏矣。恢恢廣廣，孰知其極？罜罜廣廣，孰知其德？涫涫紛紛，孰知其形？明參日月，大滿八極，夫是之謂大人。〔註93〕

由「虛一而靜」照見的「大清明心」，吾人可以理解荀子對「心」的認識，顯然是近似道家而不類儒家〔註94〕；〈解蔽〉所謂：「人心譬若槃水，正錯而勿動，則湛濁在下，而清明在上，則足以見眉鬚而察理也。微風過之，湛濁動乎下，清明亂於上，則不可以得大形正也。心亦如是矣。」的譬喻，更與《莊子‧德充符》：「人莫鑑於流水而鑑於止水，唯止能止眾止。……況官天地，府萬物，直寓六骸，象耳目，一知之所知，而心未嘗死者乎！」〔註95〕的論述十分接近，兩人一致強調排除偏見的清明之心，可以讓原本被偏見蒙蔽的心知，恢復如鏡般的「清明」。但值得注意的是，儘管兩人對「心」的認識相近，對「解蔽」的期許也相同，但「用心若鏡」之目的，卻是彼此相反的。

　　首先，荀子清靜心之目的，終究是要讓清明的心知「觀萬物而知其情，參稽治亂而通其度」，所以解蔽的目的，是要排除偏見，以無偏見之心，認識萬物的真實之理，真實之情，並以此為基礎訂定典章制度，達到「制天命而用之」《荀子‧天論》之功能效驗。因此荀子係以「虛靜心」「解蔽」，並認知「禮義之統」，如勞思光先生所說，荀子的認知心已接近經驗主義〔註96〕，故荀子以虛靜心解除偏見，目的在人為創作；但莊子以虛靜心解蔽，目的卻在避免人為造作造成的意識型態，對立撕裂社會，所謂：

〔註93〕《荀子新注》（北京：北京大學哲學系，1983年），頁420。

〔註94〕勞思光《中國哲學史》，頁338：「水清明則能照物，心清明則能見理，物不在水中，理亦不在心中。心之德唯有清明，即所謂『虛一而靜』者。如此，荀子之『心』雖一度說為『主體性』，但此心為一不含理之空心，並非道德主體，其功用僅是在虛靜中照見萬理，與道家所說之『心』相近，而與儒學所言之心相去甚遠。」王邦雄《中國哲學論集》，頁333：「虛一而靜的心，從形式與作用而言，都直承老莊道家而來。老子『致虛極，守靜篤，萬物並作，吾以觀復』（十六章）、莊子『至人用心若鏡，不將不迎，應而不藏，故能聖物而不傷』（應帝王）老莊的修養工夫，心虛靜如鏡，而觀照萬物，它無執著分別，也無比較得失，不排拒不迎接，它只是回應照現，萬物不必迎合討好，也無須奔競爭逐，反而可以回歸真實的自我。」

〔註95〕《莊子‧德充符》，頁193。

〔註96〕勞思光《中國哲學史》，頁384：「在知識問題方面，持一接近經驗主義之觀點」。

故有儒墨之是非，以是其所非而非其所是，欲是其所非而非其所是，
則莫若以明。〔註97〕

天下大亂，賢聖不明，道德不一，天下多得一察焉以自好。譬如耳
目鼻口，皆有所明，不能相通。猶百家眾技也，皆有所長，時有所
用。雖然，不該不遍，一曲之士也。判天地之美，析萬物之理，察
古人之全，寡能備於天地之美，稱神明之容。是故內聖外王之道，
闇而不明，鬱而不發，天下之人各為其所欲焉以自為方。悲夫，百
家往而不反，必不合矣！〔註98〕

莊子著眼的問題，是儒墨是非的自是相非，在莊子眼中，儒墨兩大家各持
自家理想，彼此「是其所非，而非其所是」，只是自是而非他的彼此對抗；
而天下學派各執一曲之見，反使「道術將為天下裂」。所以當荀子要用虛靜
認知去「人為制作」禮義之統時，莊子卻「以其知得其心，以其心得其常
心」〔註99〕——莊子認為現實世界已是被認知所撕裂的對立世界，執著於
自家價值無助解消此一亂局；唯有將心從是非偏見中超離出來，從認知判
斷中超離出來，從是此非彼中超離出來，回歸虛靜常心，才能避免人為造
作。因此無論是「心齋」開顯的「虛室生白」，或是「坐忘」朗現的「同於
大通」；都顯見莊子並無意讓清明的「常心」，開出老子的政治修養或荀子
的彰顯禮義之統〔註100〕。莊子虛靜之目的，在以用心若鏡的虛明融入聖人
的生命人格，成為因是兩行的人生智慧，成就光而不耀的葆光，成全儒墨
兩家皆是無非的真正德行，此之謂「滑疑之耀，聖人之所圖也。為是不用
而寓諸庸，此之謂以明。」〈齊物論〉，所以莊子哲學之重點在以「以明」
的修養工夫涵養生命人格，「禮義之道」的認知建構在莊子看來，反倒是成
心衍生的社會亂源了。

　　莊子著重以修養工夫涵養生命人格，與老子在處世上態度上也有不同的
傾向，老子講「柔弱」、「處下」，如「反者道之動，弱者道之用」〔註101〕，「利
萬物而不爭，處眾人之所惡」〔註102〕，誤讀者遂將此柔弱處下之修養工夫，

〔註97〕《莊子・齊物論》，頁63。
〔註98〕《莊子・天下》，頁1069。
〔註99〕《莊子・德充符》，頁192。
〔註100〕蔡仁厚《孔孟荀哲學》（臺北：台灣學生書局，1984年12月初版），頁362。
〔註101〕《老子・四十章》，頁25。
〔註102〕《老子・第八章》，頁4。

詮解爲權術陰謀。相對於老子「知雄守雌」,「柔弱處下」,「欲落落如石」〔註103〕,莊子卻雙遮雙遣,以「中道」、「中央」、「原督以爲經」之說,顯「遊於中」〔註104〕之智慧:

> 爲善無近名,爲惡無近刑。緣督以爲經,可以保身,可以全生,可
> 以養親,可以盡年。〔註105〕

> 若夫乘天地之正,而御六氣之辯,以遊無窮者,彼且惡乎待哉!故
> 曰:至人無己,神人無功,聖人無名!〔註106〕

所謂「緣督以爲經」,船山先生曰:「緣督者,以清微纖妙之氣徇虛而行,止於所不可行,而行自適以順其中。不居善之名,即可以遠惡之刑。盡年而遊,不損其逍遙;盡年而竟,無擇於曼衍,盡年而應,不傷於天下。」〔註107〕唐君毅先生亦指出:「貫注於人身上下者,『以爲經』,即依乎此督脈爲中道,以經貫此人身之上下之意。此即所以喻人之養其生命之道,要在其心知之中依一中道,自處於此生命之內部,以貫通此生命之上下,而更無阻礙。」〔註108〕兩人都強調所謂「中道」,在「行自適以順其中」,問題是如何行自適而其中呢?答案便在心無是非執著之分別,「不居善名」即可遠離惡刑,自處自己生命內

〔註103〕王淮《老子探義》,頁160:「老子此文『不欲琭琭如玉,珞珞如石』,實即『不欲琭琭如玉,而欲珞珞如石』之省文,上文所謂『貴必以賤爲本,高必以下爲基』,老子之思想顯然是有『重點』而有所『取』的(賤與下),此與莊子之思想善於運用『雙遮』而遊於『中』的智慧不同,老子此處所言實爲修『德』之問題,而非修『智』,至譽無譽,故不欲如『玉』而欲如『石』。石者璞也,璞者玉之在石而爲琢磨者也。本經四十一章所謂『明道若昧』又曰『大白若辱』,五十六章曰『挫其銳,解其紛,和其光,同其塵』。此即聖人披褐懷玉,抱璞同塵之思想。」陳鼓應《老子今注今譯》,頁163:「『谿』『谷』即是處下不爭的象徵。老子鑑於政風社情搶先貪奪,紛紛擾擾,所以主張『處下』『不爭』。」

〔註104〕又《老子》並非無「執中」之論,如《老子·第五章》:「多言數窮,不如守中」,然此「中」之意與莊子所謂「遊於中」或「爲善無近名,爲惡無近刑」之中道觀不同,莊子「中道」較近於儒家「中庸」,皆有不偏兩端合乎中道之意;老子所謂之「中」,張默生先生說:「他說的『中』是有『中空』的意思,好比橐籥沒被人鼓動的情狀,正是象徵一個虛靜無爲的道體」;許抗生先生說:「『守中』這裡亦即保持住天地中虛靜的狀態。」(以上二說皆見陳鼓應《老子今注今譯》,頁69。)

〔註105〕《莊子·養生主》,頁115。

〔註106〕《莊子·逍遙遊》,頁17。

〔註107〕王夫之《莊子通·莊子解》,頁30～31。

〔註108〕唐君毅《中國哲學原論·原道篇》,頁362。

部，外界之阻礙便不成其阻礙，心中無阻礙糾結，生命自能逍遙盡年而不傷天下。因此莊子「中道」之說，型態無疑與老子「處下」不同，而其處世之道，或曰「無爲善，無爲惡」〔註109〕，或曰「乘天地之『正』」，亦較老子「守柔」多了一份「中正」之氣，那麼「無爲善，無爲惡」的「中道」，又如何依循呢？

所謂「中道」，即爲〈齊物論〉的「兩行」與「道樞」，兩行者，「和之以是非而休乎天鈞」；道樞者，「彼是莫得其偶，謂之道樞。樞始得其環中，以應無窮」。中道的實踐來自修養工夫，船山先生所謂「徇虛而行」〔註110〕，亦即透過心齋化解我執，無善惡是非之執著，生命當無阻礙，是以中道即是一超越相對而上達絕對的和諧自由，在這種無成心束縛的的觀照下，生命始有逍遙安頓的可能。

莊子立身之道，無老子可往權變解讀色彩，既非儒門之義理承擔，亦非墨家之氣魄承擔，當然更非佛家之視一切法爲因緣合和，而只是順物自然；勞思光先生說：「無牛可解，刀自不傷，則是佛教捨離之言。茲謂若牛有應解之理，刀有必用之理，則如理以解，如理以用，傷不傷固無足計，便是儒學化成之教。今莊子所持則異於此二者，既不以『有牛』爲累，亦不以爲刀刃之用本身爲一理，但求順物自然，解牛而不傷刀」〔註111〕，顯見其並不將萬物視爲緣起性空，而有一止一切止，一逍遙一切逍遙的當下即是之智慧。唯其致虛守靜，無執無爲之「中道」，並非儒家以仁體爲根基的承擔，亦非佛教以自性清靜爲基礎的菩薩道，莊子的當下承擔，無非消除分別對立後，朗現之通達包容，朗朗乾坤，因此「乘天地之正」即「立足道樞」〔註112〕之意，在此義理之下，莊子開出了不同於老子的處世風貌。

〔註109〕王邦雄《走在莊子逍遙的路上》，頁186：「『爲善無近名，爲惡無近刑。』『名』就是分別，『刑』就是傾軋跟抗爭。其實善惡的分別就是『名』，而分別所帶來的壓力就是『刑』。這兩句話事實上只是一句，可以解爲『無爲近名之善，無爲近刑之惡』，更精簡的說法就是『無爲善，無爲惡』，而『無爲』是從『不知』來，根本在『不知善，不知惡』。不知就是無心，無心就是無爲，所以『無爲善，無爲惡』。但『無爲善，無爲惡』的依據在『不知善，不知惡』。對心來說，全部都是善，全部都是眞，所往皆存而所存皆可，都是天籟。」

〔註110〕王夫之《莊子通・莊子解》，頁31。

〔註111〕勞思光《新編中國哲學史》，頁280。

〔註112〕姚曼波《莊子探奧》，頁131：「所謂『正』，就是消除了彼此對立，不偏不倚，這也就是天道之『樞』，『乘天地之正』即立足道樞。莊子曰：『樞始得其環中，以應無窮』，『應無窮』之境也就是『逍遙』之境，掌握了『天地之正』就能『無己』『無功』『無名』。」

三、無名無刑的無可解

先秦諸子對生命之困頓，皆有所感，而逕以自家之人格修養，突破此一困限；其中孟子涵養大丈夫之道，墨子懷抱宗教情操救人救世，荀韓往客觀法治發展，莊子不同之處，在莊子對於存在之悲感，生命的困頓、與對聖人受名刑之累的同情，與其他諸子相較，莊子的蒼涼之情，是相對少見的。莊子對人生所受負累之感觸，其一即「刑」，其二為聖人必受「天刑」。

（一）「刑」

莊子對人生所受之傷害，頗有體驗，而常以一「刑」字說明，如〈養生主〉「為惡無近刑」〔註113〕，〈人間世〉的「若殆往而刑」〔註114〕，與〈德充符〉的「天刑」〔註115〕。莊子對「刑」為何有如此深刻的體會？這些「刑」又是什麼意思呢？在《莊子》中的「刑」，大致有以下意義：

1. 刑法與刑戮：「刑」之本意為「刑法」〔註116〕，如〈天地〉所謂「今子賞罰而民且不仁，德自此衰，刑自此立，後世之亂自此始矣」〔註117〕，將「德衰」與「刑立」對舉，更可見「刑」乃是「德衰」之後，人為造作之產物。在莊子中，則多取刑法造成之刑戮之意，如〈人間世〉的「若殆往而刑」、「方今之時，僅免刑焉」，〈養生主〉的「為惡無近刑」皆為此意。依莊子，天下蒼生不但難免受惡法的刑戮加害，即令如孔子、顏回這般聖賢，也不過「僅免刑焉」，虎口餘生而已，足見在莊子的體驗中，刑戮不但不足以遏阻罪惡，反倒成為適足以傷害天下人之罪惡。

2. 生命所受之傷害：「刑」除了代表傷人的法律，它的另一層意義，是生命受到的傷害，莊子中生命受到的刑害，一者來自刑法，二者來自身體的違逆自然。〈列禦寇〉便將「刑」區分做「內刑」與「外刑」；所謂「為外刑者，金與木也；為內刑者，動與過也。宵人之離外刑者，金木訊之；離內刑者，陰陽食之。夫免乎外內之刑者，唯真人能之。」〔註118〕其中外刑指刀鉅、斧

〔註113〕《莊子・養生主》，頁115。
〔註114〕《莊子・人間世》，頁134。
〔註115〕《莊子・德充符》，頁205。
〔註116〕郭象注〈大宗師〉「以刑為體」曰：「刑者，治之體。」成玄英疏曰：「用刑法為治，政之體本。」《莊子・大宗師》，頁238。
〔註117〕《莊子・天地》，頁423。
〔註118〕《莊子・列禦寇》，頁1053。

鈇、捶楚、桎梏等外在刑戮的傷害；內刑則指「得已而不已，及時而失時」〔註119〕，是不能應時而作，導致不避要的傷害。且無論內刑或外刑，皆將導致「金木」與「陰陽」之患。鐘泰《莊子發微》指出〈列禦寇〉一文中：「形有六府」之「形」當作「刑」，所謂「『形有六府』，『形』借作『刑』，上節內刑、外刑之刑。『府』者聚也。六刑之所聚，故曰『六府』，『知』讀智。『知慧外通』郭注云：『通外，則以無涯傷其內』，無涯者，《養生主篇》所云『生也有涯，知也無涯，以有涯隨無涯，殆已』者也。傷其內，是內刑也，『勇者多怨，仁義多責』，怨責來之自外，難非金木，亦外刑也，是刑之六府也。」〔註120〕可見世俗肯定的智慧、仁義、與勇者，反而帶來外通、多怨、多責之刑罰，有名必有刑之累，此亦〈養生主〉之意也。

3. 上天給人的懲罰：除了法律與身體的不當使用，「刑」的第三層意義，是上天給人的懲罰，如〈養生主〉所謂「遁天倍情，忘其所受，古者謂之遁天之刑。」〔註121〕本來人由自然來，必返自然去，但人執著於自身之生命，而不願順應於自然之造化，莊子因而認為此種逃避天理之「哀樂經懷，心靈困苦」〔註122〕，便是「遁天之刑」。所以不肯遵循自然所受的痛苦，便是老天給人的刑罰。那麼，老天又給聖人怎樣的刑罰呢？聖人又為何要受天刑呢？

（二）聖人必受天刑

人生如同受刑，善名等同惡刑，是莊子的獨到體會：

> 申徒嘉曰：「遊於羿之彀中。中央者，中地也；然而不中者，命也。人以其全足笑吾不全足者多矣，我怫然而怒。」〔註123〕

> 魯有兀者叔山無趾，踵見仲尼。仲尼曰：「子不謹，前既犯患若是矣。雖今來，何及矣！」無趾曰：「吾唯不知務而輕用吾身，吾是以亡足。今吾來也，猶有尊足者存，吾是以務全之也。夫天無不覆，地無不載，吾以夫子為天地，安知夫子之猶若是也！」孔子曰：「丘則陋矣。夫子胡不入乎，請講以所聞！」無趾出。〔註124〕

〔註119〕鐘泰《莊子發微》，頁745。
〔註120〕鐘泰《莊子發微》，頁749。
〔註121〕《莊子‧養生主》，頁128。
〔註122〕《莊子‧養生主》，頁128，成玄英疏「古者謂遁天之刑」。
〔註123〕《莊子‧德充符》，頁199。
〔註124〕《莊子‧德充符》，頁202。

人生實際的存在處境，並非總是平順安好；莊子感觸人生如同活在后羿的靶場，欲於射下九日的英雄手中全身而退，如何可能？〈大宗師〉說古之真人「善夭善老，善始善終」，對照太史公感嘆：「善作者不必善成，善始者不必善終」〔註125〕，足見在人間世中，「全身而退」已屬難事，那麼在「傷害乃是必然」的人生路上中，吾人當如何自處呢？

　　申徒嘉與叔山無趾，都是人間世的受害者，申徒嘉自道：「人以其全足笑吾不全足者多矣，我怫然而怒」，可見受創的經驗難以抹滅，受歧視的心情，更是是極度難堪。但面對殘缺，又該如何呢？申徒嘉義正嚴詞，讓子產相形見絀，然而更值得注意的是叔山無趾的反映：叔山無趾對孔子的悲憫並不領情，但終究諒解孔子本身也是位「知其不可而為之」的受刑人。原來「天刑」與「羿之彀中」根本就是同一回事，后羿的靶場，逃無可逃，老天的刑罰，解無可解；王邦雄先生《走在莊子逍遙的路上》說：「只有孔子能救孔子，也只有自己能救自己」〔註126〕，剎那間讓叔山無趾體會原來天下人同為天涯受刑人，又有什麼好憤懣不平的？莊子說：「若然者，且不知耳目之所宜，而遊心乎德之和；物視其所一而不見其喪，視喪其足猶遺土也。」〔註127〕意思已經斷腳的人，如同塵埃飄落大地一般，同樣仇恨放在心裡，只會腐爛自己的心智。如果說行走世間就注定都要受傷，那麼真正不放過自己的人，其實只有自己，不如「知其莫可奈何而安之若命」──只有自己能安頓自己，也只有承認知其不可奈何的現實，走回人生的坦途，如林安梧《新道家與治療學》說：「當我正視殘缺的時候，正視殘缺的能力就使殘缺不再殘缺，使我能夠真正正視天真的本性，這時我就不再被世俗認定的殘缺而限制苦惱。這時，我們就體會到天真本性的可貴。」〔註128〕面對殘缺，終究要面對才能超越，正視才能解脫，因為只有回到自己的本性，吾人才能解脫傷殘的怨懟。

　　叔山無趾「天刑之，安可解」的體悟，諒解了孔夫子，也讓自己獲得平反；「天刑」是莊子不同於儒墨兩家與各大教，也與老子大異其趣的概念，老

〔註125〕《史記・樂毅列傳》，頁2432。
〔註126〕王邦雄《走在莊子逍遙的路上》：「孔子……他一定要『士志於道』且『任重而道遠』，一定要『知其不可而為之』，一定要『修己以安百姓』，因為『天下將以夫子為木鐸』，因為『知我者其天乎』，這樣的使命感與理想性，是老天爺加諸他身上的自我要求，天下人那能解開她的自覺擔當。既是自覺，等同無刑，不是不可解，根本是不必解。」
〔註127〕《莊子・德充符》，頁191。
〔註128〕林安梧《新道家與治療學》，頁95。

子僅言：「受國之垢，是爲社稷主；受國之不祥，是爲天下王。」〔註129〕雖點明社稷主與天下王必承受政治責任之累，尚未將此累視爲「刑」；且而其建構之聖人，更有慈愛長者之形象，故曰：「百姓皆注其耳目，聖人皆孩之」〔註130〕。莊子則不然，莊子有感於人生之困陷，把老子所說的「垢」與「不祥」，提升至「刑」與「戮」的程度，所謂「天刑」，而有「天刑」「戮民」之說：

> 天刑之，安可解！〔註131〕

> 子貢曰：「然則夫子何方之依？」孔子曰：「丘，天之戮民也。雖然，
> 吾與汝共之。」〔註132〕

> 公文軒見右師而驚曰：「是何人也？惡乎介也？天與，其人與？」曰：
> 「天也，非人也。天之生是使獨也，人之貌有與也。以是知其天也，
> 非人也。〔註133〕

「天刑」與「戮民」一詞，凸顯莊子思想中哲人的蒼涼悲感〔註134〕，莊子何以有如此悲情？蓋在其見解中，天下本無整全之人，眾生皆在羿之彀中，聖人生百姓，則其承擔之天刑，當屬必然，何況聖人一有行道之願，二有名聲之累，如何可能有名而無刑？

因此莊子眼中如孔子之聖人，其承擔一如天刑，當然此「刑」實有其使命感之正面意義；畢竟聖人並非爲榮耀自身而「德蕩乎名，知出乎爭」，如〈德充符〉所謂：「受命於地，唯松柏獨也正，多夏青青；受命於天，唯堯舜獨也正，在萬物之首，幸能正身，以正眾生」〔註135〕，聖人之聖乃受於天地之正，故聖人之「正眾生」，實亦「天」之「正眾生」，此乃聖人受自於天的自我擔負，故就聖人自身而言，不將之視作桎梏，鍾泰說：「孔子之自甘於桎梏，而

〔註129〕《老子・七十八章》。
〔註130〕《老子・四十九章》。
〔註131〕《莊子・德充符》，頁205。
〔註132〕《莊子・大宗師》，頁271。
〔註133〕《莊子・養生主》，頁124。
〔註134〕牟宗三《才性與玄理》，頁220：「其所以『正言若反』者，因其智甚通透，而又不能直承仁體以言應物也（又不能如佛教之言大悲以潤生）。此其所以有桎梏、天刑、戮民等詭詞所示之蒼涼悲感之境也。（蒼涼悲感是智者之無可奈何，通透圓境矣，卻是消極之通透。而居宗體極者之成悲心仁體以言圓，則卻是積極的。故莊子書中有天刑、戮民等字樣，而儒門中無此字樣也。佛門中亦無此字樣也。此哲人型之老莊之所以異於聖人型之釋迦與孔子也。）」
〔註135〕《莊子・德充符》，頁193。

不自覺其爲桎梏也。孔子曰：『丘，天之戮民也』，知之而甘爲之，且爲之而直忘之，此孔子之所以爲至也」〔註136〕，此一桎梏不但爲「天」所加，更爲聖人自覺的自我要求〔註137〕，既是受命於天的自我要求，故不但知之並且甘心承受之，如是天刑如何可解，又何需解呢？因此牟宗三先生在以爲天刑即是福〔註138〕，《圓善論》以爲：「天刑乃圓聖所必受者，亦如天臺宗言佛亦有惑業苦三相也。」〔註139〕「故自彼觀之，孔子並未至『至人』之境，故其桎梏亦不可解，而視爲天刑。然孔子富幽默，即甘心受此『天刑』而不辭。」〔註140〕由是觀之，莊子福德觀依牟氏之說，原來「一切圓聖皆是『天之戮民』，然其所受桎梏之戮（天刑），即是其福所在，同時亦是其德所在。」〔註141〕——牟先生對此段的理解即如同大乘菩薩的留惑潤生〔註142〕，所以聖人之所以不解天刑〔註143〕，非不能也，實爲甘心承受，蓋「德有所長而形有所忘」〔註144〕，至人德既已修其眞，則世人眼中之「介」已非介，刑亦非刑，兀者非兀，雖然受傷，心中實無挫折悔恨之感；孔子之所以能「知窮之有命，知

〔註136〕鍾泰《莊子發微》，頁117。
〔註137〕王邦雄《走在莊子逍遙的路上》，頁255～256：「什麼叫『天刑之』，什麼叫『天之戮民也』，那是天生自然與人間負擔的合一與和解，人間擔負的『刑』，被天生自然的『天』化掉了。不是『安可解』，根本是『何需解』！既然說『安可解』所以天下沒人可以化解，孔子當然也不會自己解，因爲他是孔子。」
〔註138〕牟宗三《圓善論》，頁326：「天刑即是福，蓋迹而能冥迹本圓融故也。天刑即是福，故無『命』義。一切迹用盡是隨迹轉之如如之天定，故迹用即是福。縱或此如如之天定自外部觀之仍可說是『命』之事，然迹用既隨心轉，則事之爲事雖或可說固自若，而意義全不同，故實亦可說無所謂命也。」
〔註139〕牟宗三《圓善論》，頁298。
〔註140〕同前註。
〔註141〕牟宗三《圓善論》，頁304。
〔註142〕楊惠南《佛教思想新論》，頁181：「菩薩俱足一切煩惱，尚未解脫，而又必須深入社會各個階層。因此，爲了避免俗化、墮落，爲了能出淤泥而不染，菩薩必須以諸法幻化無所得的空藥，來對治自己的貪嗔癡等煩惱。另一方面，菩薩爲了平等對待眾生，爲了忍受度眾所引起的疲勞屈辱，爲了使自己的愛心持恆不退失，也必須服下諸法如幻無所得的空藥。而這一切是以『大悲心』爲最首要的，菩薩的一舉一動都不是爲個己的解脫著想。」
〔註143〕牟宗三《圓善論》，頁304：「圓善之所以爲圓善即在福德間有相配的必然性。……德福之詭譎的相即（福德同體）是依圓聖言。一切圓聖皆是『天之戮民』，然其所受桎梏之戮（天刑），即是其福所在，同時亦是其德所在。蓋桎梏天刑即是其一切狀態存在之迹，即迹而冥之，迹即是其德之所在，迹隨本轉，則迹亦是其福之所在。」
〔註144〕《莊子・德充符》，頁216。

通之有時，臨大難而不懼」〔註145〕，皆因至德之聖人安心承受，故儘管實爲兀者，當下卻「未嘗知吾兀者也」〔註146〕。雖在外人眼中看似承受天刑之苦，然聖人心之靈自由，本無黏滯執著，亦不以天刑之苦爲苦矣。

四、安義若命的不用逃

人生如同遊於羿之彀中，不能免於傷殘；聖人更須承擔天刑，而自稱戮民；那麼世俗民間，該如何面對存在的困限？

無論如何，人終究無可逃於天地間。莊子否定隱士逃世之行爲，外雜篇尤其對當時「身在江海」的隱士們，頗有批判之意：

> 古之所謂隱士者，非伏其身而弗見也，非閉其言而不出也，非藏其知而不發也，時命大謬也。〔註147〕

> 就藪澤，處閒曠，釣魚閒處，無爲而已矣；此江海之士，避世之人，閒暇者之所好也。〔註148〕

江海之士，避世之人，隱身山林的隱士，皆非莊子思想正宗；莊子的倫理空間，在「知其不可奈何而安之若命」中展開。當然在處理這個問題前，吾人當先界定「命」：依莊子，所謂「命」，凡「死生存亡，窮達貧富，賢與不肖毀譽，飢渴寒暑」《莊子·大宗師》等種種人力所不可抗之限制，皆是「命」，车宗三先生《圓善論》認爲命是「個體生命與氣化方面相順或不相順的一個『內在的限制』」〔註149〕，而莊子對「命」的定義，更與儒家不同，徐復觀先生在《中國人性論史·先秦篇》指出：「儒家所說的『性命』的命，是道德性的天命，而不是盲目性的運命。莊子所說的命，並無運命與天命的分別，他把賢不肖也屬之於命，把儒家劃歸到人力範圍的，也劃分到命的範圍裡面去了。」〔註150〕亦即在莊子的概念中，「命」沒有道德行，純粹只是「一種人類本身無可突破的限制」，如同〈大宗師〉中，子桑若歌若哭的說：「吾思夫使

〔註145〕《莊子·秋水》，頁 296。
〔註146〕《莊子·德充符》，頁 199。
〔註147〕《莊子·繕性》，頁 555。
〔註148〕《莊子·刻意》，頁 535。
〔註149〕车宗三《圓善論》，頁 142：「它不是『天命不已』的那個命，亦不是命令之命，亦不是性分之不容已之分定之定。」
〔註150〕徐復觀《中國人性論史·先秦篇》，臺北：台灣商務印書館，1994 年，頁 375～376。

我至此極者而弗得也。父母豈欲吾貧哉？天無私覆，地無私載，天地豈私貧我哉？求其為之者而不得也。然而至此極者，命也夫！」原來天地無私，不會「私載」，也不會「私貧」，問題是當下面對天災人禍的人，總必須為自己尋找一個合理的解釋，但這答案畢竟「求其為之者而不得」，原來根本沒有理由，沒有答案，於是莊子名之曰「命」。

　　沒有理由，沒有答案，但人生必須繼續走下去，面對種種無可理解的限制，人生也只有「知其莫可奈何而安之若命」──既然莫可奈何，只有當下安頓，當下放心，省下沒有必要的抱怨與掙扎，放下不會改變結果的衝撞抗衡；與其對不可抗的命限作無謂的反撲，不如「自事其心」，回歸自己的本分，《莊子・人間世》：

　　　仲尼曰：「天下有大戒二：其一，命也；其一，義也。子之愛親，命也，不可解於心；臣之事君，義也，無適而非君也，無所逃於天地之間。是之謂大戒。是以夫事其親者，不擇地而安之，孝之至也；夫事其君者，不擇事而安之，忠之盛也；自事其心者，哀樂不易施乎前，知其不可奈何而安之若命，德之至也。為人臣子者，固有所不得已。行事之情而忘其身，何暇至於悅生而惡死！〔註151〕

天下有大戒，公領域中，人際之「義」，無處可逃；私領域中，親情之「命」，更無處可避。既然無可逃，則無須再逃，既然無可避，不如當下承當。「不擇地而安」、「不擇事而安」，固然未必可以積極的突破問題，但「自事其心者」卻能將注意力從種種「不可抗力」轉回自己身上，安於自然大化的安排，便可以免除不必要的煩惱，因此莊子以為對於這種「無所逃於天地間」的不可抗力，與其效法悲劇英雄做徒勞無功的對抗，不如「與時俱化」──不要恐懼變化，不但不恐懼變化，還要安於變化，進而參與變化，與變化合而為一，讓吾人的生命藉「安命順命而回歸自然」〔註152〕，牟宗三先生《圓善論》說：「把這一切不能掌握的遭遇，盡歸之於自然之化而只『循斯須』以乘之而轉，這乘之而轉，轉而無轉，即是『獨化』，此時『命』之義及被化掉。這是一個如如境界」〔註153〕，所以與其損耗心神對抗，不如乘之而轉。

〔註151〕《莊子・人間世》，頁155。
〔註152〕葉海煙《莊子的生命哲學》，頁 218：「順自然予生命之限定，吾人才能經由安命順命而回歸自然。知命而通命，運命以解命。」
〔註153〕牟宗三《圓善論》，頁143。

此外安之若命不等於安於現狀，姚曼波先生在《莊子探奧》中指出：「莊子所謂『安之若命』，不是行為上的放棄，安於現狀，而是精神上對於『不可奈何』的客觀際遇淡定從容。借用黑格爾的話來說，就是：它的目的是精神的不動心，一種安寧，但這種安寧不是通過魯鈍，而是通過最高的精神修養而獲得的。」〔註154〕王邦雄先生《中國哲學論集》也指出：「『知其不可奈何』間猶可以『安』，處於『物之所不得遯』猶可以『遊』，此其根本在『有德者』、『德之至』的修養，與『聖人』的道行，體道而坐忘，當下才擁有一切，也放下一切，『形』可以『離』，『知』可以『去』，無聽之以耳，也無聽之以心，進而聽之以氣，而『遊乎天地之一氣』。」〔註155〕原來「安之若命」的前提還是心齋坐忘的修養工夫；唯有修行才能安命，而就算吾人修養未臻至人之境，也當如同孔子對葉公子高的告誡一般，至少當承認事實，接受事實，和社會上每個人一樣盡人事，完成自己的本分，方以智《藥地炮莊》說：「知命不可逃，則無陰陽之患，知傳言有法，則無人道之患」〔註156〕，「緣於不得已，無為無不為，蓋為其所當為耳」〔註157〕，原來「無為無不為」真正積極的意義，在「為其所當為」，如此莊子的「緣於不得已」，便是「忠孝至性以事，心不踰矩而處世，又何義命之能奪」〔註158〕，正如孟子之「盡心」〔註159〕，是上德的存全仁義忠孝之心，是聖人的從心所欲不踰矩；是以莊子的聖人雖然不顯孟子浩然正氣之大丈夫風貌，又豈只是消極的被迫而有所作為？如此「行事之情而忘其身，何暇至於悅生而惡死」，在承擔的當下，何來生死之患呢。

「行事之情而忘其身」才能「知其莫可奈何而安之若命」，除此之外，莊子另有「不得已」之說，畢竟面對世間種種複雜難解之關係，人亦只有無心而為，老莊提出三字，曰「不得已」：

〔註154〕姚曼波《莊子探奧》，頁166。
〔註155〕王邦雄《中國哲學論集》，頁366～367。
〔註156〕方以智撰、嚴靈峰編《無求備齋莊子集成續編·藥地炮莊》（臺北：藝文印書館，1974年），頁126。
〔註157〕同前註，頁128。
〔註158〕同前註，頁130。
〔註159〕唐君毅《中國哲學原論·原道篇》，頁371：「人唯有視之為不可加以奈何者，而安之、受之。人知此忠孝之行事，為吾心之不得已，而不能不有者，則人於此不生厭生惡死之意，更何有患得患失之心。此即言人到此，唯有自行其所不得已，以直往。是見莊子之言虛為心齋，乃所以更見其……中有真而無偽之不得已者，自其中出，使人得以自盡者。實與儒者所言之心性所出者，應同為一物。」

以道佐人主者，不以兵強天下，其事好還。師之所處，荊棘生焉。
大軍之後，必有凶年。善有果而已，不敢以取強。果而勿矜，果而
勿伐，果而勿驕，果而不得已，果而勿強。〔註160〕

兵者不祥之器，物或惡之，故有道者不處。兵者不祥之器，不得已
而用之，恬淡爲上。〔註161〕

「不得已」一詞之使用在老子較少，其義一爲「得不到」或「不可能」，如《老
子・二十九章》：「將欲取天下而爲之，吾見其不得已」〔註162〕，意指有心有
爲的打天下，必「得不到」；另一義則作「當極力避免」，如，《老子・三十章》
與《老子・三十一章》章的「不得已」，則指戰爭當極力避免，若非對方主動
挑起，都不當訴諸戰事。至於莊子則又擴大「不得已」的使用範圍，人世間
諸多不可奈何之事，莊子也以「不得已」之道因應，如：

入遊其樊而無感其名，入則鳴，不入則止。無門無毒，一宅而寓於
不得已，則幾矣。〔註163〕

夫乘物以遊心，託不得已以養中，至矣。何作爲報也！〔註164〕

爲人臣子者，固有所不得已。行事之情而忘其身，何暇至於悦生而
惡死！〔註165〕

以刑爲體，以禮爲翼，以知爲時，以德爲循。以刑爲體者，綽乎其
殺也；以禮爲翼者，所以行於世也；以知爲時者，不得已於事也；
以德爲循者，言其與有足者至於丘也；而人眞以爲勤行者也。〔註166〕

「不得已」一詞之現代語意，與莊子已有顯著不同，目前「不得已」之語意，
多指「迫於情勢而不得不有所作爲」，問題是現代語意中「不得已」之背景，
畢竟不免於情勢所逼與個人利益，若以當代之語意解釋老莊之「不得已」，則
不免有所偏差，因爲「不得不爲」便是「爲」，尤其更有可能是迫於外在情勢
或維護個人利益而有所做爲，如此一來，老莊的「無爲」恰正成爲「有爲」，
與莊子「非人爲」之本意，正恰相反。

〔註160〕《老子・三十章》，頁17～18。
〔註161〕《老子・三十一章》，頁18。
〔註162〕《老子・二十九章》，頁17。
〔註163〕《莊子・人間世》，頁148。
〔註164〕《莊子・人間世》，頁160。
〔註165〕《莊子・人間世》，頁155。
〔註166〕《莊子・大宗師》，頁234。

「不得已」的「已」字，本義爲停止，成玄英疏「一宅而寓於不得已」、「乘物以遊心，託不得已以養中」、「爲人臣子者，固有所不得已」、「以知爲時者，不得已於事」之意，分別是「虛心至一之道，不得止而應之，機感冥會，非預謀也」〔註167〕、「不得已者，理之必然也，寄必然之事，養中和之心，斯眞理之造極」〔註168〕、「君上臣下，理固必然，此乃分義相投，非關天性」〔註169〕、「隨機感應以接物，運至知以應時，理無可視聽之色聲，事有不得已之形勢。」依照成疏對「不得已」的解釋，所謂「不得已」之事，爲「理之必然」與「理之固然」，既爲必然且固然，則本無停止之可能，如外在事件之發生與時間死生之變化，乃至人倫關係的上下區分，皆屬必然之事，本非個人主觀之願望可以改變。既然事本爲理之固然，吾人亦只需以「虛心至一」、「養中和之心」、「隨機感應以接物，運至知以應時」之虛靜之心面對之，自能「入遊其樊而無感其名」，那麼所謂「不得已」之道，便在當下因應以無心。故「不得已」乃一因應之原則，並非主動的有所作爲，而是其作爲便是無爲，不是預謀也不是被迫，而是一「任之」〔註170〕而不起煩惱的超然態度。莊子到底不是長沮、桀溺、楊朱這類欲潔其身而亂大倫的隱逸之流，他畢竟要「與世俗處」〔註171〕，畢竟要在人間世逍遙遊；因此「不得已」是莊子對「無爲」兩字最好的補充，所謂「以知爲時者，不得已於事也」，原來應對進退的準則，只在唐君毅先生所謂「其中有眞而無僞之不得已者」〔註172〕之中實踐，「有眞無僞」即是自然，便非人爲刻意。孔子的「無求生以害仁，有殺身以成仁」〔註173〕、孟子的「自反而縮，雖千萬人吾往矣」〔註174〕，凸顯人性的尊嚴，莊子的「無爲」、「不得已」則預防後天人爲之造作，兩者一實一虛，恰爲中國人生哲學與政治哲學，提出正反並列，其實同爲一物之架構〔註175〕。

〔註167〕《莊子‧人間世》，頁149，成玄英疏「一宅寓於不得已」。
〔註168〕《莊子‧人間世》，頁163，成玄英疏「乘物以遊心，託不得已以養中」。
〔註169〕《莊子‧人間世》，頁156，成玄英疏「爲人臣子者，固有所不得已」。
〔註170〕《莊子‧人間世》，頁156郭象注「不得已」。
〔註171〕《莊子‧天下》，頁1099。
〔註172〕唐君毅《中國哲學原論‧原道篇》，頁371。
〔註173〕《論語‧衛靈公》，頁236。
〔註174〕《孟子‧公孫丑》，頁63。
〔註175〕唐君毅《中國哲學原論‧原道篇》，頁371：「此心即在至虛之極，亦自有不得已之情。在此處，人即唯有自事其心之不得已者，而更不顧得失，亦不以得失生憂慮哀樂。……人唯有視之爲不可加以奈何者，而安之、受之。人知此忠孝之行事，爲吾心之不得以，而不能不有者，則人於此不生厭生惡死之

五、在人間世逍遙遊

　　乘物可以遊心，託不得已可以養中，莊學呈現與老學不同之處世智慧，蓋老子之聖人，有其生養萬物，功成事遂之天職。相較之下，莊子的聖人則呈現一不離世間亦不著世間，而顯清涼放曠之形象，所謂：

　　　乘天地之正，御六氣之辯，彼且惡乎待哉？〔註176〕

　　　藐姑射之山，有神人居焉，肌膚若冰雪，綽約若處子；不食五穀，

　　　吸風飲露；乘雲氣，御飛龍，而遊乎四海之外。……之人也，物莫

　　　之傷，大浸稽天而不溺，大旱金石流、土山焦而不熱。〔註177〕

這兩則引文之字面義，易使人誤解莊子的聖人，以為清涼出世，超塵脫俗的神仙色調，即為莊子理想的聖人風貌。儘管本是謬悠之說，荒唐之言，然此一神仙格調，不但大大影響了魏晉玄風，甚至佛教思想亦沾染了莊周風貌，楊惠南先生《佛教思想新論》即認為佛教沾染了「般若經系幸賴羅什師資的弘傳，然時值玄談之風既興且盛的時代，沾染了一身老莊的出世色彩。加上後代學者有意的忽略、歪曲、以致不再放射其應有的光芒。『菩薩清涼月，常遊畢竟空』的大乘精神，從此消失了。」〔註178〕認為佛教大乘精神之所以不顯，蓋受老莊玄風影響之故。惟回歸莊子本旨，莊子本無神仙家色彩，亦不強調出世，成玄英疏曰：「真人陸行而非避濕也，遠火而非逃熱也，無過而非措當也。故雖不以熱為熱而未嘗赴火，不以濕為濕而未嘗蹈水，不以死為死而未嘗喪生。故夫生者，豈生之而生哉；豈成之而成哉？故任之而無不勝者，真人也，豈有概意於所遇哉」〔註179〕。因此吾人當留意者，並非真人的清新脫俗，亦不需期待南冥逍遙的另一美好世界。莊子本意，乃在人間無處不可逍遙遊，陳壽昌《南華真經正義》以為「逍遙於人間者，入世猶如出世也」〔註180〕，入世猶如出世，則不必刻意出世；所以真正的逍遙，便是在人間世逍遙，王邦雄先生《中國哲學論集》說：「天池並非世外的桃源。宇宙自然之氣，本

　　　意，更何有患得患失之心。此即言人到此，唯有自行其所不已以直往。是見
　　　莊子之言虛為心齋，乃所以更見其中有真而無偽之不得已者，自其中出，使
　　　人得以自盡者。實與儒者所言之心性所出者，應同為一物。」

〔註176〕《莊子・逍遙遊》，頁17。
〔註177〕《莊子・逍遙遊》，頁28。
〔註178〕楊惠南《佛教思想新論》，頁188。
〔註179〕郭慶藩《莊子輯釋》，頁227。
〔註180〕陳壽昌《南華真經正義》，頁37。

來就瀰漫流布在吾人的周遭，只要人改變自己，從形軀官能的限制與心知情識的困結中脫拔出來，得一精神的大解放大自由，心胸開闊了，視野擴大了，當下北冥就是南冥，紛擾狹隘的人間世，頓成『無何有之鄉，廣漠之野』的美麗新世界。所以若問天池何在，就在人間世。」〔註181〕天池不離人間，北冥即是南冥，所以逍遙不需出世，可是在人間世中逍遙遊，是否只是消極的逃避？

　　莊子要逍遙遊於人間世，所謂逍遙，不是消極的逃避，而有其積極超越自我之意，老子所謂「大、逝、遠、反」〔註182〕的超越，並不是如列子般「旬有五日而後反」〔註183〕，看似輕靈飄渺的御風而行，實在只是被風吹回原點，終究只是原地踏步，。老莊真正的回歸，當是在回歸的同時超越自己，吳怡先生《逍遙的莊子》說：「莊子的歸真，一方面是回歸自我，一方面是生命的上揚。」〔註184〕因此聖人儘管也與世人一樣遊於人間世，但其逍遙的心境，畢竟來自「水積風厚」〔註185〕的長期修養，與不離人間的懇切鍛鍊，儘管其身仍在人間「安之若命」，然其心靈，早已在無何有之鄉，獲得真正的安頓了。所以當先秦諸子對外王議題頗多關切，更普遍傾向以外王之政策，保障多數人民之福報，可是相對於儒家「達則兼善天下」、「得志與民由之」的外王精神、墨家力行「兼愛」、「非攻」的救世志業，乃至老子「為天下主」「為百谷王」的政治理念，莊子在外王事業的表現，卻是另闢蹊徑，如〈應帝王〉的明王之治，即與儒墨外王理念大相逕庭：

　　　　肩吾見狂接輿，狂接輿曰：「日中始何以語女？」肩吾曰：「告我君
　　　　人者以己出經式義度，人孰敢不聽而化諸！」狂接輿曰：「是欺德也。
　　　　其於治天下也，猶涉海鑿河而使蚊負山也。夫聖人之治也，治外乎？
　　　　正而後行，確乎能其事者而已矣。且鳥高飛以避矰弋之害，鼷鼠深
　　　　穴乎神丘之下以避熏鑿之患，而曾二蟲之無知！」〔註186〕

〔註181〕 王邦雄《中國哲學論集》，頁65～66。
〔註182〕 《老子・二十五章》，頁14：「道，強名之曰大，大曰逝，逝曰遠，遠曰反。」
〔註183〕 《莊子・逍遙遊》，頁17。
〔註184〕 吳怡《逍遙的莊子》（臺北：東大圖書公司，1986年），頁77。
〔註185〕 《莊子・逍遙遊》：「水之積也不厚，其負大舟也無力，覆杯水於坳堂之上，
　　　　　則芥為之舟；置杯則膠焉，水淺而舟大也。風之積也不厚，其負大翼也無力。
　　　　　故九萬里，則風斯在下矣，而後乃今培風；背負青天而莫之夭閼者，而後乃
　　　　　今將圖南。」
〔註186〕 《莊子・應帝王》，頁291～292。

天根遊於殷陽，至蓼水之上，適遭無名人而問焉，曰：「請問爲天下。」
無名人曰：「去！汝鄙人也，何問之不豫也！予方將與造物者爲人，
厭，則又乘夫莽眇之鳥，以出六極之外，而遊無何有之鄉，以處壙
埌之野。汝又何帠以治天下感予之心爲？」又復問。無名人曰：「汝
遊心於淡，合氣於漠，順物自然而無容私焉，而天下治矣。」〔註187〕

莊子藉接輿之口，否定「經式義度」的法度之治，蓋法度只是「治外」，以
外在的禮義法度治天下，如同「涉海鑿河而使蚊負山」，豈有可能成功？因
此莊子認爲聖人唯有「正而後行」，亦即只有讓天下回歸自然，讓天下萬物
「各正其性命之分」〔註188〕，才是所謂的聖人之治。而無名人更補充了「遊
心於淡，合氣於漠」的政治思想，王邦雄先生認爲「淡漠就是道家的無，無
心無爲的意思。天下所有的有都生於無，『有生於無』，所以你要達人心、達
人氣，就讓你的心跟氣先淡漠，達人心是虛竟觀照，達人氣是同體流行」〔註
189〕，所以莊子的政治思想，實際上是修養論的延伸。因此儘管莊學對世間
的主張，看似只顯人人皆自在，人人皆自得之精神，因之對參與眾人之事的
政治，似非其首要關心之事，然而吾人亦不可以爲莊子對政治，全然並不關
心，所謂：

獨與天地精神相往來。〔註190〕

之人也，之德也，將旁礡萬物以爲一世蘄乎亂，孰弊弊焉以天下爲
事！之人也，物莫之傷，大浸稽天而不溺，大旱金石流土山焦而不
熱。是其塵垢粃糠，將猶陶鑄堯、舜者也，孰肯以物爲事。〔註191〕

莊子認爲天下沉濁，而欲「獨與天地精神相往來」，可見其第一義乃是個人之
修養，是以自身之修養，保證至德至善之純粹。〈逍遙遊〉在人生四層境界的
論述中，莊子將「知效一官，行比一鄉，德合一君，而徵一國」，棲棲遑遑於
功名富貴的世俗之人，視爲蜩與學鳩之輩；較高一級的宋榮子則「舉世譽之
不加勸，舉世非之不加沮」，其超然物外已在凡夫之上，雖身在人間，而已不
在乎毀譽；至於解消形軀肉身的限制而更高一級的列子，修養境界「塊然獨

〔註187〕《莊子・應帝王》，頁292～294。
〔註188〕郭象注「正而後行」，郭慶藩《莊子集釋》，頁291。
〔註189〕王邦雄《走在莊子逍遙的路上》，頁152。
〔註190〕《莊子・天下》，頁1098。
〔註191〕《莊子・逍遙遊》，頁30～31。

以其行立」〔註192〕，已無死生之患，更無心於人間；至於最高級的至人、神人、聖人，其心境已「遊於無窮」，其看待政治之態度，在於只要合於自然，皆可承認。因此係以一無為之態度參與政治，而不以儒墨積極干預之態度參與之，故荀子以為莊周「蔽於天而不知人」，蓋其「獨與天地精神相往來」之作風，確實是與當時主流的儒、道、墨、法、乃至老子大不相同的。

　　莊子不以積極參與的外王精神追求事功，對於藉由改善政治以謀求眾生福報也抱持懷疑，轉而將精神收歸自身，藉由自己的修行求動機之純粹，而在無造作之施為，成就內聖外王之道。因此莊子看似不講家國家天下，而只講自身的獨立與獨化，終極目的則在希冀聖人以逍遙無為之心參與天下事，而不將德行與福報之希望放在外王事功，而以主體個人的逍遙解脫為首要目標，這是莊學與老子，也與當時諸多主流學者不同之處。

六、禍福雙遣與福德雙全

　　福德問題的用心承擔，根源問題在心知之執著——認知心先做二元對立的認知分別，而後彼此對立，情識陷溺於去此取彼，而後方有惡死樂生等種種情結〔註193〕。而莊子與老子對福德問題處理的最後一處差異，在老子注意到現象上的成敗禍福，其實有一規則可循，此一規則，就是「道紀」，所謂「執古之道，以御今之有，能知古始，是謂道紀。」〔註194〕所以只要掌握「道」的自然，順任自然的變化，即可「御今之有」。換言之「道」儘管不可說不可學，但其往復卻屬自然，順此原則，便能安於現實生活。另外，《老子・三十章》也說：「以道佐人主者，不以兵強天下，其事好還。」〔註195〕蓋道法自然，若能以道佐人，又何需以兵強天下？戰爭必然引生不斷之報復，進而導致社會之毀滅，此之謂「好還」，顯然老子認同人間世確實有因果關係的存在，因為「殺人之父，人亦殺其父；殺人之兄，人亦殺其兄。」〔註196〕有為造作勢

〔註192〕《莊子・大宗師》，頁306。
〔註193〕《莊子・齊物論》：「古之人，其知有所至矣。惡乎至？有以為未始有物者，至矣，盡矣，不可以加矣。其次，以為有物矣，而未始有封也。其次，以為有封焉，而未始有是非也。是非之彰也，道之所以虧也。道之所以虧，愛之所以成。」
〔註194〕《老子・十四章》，頁7～8。
〔註195〕《老子・三十章》，頁17。
〔註196〕李息齋《道德真經義解》，轉引自陳鼓應《老子今注今譯》，頁168。

必帶來冤冤相報，顯然在老子的觀念中，人爲戰事必帶來「必有凶年」〔註197〕的「報應」〔註198〕。

　　莊子與老子不同，牟宗三先生《才性與玄理》認爲莊子一泯老子思想中之客觀性、實體性、與實現性〔註199〕；莊子亦無歸復之觀念，而以「齊物」與「不知」解消善惡對立之區別，如此便直接解消了「報應」的問題。黃漢青先生《莊子思想的現代詮釋》也認爲：「莊子把無內化爲生命的修養工夫，其實就是對道的形上實體的取消。」〔註200〕莊子不重形上學，又因爲強調「忘」與「不知」，故莊子的當下智慧，可免於老子術用可能流爲人爲操作的危機，吳怡《生命的轉化》說：「莊子思想卻提供了一種新的思維，即無論是善惡業報，因果循環，在這宇宙大化中，都融入自然中，這並不是說沒有業報，沒有因果，而是它們融入自然後，不講業報，不講因果，更不是爲了善報而行善、善果而種因的有所爲而爲。」〔註201〕至於「齊物」的實踐精神，更齊平了福德之間可能不一致之問題，所謂：「天下莫大於秋豪之末，而大山爲小；莫壽於殤子，而彭祖爲夭。」〔註202〕、「其好之也一，其弗好之也一，其一也一，其不一也一。其一與天爲徒，其不一與人爲徒。」〔註203〕莊子認爲健全的生命應「無以好惡內傷其身」〔註204〕，換言之，「惡」固然可傷身，執迷於「好」，結果亦然。避禍求福即執著好惡，沉溺好惡即自傷其身，因此莊子一泯「心知與生命兩路」〔註205〕的老子思想，在〈齊物論〉的無心觀照下，「舉莛與楹，厲與西施，恢詭憰怪，道通爲一」〔註206〕。既然「道通於一」，則不

〔註197〕《老子‧三十章》，頁 17。
〔註198〕吳怡《生命的轉化》（臺北：三民書局，2004 年），頁 111～112：「『大兵之後，必有凶年』因爲『其事好還』（三十章），『好還』是指報應。老子反對戰爭，說明從事殺戮者必然會受到不好的報應。又如『夫代司殺者殺，是謂帶大將斷。夫代大將斷，希有不傷其手矣』（七十四章）這是指萬物的生死都是自然的現象，人爲的殺戮，也會得到傷害自身的報應。」
〔註199〕牟宗三《才性與玄理》，頁 172：「老莊義理之型態（不是内容）有異：老子之道有客觀性、實體性、及實現性，至少亦有此姿態。而莊子則對此三性一起消化的姿態，純爲『境界型態』。」
〔註200〕黃漢青《莊子思想的現代詮釋》，頁 25。
〔註201〕吳怡《生命的轉化》，臺北：三民書局，2004 年，頁 118。
〔註202〕《莊子‧齊物論》，頁 79。
〔註203〕《莊子‧大宗師》，頁 234。
〔註204〕《莊子‧德充符》，頁 222。
〔註205〕王邦雄《生命的實理與心靈的虛用》，頁 174。
〔註206〕《莊子‧齊物論》，頁 70。

需「勞神明爲一」〔註207〕，牟宗三先生《莊子齊物論義理演析》說：「人冀望著此『一』，所謂勞神明而爲一。但生命永恆地在此二元對立中浮沉，我們可以在此二元對立的分化過程中，追尋一絕對嗎？莊子認爲不可以，這只會重蹈慣性分化的動作，生命將漫蕩無所歸。所以，理智地要求『萬法歸一』，此『一』亦將異化爲實體意義的本體，不可安頓。」〔註208〕故依莊子，福德問題的第一義，應是禍福兩忘，福德雙全，而在「其一也一，而其不一也一」〔註209〕的境界中，一「忘」而解消福報問題本身，故禍無需避，福無需求，生命便能獲得眞正的安頓，如此便是德全，也正是人生之大幸福。故「不知」而「忘」，即爲至人境界，而此一境界，畢竟只來自踏實的人生修養，才能開顯此一修養境界〔註210〕！

〔註207〕《莊子・齊物論》，頁 70。
〔註208〕牟宗三《莊子齊物論義理演析》，頁 226。
〔註209〕《莊子・大宗師》，頁 234。
〔註210〕牟宗三《莊子齊物論義理演析》，頁 226：「『萬法歸一』是生命內斂而顯主體的存在，但更深的工夫，是將此內斂之相亦打消，成一歸何處。一相亦泯，則分化之動作退藏於密，『一』與『不一』消散，顯露原本的『眞一』。『眞一』只是修養境界，並非實體。」

第五章　莊子外雜篇中福德問題的發展與變化

　　《莊子》本非一人一時之書，隨著時代推移，外雜篇作者關心的議題，也開始轉變。近年學者對外雜篇之研究頗多用心，劉笑敢先生、張恆壽先生、崔大華先生對外雜篇之分類，多所著墨。如羅根澤先生將外雜篇區分為道家左派、道家右派、神仙家、老子派、莊子派等十一派〔註1〕，其區分標準取決於對待儒家之態度、對老莊學術的不同傳承與不同的政治主張。劉笑敢先生則將外雜篇之作品區分為述莊、無君、黃老三派〔註2〕，其分類之理據在「述莊派」乃取其「述而不作」之精神〔註3〕，無君派之特色則為「激烈的抨擊現

〔註 1〕 轉引自崔大華《莊學研究》，頁 75：依羅氏之分類，道家左派為〈駢拇〉、〈馬蹄〉、〈胠篋〉、〈在宥〉，判據圍攻及儒家；道家右派之著作為〈天地〉、〈天道〉、〈天運〉；神仙家之著作為〈刻意〉、〈繕性〉；莊子派之著作則為〈秋水〉、〈達生〉、〈山木〉、〈田子方〉、〈寓言〉；老子派之著作為〈至樂〉、〈知北遊〉、〈徐無鬼〉、〈列禦寇〉；老莊混合派之著作有〈則陽〉；道家雜組著作為〈外物〉；道家隱逸派之著作則為〈讓王〉、〈漁父〉；道家激烈派著作為〈盜跖〉；縱橫家著作為〈說劍〉；莊周自撰〈天下〉。

〔註 2〕 參見劉笑敢《莊子哲學及其演變》（北京：中國社會科學出版社，1988 年），頁 263～300。依劉氏之區分，〈秋水〉、〈至樂〉、〈山木〉、〈達生〉、〈田子方〉、〈知北遊〉、〈庚桑楚〉、〈徐無鬼〉、〈則陽〉、〈外物〉、〈寓言〉、〈列禦寇〉屬「述莊派」，〈駢拇〉、〈馬蹄〉、〈胠篋〉、〈在宥上〉、〈讓王〉、〈盜跖〉、〈漁父〉屬「無君派」，〈天地〉、〈天道〉、〈天運〉、〈在宥下〉、〈刻意〉、〈繕性〉、〈天下〉屬「黃老派」。

〔註 3〕 同前註，頁 263：「述莊派繼承闡發內七篇思想，對莊子的根本論、真知論、齊物論，有較為細密的闡述，對莊子的思想也有改要和發展，然而沒有重要突破，基本上是述而不作的」

實」〔註4〕，至於黃老派之特點則在其「從剿撥儒墨到融合儒法」〔註5〕、「從生天生地到法天之道」〔註6〕、「從逍遙無為到君無為而臣有為」〔註7〕，但是以上分類標準是否恰當的呢？崔大華先生即認為羅氏之分類，是「根據一種對儒家和社會態度之不同這頗具政治色彩的標準來進行劃分」〔註8〕，因其區分之標準不免模糊，故「缺乏學術思想上本質特徵的揭示」〔註9〕，此一批判，同樣適用於劉笑敢先生的三派區分，問題在其實劉氏之分派，只是依據不同政治主張所做的區分，蓋內七篇原本不重外王架構，「黃老」、「無君」兩派也不過是後學針對內七篇欠缺的外王部分補充的詮釋，既然「無君」與「黃老」真正的差異，僅在其不同之政治主張，吾人若僅就福德觀做討論，是否真有分派之必要呢？

本文以為莊子外雜篇之福德觀，實無分派之必要，一則並無積極證據證明外雜篇之作者屬誰，二則外雜篇各派作者之福德觀與內七篇相較，實無二致。蓋莊子內篇福德觀之主要特色，一在反省儒墨之福德觀，二在以「上德不德」建立自家之福德觀，三在強調以修養工夫實踐福德一致，四在以出生入死之智慧解消死生之惑。外雜篇之福德觀既然不違以上四大精神，僅是在批判力道、政治治道與處世方法上，做更詳細充分之論述；固然如劉氏之分類，述莊派重修養論，而黃老與無君重政治思想，然而基本上外雜篇不求福報，批判儒墨德行，以修養工夫實踐上德之架構，其實一如內七篇；如是派別之分雖然便於分析莊子外雜篇之思想演進，卻不能區分出黃老與無君二派之修養論與述莊派有何不同。本文以為在相同架構下，區分派別反而增加分析上難以周延之困擾，不如放下以政治為分判標準的派別區分，僅需就外雜篇與內七篇不同之部分，就其演變進行分析即可。

〔註4〕 參見劉笑敢《莊子哲學及其演變》（北京：中國社會科學出版社，1988 年），頁 281：「與莊子書中的其他文章有明顯的不同，……也對現實不滿，但他們不是在幻想中逃避現實，而是激烈的抨擊現實。批判的鋒芒直指傳說中的聖君賢士和當時的國君。這一派也強調因任自然，但他們強調的不是任天的自然，而是任人性之自然。這一派也有自己的理想世界，但他們的理想世界不是純精神的理想世界，而是以原始社會為背景的烏托邦。」

〔註5〕 同前註，頁 300。

〔註6〕 同前註，頁 304。

〔註7〕 同前註，頁 309。

〔註8〕 崔大華《莊學研究》，頁 74〜75。

〔註9〕 同前註。

　　本文以為，外雜篇真正的精彩之處，不在不同派別之政治立場，而在人——物關係之論述，劉榮賢先生《莊子外雜篇研究》指出：「內篇中莊子時常強調內在之德的提升，而外雜篇似乎較注意對現實世界物性的尊重與調理。」〔註 10〕由於加入了「養形全生」的新觀念〔註 11〕，福德問題在外雜篇也開始呈現多樣的發展：原本在內七篇中「心上做工夫，性上得收穫」〔註 12〕的簡潔工夫，或為回應時代問題，或因學術合流分化，也開始有轉變的跡象，如「養形」、「棄世」、與「縱欲」之思想，已開始略具雛形，故外雜篇在福德問題的處理上也較內七篇更形多元。

　　本文以為莊周後學的福德觀，在原有的基礎上，不但已有變化，且有以下幾個特色：一則對失真的德行作更苛刻的批判，二則「氣」的概念由著重於「聽之以氣」的形上境界，轉而重視「純氣之守」的形下養氣；三則「安命」的思想在外雜篇有較深刻的申論；四則無君、縱欲與棄世的思維，已見端倪。莊子外雜篇中福德觀念的改變，茲分別說明如下：

　　首先，相較於內七篇的修養工夫，在戰國末年更艱困的時代壓力下，外雜篇作品對儒墨德行的批判力道，顯得更加苛刻；除了部分篇章對儒家尚保留同情理解之態度，後期作品對儒、墨所造成的「意義的災難」，往往有更強烈的批判：

> 夫馬，陸居則食草飲水，喜則交頸相靡，怒則分背相踶。馬知已此矣。夫加之以衡扼，齊之以月題，而馬知介倪、闉扼、鷙曼、詭銜、竊轡。故馬之知而能至盜者，伯樂之罪也。……及至聖人，屈折禮樂以匡天下之形，縣跂仁義以慰天下之心，而民乃始踶跂好知，爭歸於利，不可止也。此亦聖人之過也。〔註 13〕

> 夫小惑易方，大惑易性。何以知其然邪？有虞氏招仁義以撓天下也，天下莫不奔命於仁義，是非以仁義易其性與？故嘗試論之，自三代以下者，天下莫不以物易其性矣。小人則以身殉利，士則以身殉名，大夫則以身殉家，聖人則以身殉天下。故此數子者，事業不同，名聲異號，其於傷性以身為殉，一也。……伯夷死名於首陽之下，盜跖死利

〔註 10〕劉榮賢《莊子外雜篇研究》，頁 400。
〔註 11〕同前註，頁 415。
〔註 12〕牟宗三《四因說演講錄》，頁 88。
〔註 13〕《莊子・馬蹄》，頁 330。

於東陵之上，二人者，所死不同，其於殘生傷性均也，奚必伯夷之是而盜跖之非乎！天下盡殉也，彼其所殉仁義也，則俗謂之君子；其所殉貨財也，則俗謂之小人。其殉一也，則有君子焉，有小人焉；若其殘生損性，則盜跖亦伯夷已，又惡取君子小人於其間哉！〔註14〕

跖與曾、史，行義有間矣，然其失性均也。且夫失性有五：一曰五色亂目，使目不明；二曰五聲亂耳，使耳不聰；三曰五臭薰鼻，困惾中顙；四曰五味濁口，使口厲爽；五曰趣舍滑心，使性飛揚。此五者，皆生之害也。而楊、墨乃始離跂自以為得，非吾所謂得也。夫得者困，可以為得乎？則鳩鴞之在於籠也，亦可以為得矣。且夫趣舍聲色以柴其內，皮弁鷸冠、搢笏紳修以約其外，內支盈於柴柵，外重纆繳，睆睆然在纆繳之中而自以為得，則是罪人交臂歷指，而虎豹在於囊檻，亦可以為得矣。〔註15〕

老聃曰：「女慎無攖人心。人心排下而進上，上下囚殺，淖約柔乎剛彊。廉劌彫琢，其熱焦火，其寒凝冰。……昔者黃帝始以仁義攖人之心，堯、舜於是乎股無胈，脛無毛，以養天下之形，愁其五藏以為仁義，矜其血氣以規法度。然猶有不勝也，堯於是放讙兜於崇山，投三苗於三峗，流共工於幽都，此不勝天下也。夫施及三王而天下大駭矣。下有桀、跖，上有曾、史，而儒、墨畢起。於是乎喜怒相疑，愚知相欺，善否相非，誕信相譏，而天下衰矣；大德不同，而性命爛漫矣；天下好知，而百姓求竭矣。於是乎釿鋸制焉，繩墨殺焉，椎鑿決焉。天下脊脊大亂，罪在攖人心。故賢者伏處大山嵁巖之下，而萬乘之君憂慄乎廟堂之上。今世殊死者相枕也，桁楊者相推也，刑戮者相望也，而儒、墨乃始離跂攘臂乎桎梏之間。意，甚矣哉！其無愧而不知恥也甚矣！吾未知聖知之不為桁楊椄槢也，仁義之不為桎梏鑿枘也，焉知曾、史之不為桀、跖嚆矢也，故曰：『絕聖棄知而天下大治。』」〔註16〕

以上四篇引文中，〈馬蹄〉以馬喻人，藉由指責「馬之知而態至盜者」是「伯樂之罪」，說明「屈折禮樂以匡天下之形，縣跂仁義以慰天下之心」是「聖人

〔註14〕《莊子・駢拇》，頁311。
〔註15〕《莊子・天地》，頁453。
〔註16〕《莊子・在宥》，頁373。

之罪」，這是對人文精神的全盤否定，也是外雜篇與內七篇不同之處。〈駢拇〉以爲「夫小惑易方，大惑易性」，眞正的迷惑，是連自然的本性都受到迷惑，作者以爲「易性」之「大惑」即爲「仁義」，尤其感嘆「天下莫不以物易其性」。由於人人天眞的本性都已受到迷惑，導致「小人則以身殉利，士則以身殉名，大夫則以身殉家，聖人則以身殉天下」，結果無論小人或大夫，其殉一也。作者有感於人總不免「傷性以身爲殉」，更感嘆「天下盡殉」，外在名號的追逐，導致本德失眞的傷害，如此仁義德行逐爲傷身害性的元兇，豈可爲之奔命？〈天地〉的論點與〈駢拇〉相同，都認爲「跖與曾、史，行義有間，然其失性均也」，把賢人與大盜都歸咎於「失其本性」，既然無論聖賢愚劣都是迷失本性的受害者，作者因此反諷道「罪人交臂歷指，而虎豹在於囊檻，亦可以爲得矣」——將失去天生本性之人比喻作生活在監獄牢籠中，足見在這些篇章中，「德」儼然只是執著造作，只是傷害眞性，非棄絕仁義不能重見天下大治之日了。

　　另外〈在宥〉也認爲「釿鋸制焉，繩墨殺焉，椎鑿決焉，天下脊脊大亂」的原因，「罪在攖人心」，而「攖人心」的內容，即爲人人欲得之聖知；所以唯有「絕聖棄知」才能保證「天下大治」。值得注意的是此篇的「絕聖棄知」與《老子》的絕聖棄智，意義卻是不同的。蓋老子之原意，是作用的保存，但〈在宥〉卻以爲「賢者伏處大山嵁巖之下，而萬乘之君憂慄乎廟堂之上」，顯然外雜篇中絕聖棄義已不再只是作用的保存，而有實際上必須棄絕之的意圖。德政與德行到底能不能保障幸福？在這些篇章中，無疑是完全否定的。

　　值得注意的是，莊子後學不僅以批判「仁義」表達對儒家仁政說的不滿，對墨家兼愛偃兵，也同樣多所反對，蓋墨家之兼愛偃兵，動機亦爲執著造作，以〈徐無鬼〉、〈天下〉的觀點爲例：

> 武侯曰：「欲見先生久矣。吾欲愛民而爲義偃兵，其可乎？」徐無鬼曰：「不可。愛民，害民之始也；爲義偃兵，造兵之本也；君自此爲之，則殆不成。凡成美，惡器也；君雖爲仁義，幾且僞哉！形固造形，成固有伐，變固外戰。君亦必無盛鶴列於麗譙之間，無徒驥於錙壇之宮，無藏逆於得，無以巧勝人，無以謀勝人，無以戰勝人。夫殺人之士民，兼人之土地，以養吾私與吾神者，其戰不知孰善？勝之惡乎在？君若勿已矣，脩胸中之誠，以應天地之情而勿攖。夫民死已脫矣，君將惡乎用夫偃兵哉！」〔註17〕

〔註17〕《莊子・徐無鬼》，頁 827。

武侯欲「愛民而爲義偃兵」，正是墨家兼愛的行爲；徐無鬼卻表達反對之意，理由是「愛民乃害民之始，偃兵爲造兵之本」，爲什麼愛民會害民，偃兵反造兵呢？徐無鬼認爲原因是「君雖爲仁義，且幾偽哉！」直接點破所謂以行仁義爲名的反戰，其實只是藉以博得聲名的偽善；因爲反戰眞正的動機還是「以巧勝人、以謀勝人、以戰勝人」，仁義只是宣戰的口實，其實內心並無仁義，依然是以「勝人」爲考量。既然反戰的動機就是「勝人」，則所謂「偃兵」亦只不過是藉口，根本毫無誠信可言，所以徐無鬼才勸諫武侯當「修胸中之誠，以應天地之情而無攖」，換言之希望武侯勿再以偃兵之名擾動人心，與其以戰止戰，不如根本無戰以「養吾神」，才是救世之道。因此對於當時致力救世的墨子、宋子，莊子後學雖有敬重之意，卻反對其作爲：

> 墨翟、禽滑釐之意則是，其行則非也。將使後世之墨者，必自苦以
> 腓無胈、脛無毛相進而已矣。亂之上也，治之下也。雖然，墨子眞
> 天下之好也，將求之不得也，雖枯槁不舍也。才士也夫！〔註18〕

> 宋鈃、尹文……見侮不辱，救民之鬥，禁攻寢兵，救世之戰。以此
> 周行天下，上說下教，雖天下不取，強聒而不舍者也，故曰上下見
> 厭而強見也。雖然，其爲人太多，其自爲太少。〔註19〕

墨子、宋子以實際行動致力於反戰，面對如此光明偉大之人格，即使莊子後人亦不願以「易方」或「易性」大加指責，但卻不得不指出其行爲將「使後世之墨者，必自苦以腓無胈、脛無毛相進而已矣」，其實已失兼愛之本心，不過是以自苦的程度當作愛天下的標準；然而自虐自苦豈是常道自然？所以〈天下〉的作者認爲墨子後學的行爲是「亂之上也，治之下也」，根本無益於治反落於亂而已。對於宋子，莊子後學亦認爲「爲人太多，爲己太少」雖然感人，但畢竟也是「易性」，可見無論是儒家的仁義或墨家的兼愛，在莊子後學眼中，都是對自家生命的殘害。

第一節　從「聽之以氣」到「純氣之守」：修養論的延伸、實踐與改變

　　莊子內七篇中，將「氣」的概念提升至非常高的境界，氣不是形下形氣，

〔註18〕《莊子・天下》，頁1080。
〔註19〕《莊子・天下》，頁1082。

而是高度修養所展示的境界〔註20〕，「心齋」用「聽之以氣」說明「虛室生白，吉祥止止，鬼神將來舍」，是無成見的無心境界，〈應帝王〉則以「遊心於淡，合氣於漠」說明「順物自然而無容私」的修養境界。但外雜篇中的修養論，已開始呈現多元複雜而與時俱進的傾向，包括氣化宇宙論的運用，「精氣」的提出，乃至「純氣之守」的養生論都開始為後學者注重，此外如按摩、氣功、服食、養生、練氣等「養生之道」，開始在莊子外雜篇中開始出現，和內七篇較大的差異，是「氣」的意涵由「境界型態」向「物質實有」延伸，另外莊子後學也接受了「精氣」的概念，並且從單純的心的修養，引伸至身的修鍊，對於「氣」，莊子後學有所接納，也有所批判，以下僅就「氣」的概念延伸進行說明：

一、由氣化論說生死

在內七篇中，氣化宇宙論並不是重要的觀念，莊子認為生命有隨時都在轉化、變化，或為鼠肝，或為蟲臂，但面對轉化的態度，關鍵卻在「心」的「安時處順」，所謂「安時處順，哀樂不能入也」；只要超乎成心執著，解脫悅生惡死的倒懸之苦，生命即無負累，真人雖活在「氣機流動的當下」〔註21〕，但莊子並未特別強調「氣化」的意義。不過在外雜篇中，「氣」被賦予較多元的意義，「精氣」與「通天下一氣」的物質性意義也開始被強調，「氣」除了高度的修養境界，外雜篇傾向以氣化論說明萬物皆一氣之化，無需為之傷身害命：

〔註20〕 徐復觀《中國人性論史》，頁381～382：「聽之以氣，即下文所謂『徇耳目內通而外於心知』，集釋讓萬物純客觀地進來，純客觀地出去，而不加一點主觀上的心的判斷。……氣實際上只是心的某種狀況的比擬之詞，與老子所說的純生理之氣不同。這便是他和慎到表面相同，而根本不同所在。」黃漢青《莊子思想的現代詮釋》，頁138：「氣不是感官，不是人的心能，而是到對人的運行，道在人身上開闢的通往大道之路。道在虛室或虛寂之中自然湧現，這樣的道不可能是通往永恆的律則，也不可能是宇宙不變的本質，唯一的可能是天地自然進入無蔽的澄明狀態。虛室生白說的是天地自然的顯現和光照，『自然』受到虛寂之心的召喚，自然地湧現和綻出，進入無蔽的澄明，於是道在此聚集和保存。」

〔註21〕 楊儒彬《莊周風貌》，頁101：「真人要活在氣機流動的當下：真人要超越感性與智性的拘絆，所以他不以成功自雄，不去圖謀事物，事情過了不再追悔。而在當下所遇時，又安於當下，不以當下為偏執的對象，產生自得之意。他自在來往，心中一無牽累。他活在一種沒有情意造作的氛圍中。」

人之生，氣之聚也。聚則爲生，散則爲死。〔註22〕

莊子妻死，惠子弔之，莊子則方箕踞鼓盆而歌。惠子曰：「與人居，長子老身，死不哭亦足矣，又鼓盆而歌，不亦甚乎！」莊子曰：「不然。是其始死也，我獨何能無概然！察其始而本無生，非徒無生也而本無形，非徒無形也而本無氣。雜乎芒芴之間，變而有氣，氣變而有形，形變而有生，今又變而之死，是相與爲春秋冬夏四時行也。人且偃然寢於巨室，而我嗷嗷然隨而哭之，自以爲不通乎命，故止也。」〔註23〕

以上兩段文字都是藉由氣化論說明天地萬物流轉來自一氣之化，非但「本無生」且「本無形」，故世俗得失俱不值得爲之感慨。惟吾人若將〈至樂〉的莊子妻死與〈養生主〉的老聃死〔註24〕兩段故事作比較，則其境界大異其趣；蓋〈養生主〉對死生之變的主旨乃在「安時而處順，哀樂不能入也」，僅以「適來，夫子時也；適去，夫子順也。」說明老聃之生死乃順時而來，應時而去，無論老聃或送行人，只需順時而化，便無哀樂傷心之事。相較之下〈至樂〉的內容卻著重於說明生死乃是氣之聚散，認爲既然「氣變而有形，形變而有生，今又變而之死」，生命不過一氣聚散，因此「嗷嗷然隨而哭之」乃爲「不通命」之舉措。內篇以「安時處順」的修養論爲主的安命哲學到了外雜篇，爲何變成氣化論的無足輕重呢？就哲學的發展來說，從「心」而趨向於「物」，可以說是價值哲學的失落。

如果單以內七篇的標準來論斷，由精神的超越而走向物質性的解釋，是莊子後學在義理深度的窄化與退化；但如果我們以包容的立場看待戰國末年的亂世，或許吾人必須承認，莊子外雜篇適時的引伸了其氣化論，反而可以推擴本身學說的內容；畢竟死生亦大矣，人除了要用修行面對傷痛，在理智上實在也需要足以安頓生命的理由，即令逍遙灑脫如莊周，在面對親人死亡

〔註22〕《莊子・知北遊》，頁 733。

〔註23〕《莊子・至樂》，頁 614～615。

〔註24〕《莊子・養生主》，頁 127～128：「老聃死，秦失弔之，三號而出。弟子曰：『非夫子之友邪？』曰：『然。』『然則弔焉若此，可乎？』曰：『然。始也吾以爲其人也，而今非也。向吾入而弔焉，有老者哭之，如哭其子；少者哭之，如哭其母。彼其所以會之，必有不蘄言而言，不蘄哭而哭者。是遁天倍情，忘其所受，古者謂之遁天之刑。適來，夫子時也；適去，夫子順也。安時而處順，哀樂不能入也，古者謂是帝之縣解。』」

這種巨變時，恐怕除了安時處順的實踐工夫，在理智上也需要以氣之聚散之傾向經驗主義的解釋，作為悲傷治療的必要依據。

二、由「聽之以氣」的無心自然到「純氣之守」的養生之道

當戰國後期「養生之道」逐漸成為思想潮流，莊學本身也開始受到影響，在莊子外雜篇中，莊周後學對這些新興的養生之道，有擷取，也有批判，除了心上做工夫，「氣」的修鍊也開始成為當時熱門的話題，〈則陽〉說：「天地者，形之大者也；陰陽者，氣之大者也。」〔註25〕直接將「氣」與「形」並列，可見「氣」在外雜篇著重於形下之意義。由於萬物皆為一氣之化，因此「氣」與人的關係極大，〈列禦寇〉所謂：「為內刑者，動與過也……離內刑者，陰陽食之。」其中「內刑」所指便是「過與動」，這種「妄動多怨」〔註26〕的行為對身體造成的傷害，由於不當的行為干擾氣的正常運行，而造成「陰陽之患」，而所有不當行為的根源又來自於心，即〈庚桑楚〉所謂：「兵莫憯於志，鏌邪為下；寇莫大於陰陽，無所逃於天地之間。非陰陽賊之，心則使之也。」〔註27〕原來陰陽之氣對身體造成的傷害不下於名劍鏌邪，而陰陽之氣之所以衝突失調的原因，卻來自「心」。真人既要免除內外刑之患，因此外雜篇的作者儘管同樣重視修養論，卻特別強調「氣」的修鍊，〈達生〉的養氣論，一變「聽氣」為「守氣」，為內篇所未見：

> 紀渻子為王養鬥雞。十日而問：「雞已乎？」曰：「未也，方虛憍而恃氣。」十日又問，曰：「未也。猶應嚮景。」十日又問，曰：「未也。猶疾視而盛氣。」十日又問，曰：「幾矣。雞雖有鳴者，已無變矣，望之似木雞矣，其德全矣，異雞無敢應者，反走矣。」〔註28〕

陳壽昌《南華真經正義》疏解此段文義曰：「馭氣者心，心不動則神凝，神凝而氣益足，老子曰弱其志強其骨，能如木雞，似弱而強矣。」〔註29〕雖仍強調養氣仍以養心為主，然此段以心「馭氣」以求不動心之養氣之論，實與告子不動心的修養論相同；曾昭旭先生以為告子「不得於言，勿求於心；不得於心，勿求於氣」《孟子‧公孫丑上》的修養工夫，「不是藉強作氣以定心，

〔註25〕《莊子‧則陽》，頁913。
〔註26〕陳壽昌《南華真經正義》，頁482。
〔註27〕《莊子‧耕桑楚》，頁795。
〔註28〕《莊子‧達生》，頁654～655。
〔註29〕陳壽昌《南華真經正義》，頁299。

也不是藉單純的自我肯定以使心無對，更不是如孔門的本心依自理而行，而大本自定。他的路數是使心懸絕萬物，成一虛靜無用的狀態，只是隨順自然，無可不可，於是心直可說不存在，遂無所謂動不動。」〔註30〕與〈達生〉以「木雞」爲「德全」相同，蓋此時以剝落北宮黝、孟施舍之流的「虛矯恃氣」與「疾視盛氣」〔註31〕，而只是一單純的虛靜無動，生命清空之狀態，作者因而認爲此一死生無變乎己的狀態，才是「德全」。

心與氣本可互相影響，只是內七篇以養心爲主，較少藉「氣」說明，外雜篇卻特重視以養氣之論說明修養境界，再以〈達生〉爲例，劉榮賢《莊子外雜篇研究》指出本篇「已經進入以『形』『精』觀念爲基礎的養生論」〔註32〕，可見在莊子後學眼中，以形下「守氣」求「養生」之義，已有愈趨重要的趨勢：

> 子列子問關尹曰：「至人潛行不窒，蹈火不熱，行乎萬物之上而不慄。請問何以至於此？」關尹曰：「是純氣之守也，非知巧果敢之列。居，予語女！凡有貌象聲色者，皆物也，物與物何以相遠？夫奚足以至乎先？是色而已。則物之造乎不形而止乎無所化，夫得是而窮之者，物焉得而止焉！彼將處乎不淫之度，而藏乎無端之紀，遊乎萬物之所終始。壹其性，養其氣，合其德，以通乎物之所造。夫若是者，其天守全，其神無郤，物奚自入焉！〔註33〕

> 梓慶削木爲鐻，鐻成，見者驚猶鬼神。魯侯見而問焉，曰：「子何術以爲焉？」對曰：「臣工人，何術之有！雖然，有一焉。臣將爲鐻，未嘗敢以耗氣也，必齊以靜心。齊三日，而不敢懷慶賞爵祿；齊五

〔註30〕 王邦雄等《孟子義理疏解》，頁234。
〔註31〕 《孟子‧公孫丑上》：「北宮黝之養勇也，不膚撓，不目逃。思以一豪挫於人，若撻之於市朝。不受於褐寬博，亦不受於萬乘之君。視刺萬乘之君若刺褐夫。無嚴諸侯。惡聲至，必反之。孟施舍之所養勇也，曰：『視不勝猶勝也。量敵而後進，慮勝而後會，是畏三軍者也。舍豈能爲必勝哉？能無懼而已矣。』」北宮黝養勇之秘訣爲「必勝」，孟施舍養勇之重點爲「無懼」，曾昭旭先生《孟子義理疏解》，頁230指出：「（北宮黝）孟施舍的心，仍只是一個與外界對立相爭的心，他（指孟施舍）只是不在與人相較處求聖而直在自己心上求絕對的勝罷了。然只要是爭勝，己心與外界必仍然是對立，仍然是隔絕而非相通爲一體。」〈達生〉以鬥雞說明「虛矯恃氣」與「疾視盛氣」，與北宮黝、孟施舍這種與外界對立的養勇相同。
〔註32〕 劉榮賢《莊子外雜篇研究》，頁391。
〔註33〕 《莊子‧達生》，頁634。

日，不敢懷非譽巧拙；齊七日，輒然忘吾有四肢形體也。當是時也，
無公朝，其巧專而外骨消；然後入山林，觀天性；形軀至矣，然後
成見鐻，然後加手焉；不然則已。則以天合天，器之所以疑神者，
其是與！」〔註34〕

夫醉者之墜車，雖疾不死。骨節與人同而犯害與人異，其神全也，
乘亦不知也，墜亦不知也，死生驚懼不入乎其胸中，是故遻物而不
慴。彼得全於酒而猶若是，而況得全於天乎？聖人藏於天，故莫之
能傷也。復讎者不折鏌干，雖有忮心者不怨飄瓦，是以天下平均。
故無攻戰之亂，無殺戮之刑者，由此道也。不開人之天，而開天之
天，開天者德生，開人者賊生。不厭其天，不忽於人，民幾乎以其
真！〔註35〕

梓慶在創作前需齋戒靜心，「未敢耗其氣」；關尹爲列子說明至人「潛行不窒，
蹈火不熱」的境界來自「壹其性，養其氣，合其德」、「純氣之守」的修養工
夫；至於「醉者墜車，雖疾不死」，是因爲酒醉者在酒精麻醉下，巧合進入「乘
亦不知也，墜亦不知也，死生驚懼不入乎其胸中」的無知境界。這幾篇文章
表面上與內七篇可以互相發明，如梓慶齋戒「不敢懷慶賞爵祿、不敢懷非譽
巧拙、忘吾有四肢形體也」的三階段，與庖丁解牛的「目視、心知、神遇」
與坐忘的「耳聽、心聽、氣聽」三階段雷同。關尹的修養工夫也與〈應帝王〉
的「遊心於淡，合氣於漠，順物自然而無容私焉」相近。至於醉者墜車因「不
知」而「不傷」的哲學看似可與〈應帝王〉「用心若鏡，不將不迎，應而不藏，
故能勝物而不傷」之義理相呼應。但儘管義理相似，內外篇實大異其趣。

　　本文以爲外雜篇這三則例子與內篇最大差異，在於外雜篇特別強調「氣」
的修鍊：內篇〈大宗師〉的「不傷」來自「用心若鏡」的修養境界，但〈達
生〉的「不傷」卻來自「純氣之守」的氣修實踐；前者是性修，後者卻是氣
修，郭黎華先生《出土文獻先秦儒道哲學》認爲：「關尹之『純氣之守』的『養
氣』之方，在於守著充盈的自身之氣，回應、順隨自然。」〔註36〕而劉榮賢
先生也認爲後者的「觀念是建立在以天地一氣爲『精』的觀念上，而依於精
之純以成其『形』，依於『形』之全以成就其『生』，故人之養生乃是依於其

〔註34〕《莊子・達生》，頁 658～659。
〔註35〕《莊子・達生》，頁 636。
〔註36〕郭梨華《出土文獻先秦儒道哲學》（臺北：萬卷樓，2008 年 8 月出版），頁 205。

身形的精氣與天地的氣合一。『合則成體，散則成始』、『精而又精，反以相天』都是出於人的生命與天地氣化一體流動的關係。」〔註37〕兩位先生同樣指出莊子外雜篇已將修養論的重點轉移至「精」、「氣」的修練，是要以調和形下之氣以回歸自然，顯然與內篇僅強調內心修養的路徑大不相同，從「聽之以氣」的以心為主體到「純氣之守」的以氣為主體，內外篇的差異不可說不大。

然而值得注意的是，儘管外雜篇已經沾染了若干當時流行的養氣之風，然而莊子修養論之主軸，畢竟仍在心性修養而不是形氣鍛鍊，賴錫三先生《莊子靈光的當代詮釋》說：「《莊子》在性修境界中，自然而然的可以使精氣順循督脈而上，而體會到『緣督以為經』的身體經驗。換言之，性修可能會開發身體的氣脈經驗，亦即在性修的過程中，很自然地因意識昇華而影響到它與身體能量的關係。例如張澄基就主張禪宗雖然只有性修而無氣脈命修，但也可以有其一定的生理效果。」〔註38〕因此修行不需有特殊之神秘法門，只要心性在生活中務實踐道，其實一樣可以獲致氣修才能修成的身體經驗。故莊子外雜篇同樣反對刻意的養身練氣，〈刻意〉說聖人「無江海而閒，不道引而壽」、「平易恬惔，則憂患不能入，邪氣不能襲，故其德全而神不虧」〔註39〕。聖人不是刻意逃世，也沒有刻意修行，卻能「憂患不入」而「閒」，「邪氣不襲」而「壽」，可見心閒人壽不用依賴氣修，「平易恬淡」的生活方式依然是修養的重點，心境生活平易恬淡，心境安閒，自然「不道引而壽」。這段話顯然是對當時練氣者的批判，畢竟「吹呴呼吸，吐故納新，熊經鳥申，為壽而已」的道引之士，在莊子及其後學眼中，仍然只是刻意養形之人，與「德充於內，符應於外」的至人相較，差距實不可以道里計。

三、修養的究竟目的

外雜篇的特點，在對內七篇的經典作較充分的補充說明，尤其對修行路上可能面對的問題，乃至戰國時代修道之士呈現的亂象，多藉由寓言故事的申論，茲以〈田子方〉、〈列禦寇〉中列子的故事為例：

> 列禦寇為伯昏無人射，引之盈貫，措杯水其肘上，發之，適矢復沓，
> 方矢復寓。當是時，猶象人也。伯昏無人曰：「是射之射，非不射之

〔註37〕劉榮賢《莊子外雜篇研究》，頁391。
〔註38〕賴錫三《莊子靈光的當代詮釋》（新竹：國立清華大學出版社，2008年初版），頁137。
〔註39〕《莊子‧刻意》，頁537。

射也。嘗與汝登高山，履危石，臨百仞之淵，若能射乎？」於是無人遂登高山，履危石，臨百仞之淵，背逡巡，足二分垂在外，揖禦寇而進之。禦寇伏地，汗流至踵。伯昏無人曰：「夫至人者，上闚青天，下潛黃泉，揮斥八極，神氣不變。今汝怵然有恂目之志，爾於中也殆矣夫！」〔註40〕

列禦寇之齊，中道而反，遇伯昏瞀人。伯昏瞀人曰：「奚方而反？」曰：「吾驚焉。」曰：「惡乎驚？」曰：「吾嘗食於十漿，而五漿先饋。」伯昏瞀人曰：「若是，則汝何爲驚已？」曰：「夫內誠不解，形諜成光，以外鎮人心，使人輕乎貴老，而韲其所患。夫漿人特爲食羹之貨，無多餘之贏，其爲利也薄，其爲權也輕，而猶若是，而況於萬乘之主乎！身勞於國而知盡於事，彼將任我以事而效我以功，吾是以驚。」伯昏瞀人曰：「善哉觀乎！女處己，人將保女矣！」無幾何而往，則戶外之屨滿矣。伯昏瞀人北面而立，敦杖蹙之乎頤，立有間，不言而出。賓者以告列子，列子提屨，跣而走，暨乎門，曰：「先生既來，曾不發藥乎？」曰：「已矣，吾固告汝曰人將保汝，果保汝矣。非汝能使人保汝，而汝不能使人無保汝也，而焉用之感豫出異也！必且有感，搖而本才，又無謂也。與汝遊者又莫汝告也，彼所小言，盡人毒也。莫覺莫悟，何相孰也！巧者勞而知者憂，無能者無所求，飽食而敖遊，汎若不繫之舟，虛而敖遊者也。」〔註41〕

在〈田子方〉的寓言中，列子在正常環境下，是百發百中的神射手，可是一旦「登高山，履危石，臨百仞之淵」面對這樣令人恐懼的環境，便失其常度而不能逞其神技，其師伯昏無人因而指出列子的神技「是射之射，非不射之射」，亦即其神技僅是有心之技巧，並未堪破死生，化技爲道；因此一旦眞正面臨危殆之境，便難免心思動搖。而至人之所以能「上闚青天，下潛黃泉，揮斥八極，神氣不變」，王夫之《莊子解》認爲其原因在至人「四肢百體之爲塵垢，死生之爲晝夜，而有其大常，無不可登之高，無不可臨之深，即以之決死生於一矢，而不見其有己」〔註42〕易言之列子之所以不如至人，乃在其境界依然「有己」。

〔註40〕《莊子・田子方》，頁724～725。
〔註41〕《莊子・列禦寇》，頁1036～1040。
〔註42〕王夫之《莊子通・莊子解》，頁182。

　　至於〈列禦寇〉的故事，列子因展示了修道者獨有之風采，而備受世人禮遇，然列子畢竟有自知之明，深知其感動人心之關鍵並非修行有成，而是「內誠不解，形諜成光，以外鎮人心」——此即如成玄英所謂「內心實智，未能懸解，為物所蔽，舉動便辟而有光明」〔註43〕，易言之，列子亦坦承心中仍有執著，德行外顯，故眾人只是受其外貌吸引而順服，這正是所謂色莊；一旦出名，必有「彼將任我以事而效我以功」的人道之患，故而求助於伯昏無人。伯昏無人當下看出問題所在，指出「非汝能使人保汝，而汝不能使人無保汝也，而焉用之感豫出異也！」意思是眾人之所以歸向列子，原因在列子之修行使其呈現一吸引群眾之人格特質，然而列子卻無力解消其德行之榮光；此一眾星拱月之人格特質，固然可能令多數人趨之若鶩；但在伯昏無人眼中，卻是不必要的，所以他說：「必且有感，搖而本才」，亦即諷刺列子之所以動人，原因在其修行實有炫耀之嫌，而足以令人動搖本性，所以他最後的勸諫是：「無能者無所求，飽食而敖遊，汎若不繫之舟，虛而敖遊者也。」亦即列子當更專注於個人修養之精進，放下修行者的驕傲，不要讓修行反而成為一種炫耀，不可以目前之境界為滿足。故陳鼓應先生認為這則寓言之主旨在：「告誡列子不可炫智，勿『以外鎮人心』」〔註44〕，實則此則寓言亦可能是對當時修行者自以為高而不屑於俗的行為，給出的批判。

　　莊子外雜篇除了提點修行路上可能出現的盲點，另外任何理論，都有被誤解、曲解的可能，老莊的養生之道當然也不例外，修行者可能沈溺於形氣修練或放失自我，面對這種被誤解的可能，後學者當然也必須提出說明，如〈達生〉：

> 田開之見周威公。威公曰：「吾聞祝腎學生，吾子與祝腎游，亦何聞焉？」田開之曰：「開之操拔篲以侍門庭，亦何聞於夫子！」威公曰：「田子無讓，寡人願聞之。」開之曰：「聞之夫子曰：『善養生者，若牧羊然，視其後者而鞭之。』」威公曰：「何謂也？」田開之曰：「魯有單豹者，巖居而水飲，不與民共利，行年七十而猶有嬰兒之色；不幸遇餓虎，餓虎殺而食之。有張毅者，高門縣薄，無不走也，行年四十而有內熱之病以死。豹養其內而虎食其外，毅養其外而病攻其內，此二子者，皆不鞭其後者也。」〔註45〕

〔註43〕郭慶藩《莊子集釋》，頁1037。
〔註44〕陳鼓應《莊子今注今譯》，頁902。
〔註45〕《莊子・達生》，頁646。

田開之以牧羊需鞭策後進之例，說明養生之道亦不可有所偏廢，單豹離群索居而重養生之道，年七十而有嬰兒之色，表面上符合道家以嬰兒為最高境界的養生之道，結果竟遭虎噬；養形的最終下場竟是死於虎口，無異最大的諷刺；張毅為功名奔走，養其形骸〔註46〕，沒想到壯年四十即罹病而死，此即〈人間世〉所謂「朝受命而夕飲冰，我其內熱與」〔註47〕的「陰陽之患」。單豹沈迷於養生之道而忽略危邦不入亂邦不居的道理，張毅追求榮華富貴卻犧牲自己的健康，作者批判道：「此二子皆不鞭其後」，陳壽昌《南華眞經正義》以為修養需「性命雙修，道無偏廢，有所廢則有所後矣。故急需鞭向前也。」以上二人中，單豹修性而失命之修養，張毅追求命之滿足而失其本性，皆因有所偏廢而不得善終，不但可見「養形果不足以存生」〔註48〕，就算追尋清虛寡欲之修養工夫，若執著於此，也未必能免猛虎之患，所以劉榮賢先生說：「養生思想並非只是單純回歸原始純樸的生活方式即可，而是在某一程度上也需運用文明的成果。」〔註49〕顯然在外雜篇的作者眼中，已經意識到無論是單純的「養形」或「養生」，亦不可閉門造車，而需面對修行路上的盲點，更需要鞭策自己，改正其過猶不及的缺失，否則也只是多一執著罷了。

第二節　「人與天一」：「安命」思想的延伸

　　人是有限的存在，就算逍遙如莊子者，在現實生活中也難免補衣之貧，貸粟之飢〔註50〕；不惟莊周如此，亂世的動盪與貧困的生活，更讓每個原本身懷道術的有道之士，懷疑自身存在的價值。每個人都必須為自己「有道不能行」的不幸遭遇作解釋，並尋求對應之道，孟子如此，莊周亦然。在外雜篇中，我們可以發現他對當時所處惡劣環境的看法，與道家的安命哲學。

〔註46〕郭慶藩《莊子集釋》，頁646，成玄英疏：「張毅交遊世貴，養其形骸，而病攻其內以死。」
〔註47〕《莊子‧人間世》，頁153。
〔註48〕《莊子‧達生》，頁630。
〔註49〕劉榮賢《莊子外雜篇研究》，頁393。
〔註50〕《莊子‧外物》，頁924：「莊周家貧，故往貸粟於監河侯。監河侯曰：『諾。我將得邑金，將貸子三百金，可乎？』莊周忿然作色曰：『周昨來，有中道而呼者。周顧視車轍中，有鮒魚焉。周問之曰：鮒魚來！子何為者邪？對曰：我，東海之波臣也。君豈有斗升之水而活我哉？周曰：諾。我且南遊吳、越之王，激西江之水而迎子，可乎？鮒魚忿然作色曰：吾失我常與，我無所處。吾得斗升之水然活耳，君乃言此，曾不如早索我於枯魚之肆！』」

一、貧也、憊也、病也，有道之士常見的際遇

首先，如果「有道之士」堅持自己的理想，不屑模仿張儀、公孫衍之流，以「一怒而諸侯懼，安居而天下熄」〔註 51〕的遊士手段，穿梭於各國間爭名逐利，那麼在戰國末期知識份子數量供過於求的情況下，貧病交迫的下場，幾乎是可以預期的。因此舉凡顏回、原憲、列子這類貧病交迫的知識份子，當然深受莊子同情，更要為他們（與自己）為何遭逢這樣的命運作說明了：

> 原憲居魯，環堵之室，茨以生草；蓬戶不完，桑以為樞；而甕牖二室，褐以為塞；上漏下溼，匡坐而弦。子貢乘大馬，中紺而表素，軒車不容巷，往見原憲。原憲華冠縰履，杖藜而應門。子貢曰：「嘻！先生何病？」原憲應之曰：「憲聞之，無財謂之貧，學而不能行謂之病。今憲，貧也，非病也。」子貢逡巡而有愧色。原憲笑曰：「夫希世而行，比周而友，學以為人，教以為己，仁義之慝，輿馬之飾，憲不忍為也。」〔註 52〕

> 莊子衣大布而補之，正緳係履而過魏王。魏王曰：「何先生之憊邪？」莊子曰：「貧也，非憊也。士有道德不能行，憊也；衣弊履穿，貧也，非憊也；此所謂非遭時也。王獨不見夫騰猿乎？其得柟梓豫章也，攬蔓其枝而王長其間，雖羿、蓬蒙不能眄睨也。及其得柘棘枳枸之間也，危行側視，振動悼慄；此筋骨非有加急而不柔也，處勢不便，未足以逞其能也。今處昏上亂相之間，而欲無憊，奚可得邪？此比干之見剖心徵也夫！」〔註 53〕

> 子列子窮，容貌有飢色。客有言之於鄭子陽者曰：「列禦寇，蓋有道之士也，居君之國而窮，君無乃為不好士乎？」鄭子陽即令官遺之粟。子列子見使者，再拜而辭。使者去，子列子入，其妻望之而拊心曰：「妾聞為有道者之妻子，皆得佚樂，今有飢色。君過而遺先生食，先生不受，豈不命邪！」子列子笑謂之曰：「君非自知我也。以人之言而遺我粟，至其罪我也又且以人之言，此吾所以不受也。」其卒，民果作難而殺子陽。〔註 54〕

〔註 51〕　《孟子‧滕文公下》，頁 137。
〔註 52〕　《莊子‧讓王》，頁 975～977。
〔註 53〕　《莊子‧山木》，頁 687～688。
〔註 54〕　《莊子‧讓王》，頁 972～973。

以上三段引文中，子貢看到原憲貧困不堪的生活，卻只見到他的「病」而不見其志，這顯然是勢利眼，因為子貢顯然不瞭解原憲的真才實學，更不明白原憲所關者，乃是學能否行，而非財是否貧。同樣魏王看到莊子「衣弊履穿」，也只看到莊子的「窮」，而不見莊子的「道」，他只注意到莊子的經濟貧困，卻未能反省到莊子之所以貧困，原因在有道卻不能行；可見魏王不但無識人之明，也未曾反省到身為王者竟使有道之士遺落草澤，乃是自身的最大罪過。至於鄭子陽同樣絲毫不瞭解列子之才能，僅憑他人一面之詞，便欲供養列子；然而列子亦深知子陽並非知己，寧可窮困潦倒、安貧守賤，即使面對妻子的不滿，也拒絕接受執政者的籠絡；這則故事表面上藉由列子妻之言抱怨其夫之不遇，但真正的寓意恐怕在譴責為政者之不明，因為在戰國物量精神橫行之年代，絕對不是只有魏王不知莊周、子陽不知列子，追求富國強兵的時代，恐怕都容不下這些有道之士。

　　所以由以上兩個例子，我們可以看出有道之士不能行道，不能用世，故不能免於身體的病與心靈的憊，但真正造成這些有道之士遭逢病與憊的，卻是戰國時代這些汲汲營營於擴充領土的無道之君。也因此，莊子後學似已經認清有道之士非但不能享有世俗之福，反而必須承擔貧、憊、病的窘境──「貧」就是窮，「憊」與「病」的意思一樣，都是指「士有道不能行」。其實有道之士只關心到能否行而不在乎身是否貧，但一般人卻只會從身上的穿著，表面的儀態，判斷人的價值；可是這種判斷，卻是功利的、皮相的、膚淺的。在這幾段文字中，莊子後學正要表明：形貌的「貧」和內在的「病」（憊）是沒有直接關係的，人可以過得貧，可是卻能過得有尊嚴；可以過得窮，可是卻可以過得很充實。因為有道之士之所以為有道之士，正在其「有道」，〈讓王〉中子貢向原憲炫耀的，不過是國君的獎賞。可是故事中的子貢顯然忽略了孟子所謂「趙孟之所貴，趙孟能賤之。」〔註55〕蓋其大馬軒車實亦有待於他人之賞賜，並非取決於自身之修養德行。所以這幾個故事中，作者顯然企圖以原憲、列子、莊子之故事強調自己的存在，證明自我的價值。反之當亂世中的世人用勢利眼看待有道之士的時候，也只證明了自己的目光短淺；因為他們看不到這些人真正的價值，在「道」而不在「財」。而其中最當被指責者，當屬這些領導者的識人不明，竟讓全天下的有道之士遺落草澤，不得所用！當然若以有道之士的立場來說，縱然這些領導人物願意改變態度要重用

〔註55〕《孟子・告子》，頁281。

他們，讓他們脫離貧病交加的生活，他們必也如〈讓王〉中的列子一般，絕不接受，因為像這樣的執政者，根本沒有辦法理解人生真正的價值在那裡，又如何可能實踐聖人之道呢？

二、從「知命」到「安命」的安時處順

有道之士既然不能免於貧病交加，有道不能行的困頓處境，加以身處亂世，亦只能「知命」而「安命」而已。「知命」一詞，來自儒家經典，子曰：「五十知天命」，又有「不知命，無以為君子」之教。莊子內七篇本即有「安時處順，哀樂不能入」的安命哲學，其實道家之安命與儒家之知命本來不同，蓋儒家知天命，重在實踐道德，儒者「知天命」重在實踐「天生德於予」的道德生命，故要知命成德，耳順成道，而即命顯義〔註56〕。然道家安命之說的重點卻著重在避免人為造作，回歸自然之道，葉海煙《莊子的生命哲學》認為：「順自然予生命之限定，吾人才能經由安命順命而回歸自然。知命而通命，運命以解命，可終於生命究竟的成就。」〔註57〕因此如陳蔡之圍這膾炙人口的故事，在莊子或其後學眼中，便成了值得大加改造的素材：

> 孔子遊於匡，宋人圍之數匝，而絃歌不惙。子路入見，曰：「何夫子之娛也？」孔子曰：「來！吾語女。我諱窮久矣，而不免，命也；求通久矣，而不得，時也。當堯、舜而天下無窮人，非知得也；當桀、紂而天下無通人，非知失也；時勢適然。夫水行不避蛟龍者，漁父之勇也；陸行不避兕虎者，獵夫之勇也；白刃交於前，視死若生者，烈士之勇也；知窮之有命，知通之有時，臨大難而不懼者，聖人之勇也。由處矣，吾命有所制矣。」無幾何，將甲者進，辭曰：「以為陽虎也，故圍之。今非也，請辭而退。」〔註58〕

> 孔子窮於陳、蔡之間，七日不火食，左據槁木，右擊槁枝，而歌焱氏之風，有其具而無其數，有其聲而無宮角，木聲與人聲，犁然有當於人之心。顏回端拱還目而窺之。仲尼恐其廣己而造大也，愛己

〔註56〕 王邦雄等《中國哲學史》，頁73：「天之所命、天所給予的一切，也正是吾人實現理想與價值的可能，因而所有的命也都是一種召喚，召喚吾生給予合理的回應，而我們也正是在每一個被給予的命限中，回應天命的召喚並完成自己的生命，此即所謂『即命顯義』。」
〔註57〕 葉海煙《莊子的生命哲學》，頁218。
〔註58〕 《莊子・秋水》，頁595～597。

而造哀也，曰：「回，無受天損易，無受人益難。無始而非卒也，人與天一也。夫今之歌者其誰乎？」回曰：「敢問無受天損易。」仲尼曰：「飢渴寒暑，窮桎不行，天地之行也，運物之泄也，言與之偕逝之謂也。爲人臣者，不敢去之。執臣之道猶若是，而況乎所以待天乎！」「何謂無受人益難？」仲尼曰：「始用四達，爵祿並至而不窮，物之所利，乃非己也，吾命其在外者也。君子不爲盜，賢人不爲竊。吾若取之，何哉！故曰：鳥莫知於鷾鴯，目之所不宜處，不給視，雖落其實，棄之而走。其畏人也，而襲諸人間，社稷存焉爾。」「何謂無始而非卒？」仲尼曰：「化其萬物而不知其禪之者，焉知其所終？焉知其所始？正而待之而已耳。」「何謂人與天一邪？」仲尼曰：「有人，天也；有天，亦天也。人之不能有天，性也，聖人晏然體逝而終矣！」〔註59〕

在這幾個寓言中，莊子後學一方面刻意保留孔子「知其不可而爲之」的形象，另外巧妙的移花接木：〈秋水〉將「仁者必有勇」的孔子，改造爲「知窮之有命，知通之有時，臨大難而不懼者」的孔子，〈山木〉則利用同樣的事件，說明「無受天損易，無受人益難，無始而非卒，人與天一」，強調天人合一，人理當安其性命的道理。吾人當然不用追究莊子寓言中的孔子與儒家的孔子有何不同，但吾人當注意的，是「命」如何可「安」？

〈秋水〉中孔子曰：「當堯、舜而天下無窮人，非知得也；當桀、紂而天下無通人，非知失也；時勢適然」這段文意，與《荀子・天論》所謂「楚王後車千乘，非知也；君子啜菽飲水，非愚也；是節然也。」〔註60〕的見解完全相同——貧富、際遇、乃至幸福，福報取決於時勢，都是偶然，都不是個人的能力或德行可以決定，因此莊子將這些「化其萬物而不知其禪」等種種不可知之事，歸諸於「命」；既然「不知」，吾人亦只能「正而待之」——如王夫之《莊子解》所謂：「得喪窮通，吉凶生死，人間必有之事也；吾人不能不襲其間，而惡能損我之眞？正而待之，有未來，有現在，隨順而正者恆正，則逝而不喪其體，即逝以爲體，而與化爲體矣」〔註61〕，所以面對不可知亦不可逆之命限，吾人有正己面對，既然重在「正己」，足見「晏然體逝而終」

〔註59〕《莊子・山木》，頁690～694。
〔註60〕《荀子・天論》，頁330。
〔註61〕王夫之《莊子通・莊子解》，頁172。

並非毫無原則的隨波逐流，其眞義乃在「正而待之」，方能「與化爲體」，與自然爲一。

最後，無論是〈秋水〉或〈山木〉，文中的孔子，其境界明顯又高於前述〈山木〉、〈讓王〉中的原憲、列子、莊子；蓋〈山木〉、〈讓王〉中之莊子、列子、原憲固然貧而無憊，但飢寒之中，畢竟不免露出貧容憊態，而爲俗世之人輕視；但〈秋水〉與〈山木〉的孔子，卻能不改其樂，正而待之，如此安適的心境，又是如何做到的呢？

本文以爲，孔子之所以樂在其中的面對逆境，甚至成爲這些篇章中作者崇拜的偶像，在作者認同孔子深厚的人文修養；兩則寓言中孔子之所以能「絃歌不惙」、「歌猋氏之風」，蓋其能用志不分，應時而化，而體合自然之道：

> 仲尼適楚，出於林中，見痀僂者承蜩，猶掇之也。仲尼曰：「子巧乎！有道邪？」曰：「我有道也。五六月累丸二而不墜，則失者錙銖；累三而不墜，則失者十一；累五而不墜，猶掇之也。吾處身也，若厥株拘；吾執臂也，若槁木之枝；雖天地之大，萬物之多，而唯蜩翼之知。吾不反不側，不以萬物易蜩之翼，何爲而不得！」孔子顧謂弟子曰：「用志不分，乃凝於神，其痀僂丈人之謂乎！」〔註62〕

> 莊子謂惠子曰：「孔子行年六十而六十化，始時所是，卒而非之，未知今之所謂是之非五十九非也。」惠子曰：「孔子勤志服知也。」〔註63〕

痀僂丈人、呂梁丈夫，乃至孔子之所以能安頓生命，因其「用志不分，乃凝於神」之工夫，唐君毅先生《中國哲學原論・原道篇》謂：「以物爲器，自凝其神」〔註64〕則「人可以于神所凝之物之外之天地萬物皆不見，而不用其神，此即所以凝神，以成此神之大用。」〔註65〕故痀僂丈人、呂梁丈夫，與孔子皆能於亂局中不易其常度，以其能凝神於技，心神不分，而技近乎道之故也。寓言中的孔子不但有技進於道之人生修養，更重要的在其生命能無心自然的隨順大化運行，〈寓言〉所謂「行年六十而六十化」，足見其生命無凝滯、無沾戀、無執著，而能與道同行，與時俱化，固能安於事之變，命之行，安命而忘憂，死生亦可無變乎己矣。

〔註62〕《莊子・達生》，頁 639～640。
〔註63〕《莊子・寓言》，頁 952～953。
〔註64〕唐君毅《中國哲學原論・原道篇》，頁 416。
〔註65〕唐君毅《中國哲學原論・原道篇》，頁 417。

三、「察安危，謹去就」的保身之道

　　不過儘管面對逆境知命要能「安」，道家的應世之道，畢竟與儒家不同，孟子雖然也說：「君子不立乎巖牆之下。」〔註66〕但其基本精神究竟是「天下有道，以道殉身；天下無道，以身殉道」〔註67〕的大丈夫之道，凸顯人性的尊嚴，所以一旦面對生與義之間不可得兼的極端抉擇，大丈夫的選擇是「捨生取義」，絕無退縮。然道家之中心思想到底不在捨生取義，而在全性保眞，因此莊子後學以爲身處亂世固不可以順爲正，隨波逐流；然亦必須「察安危，謹去就」，方可「不以物害己」，以盡天年，〈秋水〉曰：

> 知道者必達於理，達於理者必明於權，明於權者不以物害己。至德者，火弗能熱，水弗能溺，寒暑弗能害，禽獸弗能賊。非謂其薄之也，言察乎安危，寧於禍福，謹於去就，莫之能害也。故曰：天在內，人在外，德在乎天。知天人之行，本乎天，位乎得；蹢躅而屈伸，反要而語極。〔註68〕

所謂「權」，意即權變；孟子亦有：「嫂溺援之以手者，權也」〔註69〕、「執中無權，猶執一也」〔註70〕之論，足見儒道之智者，皆以爲人不可執一廢百，而需有通達權變之智慧。然孟子之權變，必基於仁義禮智的四端之心；莊子之權變，則必出於道，所謂「知道者必達於理，達於理者必明於權」之謂也；因此〈秋水〉這段說明，無疑爲〈人間世〉的「彼且爲嬰兒，亦與之爲嬰兒；彼且爲無町畦，亦與之爲無町畦；彼且爲無崖，亦與之爲無崖。」〔註71〕與〈大宗師〉「吾與之虛而委蛇，不知其誰何，因以爲弟靡，因以爲波流」〔註72〕這兩段文字，作了最好的註腳。原來「與之爲嬰兒」與「虛與委蛇」之前提，並非孟子所謂之「以順爲正」〔註73〕，而是「知道」；在體道的前提下，「察乎安危，寧於禍福，謹於去就」，才能「火弗能熱，水弗能溺，寒暑弗能

〔註66〕《孟子・盡心》，頁201。
〔註67〕《孟子・盡心》，頁341。
〔註68〕《莊子・秋水》，頁588。
〔註69〕《孟子・離婁》，頁177。
〔註70〕《孟子・盡心》，頁328。
〔註71〕《莊子・人間世》，頁165。
〔註72〕《莊子・大宗師》，頁304。
〔註73〕《孟子・滕文公下》：「以順爲正者，妾婦之道也。居天下之廣居，立天下之正位，行天下之大道；得志與民由之，不得志，獨行其道；富貴不能淫，貧賤不能移，威武不能屈，此之謂大丈夫。」

害，禽獸弗能賊」，那麼「火弗能熱，水弗能溺，寒暑弗能害，禽獸弗能賊」又如何可能呢？

　　莊子既有感於人生如同遊「羿之彀中」〈德充符〉，刑戮乃為不可避免之事，所以「真人陸行而非避濕也，遠火而非逃熱也，無過而非措當也。故雖不以熱為熱而未嘗赴火，不以濕為濕而未嘗蹈水，不以死為死而未嘗喪生。故夫生者，豈生之而生哉；成者，豈成之而成哉？故任之而無不勝者，真人也，豈有概意於所遇哉？」〔註74〕——原來所謂的「火不熱」、「水不溺」、「弗能害」，並非指「塊不失道」或刻意作為，而是「陸行」、「遠火」、「無過」本身，即是「知天人之行」，既然「知天人之行」，當然「達於理，明於權」而「不以物害己」。〈在宥〉對這樣的「明天人之際」也有相同的說明：

> 故聖人觀於天而不助，成於德而不累，出於道而不謀，會於仁而不恃，薄於義而不積，應於禮而不諱，接於事而不辭，齊於法而不亂，恃於民而不輕，因於物而不去。物者莫足為也，而不可不為。不明於天者，不純於德；不通於道者，無自而可；不明於道者，悲夫。〔註75〕

聖人畢竟是人間世之人，因此聖人在行為上依然要遵循「觀於天、成於德、出於道、會於仁，薄於義、應於禮，接於事，齊於法，恃於民，因於物」之治，〈在宥〉的思維與〈大宗師〉中「以刑為體，以禮為翼，以知為時，以德為循」或〈人間世〉中顏回所謂「人皆為之，吾敢不為邪」〔註76〕相同，其實僅能滿足「雖固亦無罪」〔註77〕的消極義，然「方今之時，僅免刑焉」〈人間世〉，顯然外雜篇作者因為面臨更大的生活壓力，以致逍遙遊中大鵬怒飛的氣勢於此不顯，格局氣度皆有所短，反而以察安危，謹去就，避免「中道夭」而寧於禍福為其常，這可能是亂世中，外雜篇作者在面對嚴峻情勢下，不得不然的妥協吧。

四、「安」的最高境界：適

　　莊子內篇之「逍遙」，重在精神衝破相對而達到絕對的解脫，人與外在生

〔註74〕郭慶藩《莊子輯釋》，頁227。
〔註75〕《莊子‧在宥》，頁398。
〔註76〕《莊子‧人間世》，頁143。
〔註77〕《莊子‧人間世》，頁145。

活的實際互動雖可見於〈大宗師〉、〈應帝王〉諸篇，然實際生活之指點，並非內七篇之重心所在。外雜篇對人在實際生活中當如何自處，有較充分之描述，尤其延伸了自在——亦即「適」之精神。

　　人究竟當如何面對外在環境的巨變？至人面對多變的世界，當是以自在清明之心境應對，即〈齊物論〉所謂：「樞始得其環中，以應無窮」；「以應無窮」的前提當是心齋坐忘的修養工夫。這種自適其適之心境，內七篇中著墨不多，僅〈大宗師〉有「適人之適，而不自適其適者也」之論。所謂「不適人之適自適其適」之意，成玄英疏曰：「被他驅使，悅樂眾人之耳目，焉能自適其性情」，意指為符合他人之要求，委屈求全而不能盡己之性；那麼「適」又是什麼狀態呢？狐安南〈《莊子》中的經驗型態：感應與反映〉中認為「適」的狀態是：「『適』——就是使自己不去較量那些不能控制的事物，不把任何界限都看成約束，不和這些約束枉費力氣地頑固對抗，而是設法在現有各種條件中活得更好」〔註78〕這種理想的生活品質，在外雜篇中有較多的發揮：

> 且夫屬其性乎仁義者，雖通如曾、史，非吾所謂臧也；屬其性於五味，雖通如俞兒，非吾所謂臧也；屬其性乎五聲，雖通如師曠，非吾所謂聰也；屬其性乎五色，雖通如離朱，非吾所謂明也。吾所謂臧者，非仁義之謂也，臧於其德而已矣；吾所謂臧者，非所謂仁義之謂也，任其性命之情而已矣；吾所謂聰者，非謂其聞彼也，自聞而已矣；吾所謂明者，非謂其見彼也，自見而已矣。夫不自見而見彼，不自得而得彼者，是得人之得而不自得其得者也，適人之適而不自適其適者也。夫適人之適而不自適其適，雖盜跖與伯夷，是同為淫僻也。余愧乎道德，是以上不敢為仁義之操，而下不敢為淫僻之行也。〔註79〕

> 工倕旋而蓋規矩，指與物化而不以心稽，故其靈臺一而不桎。忘足，屨之適也；忘要，帶之適也；知忘是非，心之適也；不內變，不外從，事會之適也。始乎適而未嘗不適者，忘適之適也。〔註80〕

〈駢拇〉與〈達生〉這兩段引文，一方面沿襲仁義外在的觀點，認為「盜跖

〔註78〕楊儒賓、黃俊傑編《中國古代思維方式探索》（臺北：正中書局，1996年），頁197。

〔註79〕《莊子・駢拇》，頁327。

〔註80〕《莊子・達生》，頁662。

與伯夷，是同爲淫僻」，批判世人之「得」與「適」，是「得人之得而不自得
其得，適人之適而不自適其適」，形同委屈求全。另一方面作者則認爲最理想
的狀態，是「適而未嘗不適者，忘適之適也」，意即眞正的「適」，是連「自
適」「自得」的感受，都得一併忘掉。這種「自適」「自得」的概念，與內篇
相較特殊之處，在於作者認爲人不但要在人間世尋得「莫可奈何而安之若命」
的安身立命之道，而且關注焦點，由內篇的修養境界，轉爲一實際處世的人
生經驗；胡安南先生指出「適」的前提來自「尋求經驗中最無須費力的途徑，
使自己不致被差異所誘使或驅使而對世界做出評價。」〔註81〕並且是一種「對
客觀世界採取適可而止的態度是一種無爲的作法，一種舒適、自然、合作的
作法」〔註82〕，顯然在外雜篇作者的創作旨趣已經注意到人與外界的關係當
是舒適、自然、和諧，而不是對立、衝突、抗拒，因而如王夫之解〈田子方〉
所謂：「忘存忘亡，而後可以存存」〔註83〕外雜篇對實際生活中當以「忘」化
消存亡之念存於心之累，以上達「存存」之境，這種對人我關係的注重，顯
然是與內篇明顯不同的。

第三節 「不得已而臨莅天下」與「與化爲人，方能化人」的政治思想

　　莊子不重以政治手段處理福德問題，雖不重視，但亦有論述；故莊子及
其後學的政治觀究竟如何，與福德觀有何關係，吾人仍須加以論述。在外雜
篇中，莊子後學的政治思想往兩個方向發展：一者如楊朱之流，主張無君；
一者則主張與時俱進，對應時代，先化己而後化人。兩者雖有偏向無君與類
似黃老的不同，然將政治理念視作修養論的延伸，則一也。莊子外雜篇如何
以政治手段處理福德問題，茲分別敘述如下。

一、「不得已而臨莅天下」

　　孔子曾指責春秋時代的執政者是「斗筲之人，何足算也！」〔註84〕戰國
末年局勢更加混亂，孟子批判當時的國君乃：「庖有肥肉，廄有肥馬，民有飢

〔註81〕楊儒賓、黃俊傑編《中國古代思維方式探索》，頁197。
〔註82〕同前註。
〔註83〕王夫之《莊子通‧莊子解》，頁183。
〔註84〕《論語‧子路》，頁201。

色，野有餓莩」〔註85〕的暴君，而爲政者更是只求闢土地、戰必克的「民賊」〔註86〕，獨裁政治與暴力統治的邪惡，使「民欲與之偕亡」〔註87〕。所以當政府一再犯錯而不能保障人民的福利，孟子的主張是「君有大過則諫，反覆之而不聽，則易位。」〔註88〕，然「反覆之」即需面對比干剖心之危殆，欲誅一夫的困難度實在更高。莊子既然從未肯定政府的功能，也同感苛政暴政之壓迫，在外雜篇的發展中，不採取孟子革命之路，寧可國君自愛即可，甚勿因愛人而導致害民，故願政府「莫若無爲」的施政：

> 君子不得已而臨涖天下，莫若無爲。無爲也而後安其性命之情。故貴以身於爲天下，則可以託天下；愛以身於爲天下，則可以寄天下。故君子苟能無解其五藏，無擢其聰明；尸居而龍見，淵默而雷聲，神動而天隨，從容無爲而萬物炊累焉。吾又何暇治天下哉！〔註89〕

> 聞在宥天下，不聞治天下也。在之也者，恐天下之淫其性也；宥之也者，恐天下之遷其德也。天下不淫其性，不遷其德，有治天下者哉！昔堯之治天下也，使天下欣欣焉人樂其性，是不恬也；桀之治天下也，使天下瘁瘁焉人苦其性，是不愉也。夫不恬不愉，非德也。非德也而可長久者，天下無之。〔註90〕

愛自己，才能愛別人，原本是老莊通義，但外雜篇的作者們面對天災人禍，既不願再看到執政者的「有爲」，又不敢對政府效能有所期待，所以更不願執政者刻意「治天下」。郭象注「在宥」之意即「使自在則治」，蓋人人有其天眞，一任人人自在自得，則天下無須「治」而自治；因此作者以堯、桀爲例，暴君夏桀令天下人「瘁瘁焉人苦其性」，固然令人「不愉」，堯治理天下使人「欣欣焉人樂其性」，一樣讓天下人「乖其靜性」〔註91〕，結果無論是令天下

〔註85〕《孟子・滕文公》，頁153。
〔註86〕《孟子・告子下》：「孟子曰：今之事君者，皆曰：『我能爲君辟土地，充府庫。』今之所謂良臣，古之所謂民賊也。君不鄉道、不志於仁，而求富之，是富桀也。『我能爲君約與國，戰必克。』今之所謂良臣，古之所謂民賊也。君不鄉道、不志於仁，而求爲之強戰，是輔桀也。由今之道，無變今之俗，雖與之天下，不能一朝居也。」
〔註87〕《孟子・梁惠王》，頁6。
〔註88〕《孟子・萬章》，頁256。
〔註89〕《莊子・在宥》，頁369。
〔註90〕《莊子・在宥》，頁364。
〔註91〕《莊子・在宥》，頁365，成玄英疏「不恬」。

「苦」的暴政或令天下「恬」之仁政，都不能使人民各安其性，蓋恬與苦皆非本性，作者因而指責所謂的「治天下」根本是違逆自然之治，問題是違逆自然，豈可長久？

作者以為天下不必「治」，只要「在宥」，意即放任自然，讓人性回歸自然，讓執政者自身「貴以身於為天下，則可以託天下」。所以執政者自貴己身，才能無求於天下，而讓天下人不遷其德，執政者自愛，才能讓天下人不淫其性，順著上天賦與人類的德，不恬不愉，不以德臨人，也不殘害於物，方可長久。所以依此義理，治天下之道，實在「不治」，即〈在宥〉所謂：

> 崔瞿問於老聃曰：「不治天下，安藏人心？」老聃曰：「女慎無攖人
> 心。人心排下而進上，上下囚殺，淖約柔乎剛彊。廉劌彫琢，其熱
> 焦火，其寒凝冰。其疾俛仰之間而再撫四海之外，其居也淵而靜，
> 其動也懸而天。僨驕而不可係者，其唯人心乎！〔註92〕

崔瞿問老聃「不治如何治天下？」其實這個問題本身便是答案，依作者之意，天下之所以難治，問題便出在「治」，老聃以為「人心排下而進上」，越治越亂，不如無攖，所以「不治」正是「治天下」的唯一方式，則莊子之政治觀可為明矣。所謂「聖人不得已而臨莅天下」，莅天下之治道，依然在於放任自然，實在不必治，亦不可治。

二、「與化為人」，方能化人

莊子外雜篇透顯的治道觀，其實是修養論的延伸，莊子虛靜觀照的修養工夫並非用於術用，而是希望領導者與化為人，而後方能化人：

> 夫三皇五帝之禮義法度，不矜於同而矜於治。故譬三皇五帝之禮義
> 法度，其猶柤梨橘柚邪！其味相反而皆可於口。故禮義法度者，應
> 時而變者也。今取猿狙而衣以周公之服，彼必齕齧挽裂，盡去而後
> 慊。觀古今之異，猶猿狙之異乎周公也。故西施病心而矉其里。其
> 里之醜人見之而美之，歸亦捧心而矉其里。其里之富人見之，堅閉
> 門而不出，貧人見之，挈妻子而去走。彼知矉美而不知矉之所以美。
> 惜乎，而夫子其窮哉！〔註93〕

> 今而夫子，亦取先王已陳芻狗，聚弟子游居寢臥其下。故伐樹於宋，

〔註92〕《莊子‧在宥》，頁371。
〔註93〕《莊子‧天運》，頁535。

削跡於衛，窮於商、周，是非其夢邪？圍於陳、蔡之間，七日不火食，死生相與鄰，是非其眯邪？夫水行莫如用舟，而陸行莫如用車。以舟之可行於水也而求推之於陸，則沒世不行尋常。古今非水陸與？周、魯非舟車與？今蘄行舟於魯，是猶推舟於陸也，勞而無功，身必有殃。彼未知夫無方之傳，應物而不窮者也。〔註94〕

〈天運〉這幾篇文字，無疑與〈在宥〉呈現不同的學思背景；〈在宥〉的重點在「勿攖人心」，反對人爲道德教化之治，主張完全放任自然的治道觀，其思想觀點接近楊朱之無君。〈天運〉則認爲三皇五帝之禮義法度，當應時而變，並以東施效顰之寓言，諷刺孔子不知「古今之異」，觀點則趨近於黃老。在〈天運〉這兩篇引文中，作者主張道德法律當與時推移，故指責孔子之政治理想乃是「以舟之可行於水而推求於陸」，故其之所以遭逢種種「勞而無功，身必有殃」的災難，問題出在食古不化，未能順應時代潮流，這就是所謂「行舟於魯，猶推舟於陸」，不但徒勞無功，且身受災殃。由此可見〈天運〉與〈在宥〉作者所持有的學術觀點，有明顯不同，不過本文以爲〈天運〉雖受黃老思想影響而有與時俱進的看法，但其核心價值，仍未改莊子先化己而後化人的治道觀：

孔子謂老聃曰：「丘治《詩》《書》《禮》《樂》《易》《春秋》六經，自以爲久矣，孰知其故矣；以奸者七十二君，論先王之道而明周、召之跡，一君無所鉤用。甚矣夫！人之難說也，道之難明邪？」老子曰：「幸矣子之不遇治世之君也！夫六經，先王之陳跡也，豈其所以跡哉！今子之所言，猶跡也。夫跡，履之所出，而跡豈履哉！夫白鶂之相視，眸子不運而風化；蟲，雄鳴於上風，雌應於下風而風化；類自爲雌雄，故風化。性不可易，命不可變，時不可止，道不可壅。苟得於道，無自而不可；失焉者，無自而可。」孔子不出三月，復見曰：「丘得之矣。烏鵲孺，魚傳沫，細要者化，有弟而兄啼。久矣夫丘不與化爲人！不與化爲人，安能化人！」老子曰：「可。丘得之矣！」〔註95〕

這則寓言中，老聃認爲六經乃先王陳跡，而以「性不可易，命不可變，時不可止，道不可壅」之說，使孔子悟出「不與化爲人，安能化人」之道；所謂

〔註94〕《莊子・天運》，頁512～513。
〔註95〕《莊子・天運》，頁231～532。

「與化爲人」者，郭象注曰：「任其自化」，亦即與其改變他人，不如改變自己，與其改變世界，不如心齋坐忘。唐君毅先生說：「人當忘其自己，亦忘其自己之有德，而不以有德之名自居，亦不以種種德名繩墨天下，而唯當以虛而待物之氣，以與人相接，方可望以己之實德，及於化人。故必歸於一無名忘言之論，與不言之教。」〔註96〕「化人」之所以困難，在欲化人者心中本不能容人，激化雙方對立，引起衝突紛爭，欲說服他人者自身修養若不能包容天地萬物之自生自化，必以人爲強力加諸其上，若自身不先涵養，給出萬物自化之空間，如何可能安己安人呢？唯有虛而待物，讓對方不感受敵意壓迫，讓對方保持自身之尊嚴，「與化爲人」展現之實德，才能令對方因眞實感動，而達「化人」之效。

第四節 「不能自勝則從」：縱欲與棄世思想的濫觴

老子曰：「吾言甚易知，甚易行；天下莫能知，莫能行。」〔註97〕莊子曰：「道行之而成。」〔註98〕道家哲學原本爲一易知且簡易之實踐哲學；但道家之所以爲道家，卻正在極力避免讓其理論自我異化爲一自是而非他，彼此否定的意識型態，因此儘管老子認定「上士聞道」當「勤而行之」〔註99〕，莊子更以「大鵬怒飛」立「小大之辯」〔註100〕，唯一旦落在實際的實踐上，「行道」卻不可勉強：

> 東野稷以御見莊公，進退中繩，左右旋中規。莊公以爲文弗過也，使人鉤百而反。顏闔遇之，入見曰：「稷之馬將敗。」公密而不應。少焉，果敗而反。公曰：「子何以知之？」曰：「其馬力竭矣，而猶求焉，故曰敗。」〔註101〕

〔註96〕唐君毅《中國哲學原論·原道篇》，頁11。
〔註97〕《老子·七十章》，頁42。
〔註98〕《莊子·齊物論》，頁69。
〔註99〕《老子·四十一章》，頁26。
〔註100〕《莊子·逍遙遊》，頁14：「湯之問棘也是已。窮髮之北有冥海者，天池也。有魚焉，其廣數千里，未有知其修者，其名爲鯤。有鳥焉，其名爲鵬，背若太山，翼若垂天之雲，摶扶搖羊角而上者九萬里，絕雲氣，負青天，然後圖南，且適南冥也。斥鴳笑之曰：『彼且奚適也？我騰躍而上，不過數仞而下，翱翔蓬蒿之間，此亦飛之至也。而彼且奚適也？』此小大之辯也。」
〔註101〕《莊子·達生》，頁660～661。

大聲不入於里耳，折楊皇荂，則嗑然而笑。是故高言不止於眾人之
心，至言不出，俗言勝也。以二缶鐘惑，而所適不得矣。而今也以
天下惑，予雖有祈嚮，其庸可得邪！知其不可得也而強之，又一惑
也，故莫若釋之而不推。不推，誰其比憂！厲之人夜半生其子，遽
取火而視之，汲汲然唯恐其似己也。〔註102〕

〈達生〉中「馬力竭矣」的警示，顯然認為「勉強」並不成反敗，因為「道」
本來不可學，不可授〔註103〕；力竭以求便是違反自然，而違反自然必落於「果
敗而反」的結局。至於〈天地〉中醜人生子卻唯恐似己的故事，更是明文反
對勉強行道；因為「大聲不入於里耳」，既然真正高明的言論不能強求為世人
所受，那麼勉強學習，豈不是徒增「又一惑也」？

葉海煙先生《莊子的生命哲學》指出莊子之意，當是「為了使道對人的
生命發揮真正的矯化超化之效力」〔註104〕，然一旦無法正確理解此意，則老
莊思想必往縱欲的方向衍生，其實依〈逍遙遊〉「水之積也不厚，則其負大舟
也無力。覆杯水於坳堂之上，則芥為之舟；置杯焉則膠，水淺而舟大也。風
之積也不厚，則其負大翼也無力。故九萬里，則風斯在下矣，而後乃今培風；
背負青天而莫之夭閼者，而後乃今將圖南。」〔註105〕之說，大聖必待「水積
風厚」的潛沉涵養，才能累積有「而後乃今將圖南」的能量，果爾如是，則
莊子固然主張不應勉強行道，卻也不否認修行有其嚴肅之意義，畢竟要積久
而後至。

因此在外雜篇中，已有部分篇章有縱欲，乃至以為死比生更快樂的說法：

列子行食於道從，見百歲髑髏，攓蓬而指之曰：「唯予與汝知而未嘗
死，未嘗生也。若果養乎？予果歡乎？」〔註106〕

莊子之楚，見空髑髏，髐然有形，撽以馬捶，因而問之，曰：「夫子

〔註102〕《莊子・天地》，頁450。
〔註103〕《莊子・大宗師》，頁252：「南伯子葵曰：『道可得學邪？』曰：『惡！惡可！』」
〔註104〕葉海煙《莊子的生命哲學》，頁 24：「『知其不可得也而強之，又一惑也，故
　　　　莫若釋之而不推，不推，誰其比憂？厲之人，夜半生子，遽取火而視之，汲
　　　　汲然唯恐其似己也。』這顯示十分積極的生命精神。莊子不勉強行道，乃是
　　　　為了使道對人的生命發揮真正的矯化超化之效力。不推求道而心中有憂，此
　　　　等來自生命身處的憂患意識已然深入現實生命的苦楚中。醜人生子唯恐似
　　　　己，如此的自知之明，確是生命自新的具體表現。」
〔註105〕《莊子・逍遙遊》，頁7。
〔註106〕《莊子・至樂》，頁623。

貪生失理，而為此乎？將子有亡國之事，斧鉞之誅，而為此乎？將子有不善之行，愧遺父母妻子之醜，而為此乎？將子有凍餒之患，而為此乎？將子之春秋故及此乎？」於是語卒，援髑髏，枕而臥。夜半，髑髏見夢曰：「子之談者似辯士。視子所言，皆生人之累也，死則無此矣。子欲聞死之說乎？」莊子曰：「然。」髑髏曰：「死，無君於上，無臣於下；亦無四時之事，從然以天地為春秋，雖南面王樂，不能過也。」莊子不信，曰：「吾使司命復生子形，為子骨肉肌膚，反子父母妻子閭里知識，子欲之乎？」髑髏深矉蹙頞曰：「吾安能棄南面王樂而復為人閒之勞乎！」〔註107〕

中山公子牟謂瞻子曰：「身在江海之上，心居乎魏闕之下，奈何？」瞻子曰：「重生。重生則利輕。」中山公子牟曰：「雖知之，未能自勝也。」瞻子曰：「不能自勝則從，神無惡乎？不能自勝而強不從者，此之謂重傷。重傷之人，無壽類矣。」魏牟，萬乘之公子也，其隱巖穴也，難為於布衣之士；雖未至乎道，可謂有其意矣。〔註108〕

莊子內七篇中的列子，御風而行，「彫琢復朴，塊然獨以其形立」〔註109〕、「彼于致福者，未數數然也」〔註110〕，早已解消死生之惑，也擺脫追求幸福的執著，但〈至樂〉中的列子竟然對骷髏問道「若果養乎？予果歡乎？」此一疑問表示部分外雜篇作者已無法掌握內七篇「死生無變於己」的齊物精神，反而開始認為死後的世界比較快樂。而〈讓王〉所謂「不能自勝則從」的說法，固然可以免於勉強行道的「重傷」，但也等於刻意忽略了〈逍遙遊〉中「水之積也不厚，則其負大舟也無力」、「風之積也不厚，則其負大翼也無力」〔註111〕，這種漸修涵養，以成大聖為目標的踐道精神；或許在戰爭連綿逐漸走向兼併的暴力世風之下，外雜篇的作者，對於長期的漸教修養已略失耐性，因此無法繼續堅持靠修養獲得真正逍遙的精神，反而呈現了往縱欲與樂死的方向發展。

除了樂死的傾向，外雜篇的處世態度也略有不同，原本老莊對於世間事的態度是「知其莫可奈何而安之若命」，既不主張出世逃世，亦不肯定入世救

〔註107〕《莊子・至樂》，頁617～619。
〔註108〕《莊子・讓王》，頁979～980。
〔註109〕《莊子・應帝王》，頁1036。
〔註110〕《莊子・逍遙遊》，頁17。
〔註111〕《莊子・逍遙遊》，頁7。

世，蓋天池即在人間，聖人在人間世中逍遙遊〔註112〕；可是在莊子外雜篇中，隨著戰爭規模的加劇與慘烈，與隱士風潮的逐步崛起，莊子後學思潮，已逐漸由「不離人間」，走向「棄世」，甚至要肯定「棄世則無累」了：

> 夫欲免爲形者，莫如棄世。棄世則無累，無累則正平，正平則與彼
> 更生，更生則幾矣。事奚足棄而生奚足遺？棄事則形不勞，遺生則
> 精不虧。夫形全精復，與天爲一。天地者，萬物之父母也。合則成
> 體，散則成始。〔註113〕

「棄世則無累，無累則正平」的想法不見於內七篇，劉榮賢先生認爲此種說法與內七篇相較，「已跨出莊子思想的範圍」〔註114〕，但卻能反映戰火中知識份子的無力感，〈至樂〉更是一改〈齊物論〉中「予惡乎知說生之非惑邪！予惡乎知惡死之非弱喪而不知歸者邪！」〔註115〕這種對死後世界存而不論，既不肯定生，也不肯定死後是否更快樂的不可知態度；反而藉髑髏之口說「吾安能棄南面王樂而復爲人閒之勞乎！」依本篇作者之意，死亡反而是值得慶幸的，活生生的人生不值得追求了。此說不僅違反齊物論死生爲一精神，反而彷若失去感受力才是值得快樂之事。至於〈繕性〉沈痛的吶喊，凸顯的則是亂世中知識份子的無力，所謂：

> 三人行而一人惑，所適者猶可致也，惑者少也；二人惑則勞而不至，
> 惑者勝也。而今也以天下惑，予雖有祈嚮，不可得也。不亦悲乎！
> 〔註116〕

> 世喪道矣，道喪世矣。世與道交相喪也，道之人何由興乎世，世亦
> 何由興乎道哉！道無以興乎世，世無以興乎道，雖聖人不在山林之
> 中，其德隱矣。〔註117〕

〈天地〉的作者感嘆假設三人行而只有一人惑，猶可走到目的地，因爲迷惑

〔註112〕王邦雄《走在莊子逍遙的路上》，頁 192：「人生的逍遙，是通過愛親，事君
　　　　講逍遙，才有意義。我們還是有家國天下，還是有歷史文化，還是有生命理
　　　　想，但在每一個當下，我們都放開，我們都忘掉，我們都不累。我不主宰別
　　　　人，讓一切生命成爲可能。」
〔註113〕《莊子·達生》，頁 632。
〔註114〕劉榮賢《莊子外雜篇研究》，頁 108。
〔註115〕《莊子·齊物論》，頁 103。
〔註116〕《莊子·天地》，頁 447。
〔註117〕《莊子·繕性》，頁 554。

者少而清醒者多；可是三人中只要有兩人迷途，就注定無法到達目的地，因為迷途者眾而清醒者寡；問題在當今之勢豈止「三人行而二人惑」？當今「天下皆惑」，如此知識份子縱有理性之期待，又豈可得乎？所以〈繕性〉中「世喪道矣，道喪世矣」的沈痛吶喊，當是亂世中知識份子最無奈的呼喚。世局走向坑殺兼併，知識份子無力回天也不願加入亂局，小國寡民之理想已為昨日黃花，面對眼前「世與道交相喪」的處境，聖人又能如何？

世道已喪，聖人亦隱，莊子後學既不願介入政治當萹人，亦不認為加入群眾便可救世，更不願沈溺於服食養生的自我麻痺，「棄世」之論，死後為樂之說，遂不免在道家經典中萌芽，而德行與福報間之關係演變至此，內七篇認為德行與福報全無關係，唯修德可解消福報之累；外雜篇大體仍維持其傳統，故於修養境界做更明確之區分，並指出修行路上需時時鞭策，唯因時局日漸嚴峻，除修德之外，養氣與縱欲之思想，已逐漸滲入其中，莊子外雜篇中清靈順適之旨，或已為魏晉玄風之盛埋下伏筆。

小結：

本章處理莊子外雜篇福德觀之演變，並不採取劉笑敢先生將外雜篇區分為述莊、黃老、無君三派做分類，蓋儘管外雜篇中確實雜揉以上三者之觀點，然實際上並無法精確區分真正的作者屬誰。且單就福德觀而論，外雜篇雖有黃老、無君、縱欲等思想滲入莊子後學中，但莊子內篇中心上做工夫，性上得收穫之基本精神，實未改變，因此並無將外雜篇作品之福德觀再詳分為三之必要。

總結以上論點，本文以為莊子外雜篇的福德觀如下：首先在德行上，對儒墨做更苛刻的批判，並且不再只以老莊「作用的保存」存全上德與至仁，反而認為仁義全無存在價值，而有去除務盡之必要。在福報觀方面，也不像內篇單純認為福報即負累，養生（養性）即福報；外雜篇作者對實際存在的負累多所著墨，除了維持內篇重視修養工夫之傳統，更須對現實面對之困境做出解釋，因此外雜篇作者對氣化論頗多著墨，解釋上也傾向以實際生活經驗說明哲理（如醉者墜車不傷），實與內七篇專注於修養工夫之作風不類。至於德行與福報間之關係，外雜篇固然與內篇一樣強調修養工夫，但卻也滲入了縱欲、放任、乃至以死為樂的思想，魏晉玄風之盛，或許莊子外雜篇已開先河。

　　總結莊子外雜篇就福德問題之發展，雖大旨不離其宗，義理亦無重大突破，然卻可見「道之外」與「道之雜」之精彩，亦可一窺外雜篇作者面對時代問題所作之反思。

第六章　老莊福德觀回應當代的問題

　　工業革命以來，人類生活水準突飛猛進，醫療設施大為完備，平均壽命大幅增加，政權轉移也逐步由打天下的暴力走民主選舉的向和平。但人類面對問題的智慧顯然並未隨著科技精演進而有所提升，反而面對越來越大的挑戰，如國際紛爭依舊存在，財富不均也未獲解決。工業文明導致嚴重污染，便捷的生活是以傷害自然環境為代價，問題在資源有限，而人類慾望無窮，我們是否應該維持工業革命以來的生活形態，繼續享受，也繼續污染下去呢？

　　老莊福德觀對治的時代問題，是儒墨的有心有為造成德行的流蕩失真，幸福的追求卻適足以害德、累德。工業革命以來，人類正享受著史上最豐富的物質幸福，然而工商業的密集發展與人類文明的過度膨脹導致的問題，在今日反較兩千年前更為棘手。這些懸而未決問題，恰是老莊本來戒慎恐懼，而屢有建言的領域，如意識型態的衝突、知識膨脹、環保問題、心靈問題、長壽與複製生命導致的倫理問題等等，老莊的福德觀在今日看來，尤具價值。

　　工業技術與知識科學所能帶來的成就，是身為現代人最大的幸福；醫療保健突破了傳統的極限，科技產品之運用，更使致命病症之死亡率逐年遞減，種種進步皆非老莊時代可以預料。今日老莊思想如何與現代知識會通？如何緩解文明生活的傷害？老莊智慧能給現代人怎樣的藥方？以下就現代社會的病痛、老莊對知識的反省、對機械文明的反思、與老莊福德觀的指導原則與方向，進行說明。

第一節　現代社會的病痛

　　工業革命以來，人類的生活與過去形成極端的對比，知識、財富大量累

積，戰爭的損傷、污染的嚴重，卻也超出原先預期，21 世紀人類的福德問題，與工業革命前相較，有什麼差別呢？

一、追求幸福引起的災難

當前人類享受的物質幸福，堪稱前所未見：電視媒體、電腦網路、電子通訊的「五色」充斥，各類資訊鋪天蓋地而來，令人無可逃於天地間。「五音」也不再是王宮貴族所獨享，由可攜帶之電晶體收音機，縮小至口袋大小之隨身聽，再縮小拇指般大，處處可攜的 MP3，音樂的普及播放，果真令人時時面對聽而不聞之危機。料理美食隨著全球化四處推行，但是人類所吃下的食物，卻遠遠超過自然界所能供給，「五味」的追逐，導致農民為擴增耕地，大量砍伐樹林，而海洋資源也為了滿足人類的口腹之慾，面臨枯竭；基因改造食物隱藏的風險，更恐怕不是人類所能控制，狂牛症的出現，濫用藥物導致超級細菌的出現，一再提醒我們違逆自然的後果。至於各類交通工具的使用，大量消耗石化資源，不但嚴重傷害自然環境，不僅「馳騁」之速度令人咋舌，都會的混亂交通，同樣令人心發狂。尤其資本主義鼓勵消費，「難得之貨」透過「五色」、「五音」傳播，各國政府但求經濟成長、經濟掛帥，過度的消耗卻造成污染、浪費與無意義的爭逐，果真「難得之貨令人行妨」。老莊以為福報累德，當今之世，幸福之追求不止害德，更對自然界與人類自身，造成無可彌補的災害。

災害危在旦夕，然在追逐幸福中目盲、耳聾、心發狂的世人們，卻未必正視此一警訊：北冰洋冰層溶解，航運公司樂得縮短歐亞航線路徑；經濟發展有其極限，投機客卻無不炒之熱錢；各國致力於節能減碳，我國卻為求經濟發展，持續推動石化特區與科學園區之建立，彷彿水源問題與農業存廢之問題已迎刃而解；糧荒可能隨時發生，圈農地用以開發工業區，填平湖泊河川以開發新市鎮，面對即將面對的氣候變遷與糧荒問題，不知是否已有因應之策。

工業革命以來，人類社會進入科技高度發展的世代，運用工具與知識發展本為人類之自然，但兩個世紀以來，西方科學之潮流，卻儼然已掩蓋人文價值，在西方工業文明與本質主義引導的潮流下，自然大地被視為可被剝削之資源，宇宙萬物成為可理解之秩序，天、地、人之間不再是相互尊重的存在，天下萬物，僅存被人類利用之工具價值；透過對自然的觀察瞭解，人類

制訂定律法則，自以為控制自然，瞭解自然。尤其五四以來，對科學的過份期待，以為科學能解決一切問題，殊不知科學可作為一思想方法與治學態度，卻不可視作一本質性之信仰。科學發展迄今，每解決一個問題，卻製造出更多有待解決的問題。醫療發展延長平均壽命，但臨終病患需要的，不只是壽命的延長，而是尊嚴的保障。這不是科技問題，而是人性問題；再以人類對石化原料之需求為例，度依賴石化原料導致環境污染，遂有生質原料之發明；然而生質原料取材自農產品，農產品又依賴天時之配合；生質原料看似解決人類對石化原料之依賴，結果天災影響生產，作物減產反而同時衝擊了糧食與原料之需求；最後生質原料之使用不但尚未解決人類對石化原料之依賴，反而提前引起糧食不足與通貨膨脹之危機，且人類對自然過度依賴之難題，依舊無解。結果科技之發展不但未必能帶來幸福，反而擴大了問題的範圍。因此將人類問題全部訴諸科學方法解決，恐怕是過度樂觀之算計。

　　歷史上盛極而衰之場景，其實處處可見，東漢之遷都、唐代之衰亡，吳哥王朝與馬雅文明之毀滅乃至樓蘭古城與復活島文明之消失，皆與過度開發環境有關。世人現正處於文明發展之頂峰，然文明因過度開發而毀滅之歷史歷歷可見，現代人享受的「福」中隱伏已久的「禍」究竟何時爆發？沒有人會知道。吾人在享福之餘，豈可再毫無節制的過度消費？

二、意識型態鬥爭引起的災難

　　二十世紀以來，意識型態的鬥爭，造成千萬人命之死傷，冷戰、韓戰、越戰即為資本主義與共產主義之鬥爭，這幾場戰爭總共造成近千萬條生命的損失。希特勒屠殺六百萬猶太人，有其「優生學」之理論及專家為之背書。美國入侵伊拉克，有其經濟與能源上的需要；至於阿富汗持續進行的所謂反恐戰爭，其根源實在是基督教與回教兩種文明的衝突對立及現實利益使然；而以、阿之間難以化解之紛爭，在錯綜複雜的宗教對立下，遂無可緩解。至於蘇聯的人民公社，中國的文化大革命，赤柬的恐怖屠殺，與非洲大陸的種族戰爭，根源都在意識型態之對立炒作。當老莊對儒墨有心有為之德行提出批判時，恐怕從未曾想過意識型態之衝突不但足以釀成戰爭，且核子武器之威力，更足以毀滅整個世界，人類已具備自我毀滅之能力，一旦衝突加劇，核武造成的毀滅，恐怕連「戎馬生於郊」之情景，亦不可得了。

　　意識型態結合科技的迅速傳布，如今也成為群眾情緒可以被輕易挑起的

原因，老莊時代資訊僅能依賴口耳相傳或文字傳遞，是以莊子未聞孟子，孟子亦未言莊周，兩人間始終緣鏗一面，成爲思想史上的一大遺憾。今日科技卻能將即時新聞影像傳至世界各處。未經沈澱之訊息四處流傳，反而加深對立恐懼，「多元」不但未必能使不同文化彼此諒解，反而更容易因煽動造成對立。透過網際網路傳遞即時影像與意識型態，21世紀的領導者，遠比1940年代的希特勒，更容易操控群眾；資訊的發達表面上加速文化交流，實際上也加速對立衝突的速度。撰著論文最後兩個月中，網路通訊在短短幾週中，促成突尼西亞與埃及獨裁者的下台；然而負面效應亦值得吾人關注，如網路上近年流行之「人肉搜索」，固然可迅速凝結群眾之力量揪出犯罪者，卻更可以假正義之名，遂行以暴制暴之滿足。《莊子·齊物論》所謂的「大知小知」、「大言小言」〔註1〕，透過媒體重複播放，使得「大恐小恐」〔註2〕的恐慌，以前所未見之速度蔓延；而「其寐也魂交，其覺也形開，與接爲構，日以心鬥」〔註3〕之處境，更是現代人生活的寫照。結果科技的運用確實延長了壽命，改善了交通，也改變了世界，但卻無法使現代人感到幸福，因爲生活品質的改善，與心靈內涵是否同步獲得提升，其實未必相關。

　　哲人已遠，老莊哲學無法干預科技，也不能阻礙時代進步；但老莊卻能提供世人一劑藥方；領導者有老莊之修養，或可避免戰爭，減少對自然的破壞；一般人有老莊之修爲，亦可減少污染，獲得心靈的自由。以下分別就老莊對知識問題的處理、對科學技術的警示、與老莊福德觀可提供給現代人的藥方，說明老莊福德觀的現代意義。

第二節　知止：老莊對知識問題的看法

　　二十世紀是科技爆發的世紀，老莊在兩千五百年前，便已感歎知識運用，導致生命逐物不反；問題在知識的運用，出乎人類理性，吾人當如何對治此一天性？因此我們要檢討的問題，便是老莊處理知識的態度，與當今面對知識的對策。本文以爲，老莊對「知」的認知，並不是現代意義的「知識」。「知」應「爲道日損」，故老莊對「知」的處理，是「知止其所不知」。

〔註1〕　《莊子·齊物論》，頁51。
〔註2〕　同前註。
〔註3〕　同前註。

一、老莊典籍中的「知」，並非現代「知識」之意

「知」這個字，在老莊典籍中，頗亦引起誤解；誤解的原因之一，在部分學者將老莊視爲反智論；誤解的原因之二，在以現代的客觀的「知識」解讀老莊。前者如「古之善爲道者，非以明民，將以愚之。」〔註4〕與「絕學無憂。」〔註5〕最被容易直接被誤解爲「愚民政策」，如錢穆先生以爲：「此輩太過聰明之聖人，乃能運用手段，行使法術，以玩弄此同是愚蠢之貧民。老子書中之政治理想，換辭言之，乃是聰明人玩弄愚人之一套把戲而已，此外更無有也。」〔註6〕余英時先生亦以爲：「絕聖棄知之言，不知有愚民，斯有暴政。」〔註7〕都把老子思想當作愚民反智。而將「知」直接解釋作「知識」的誤解也很常見，如陳鼓應先生將《莊子・養生主》「知也無涯」譯作：「智識是沒有限度的」〔註8〕，但兩種見解其實都不是老莊對「知」的界定。

老莊典籍中的「知」，本身便有多義與歧異，但多半不是現代意義的「知識」。在《莊子》中，「知」的意義，或指「見識」，如〈齊物論〉的「大知閑閑，小知閒閒」〔註9〕；或指「認知或認知引起的執著」，如〈養生主〉的「吾生也有涯，而『知』也無涯」；〔註10〕或爲「對生命的體悟」，如〈秋水〉的「『知』窮之有命，『知』通之有時，臨大難而不懼者，聖人之勇也」〔註11〕；或指「超越意義（非常識意義）的知」，如〈大宗師〉的「有眞人而後有『眞知』」〔註12〕與〈齊物論〉的「『知』止其所不知」〔註13〕。總之儘管「知」有種種不同的意涵，但皆不可解作同現代意義的「知識」，因此當我們解讀老莊時，宜先對「知」有相應的瞭解。

老莊的「知」不但不是現代意義的客觀知識，反而多指「執著」，陳壽昌說：「知者，即禪家所謂識神，傷生者也」〔註14〕，老莊的「知」，便是佛教

〔註4〕《老子・六十五章》，頁40。
〔註5〕《老子・二十章》，頁11。
〔註6〕錢穆《莊老通辨》（臺北：東大圖書公司，1991年），頁135。
〔註7〕余英時《中國古代文化與中國知識份子》（臺北：學術出版社，1978年），頁209。
〔註8〕陳鼓應《莊子今注今譯》，頁105。
〔註9〕《莊子・齊物論》，頁51。
〔註10〕《莊子・養生主》，頁115。
〔註11〕《莊子・秋水》，頁596。
〔註12〕《莊子・大宗師》，頁226。
〔註13〕《莊子・齊物論》，頁83。
〔註14〕陳壽昌《南華眞經正義》，頁46。

的「識」，本質為「執」；反之「不知」則為解消執著的修養境界，而與「反智」無關〔註15〕。問題在本來認知心為天賦能力，如《莊子‧天地》說：「嬰兒生無石（碩）師而能言，與能言者處也。」〔註16〕嬰兒不需名師調教，也能學會言語，可見學習與認知便是人性的自然；可是當「知」進一步成為「執」，成為人類執取追求的對象，「知」便成為人生煩惱的主要來源，此即《莊子‧養生主》所謂：「知也無涯，以有涯隨無涯，殆矣。」〔註17〕那麼老莊又當如何處理此一與生俱來的問題呢？

　　人類是唯一能制定概念、並使用概念的動物，當人類開始發揮這種潛能的時候，就是渾沌被打破的時候，如牟宗三先生所說：「真實的世界，一開始就坎陷分化於對立之中」〔註18〕，鑿破渾沌是人生的必然，人類創造人文世界，也是自然且必然的。唐君毅先生說：「所謂『所知』與『所不知』，則當是自人之主觀之生命心知之『原』而言。此『原』即天。謂天之所為，由『天而生』，乃指明吾人之生命心知由天而生，而原於天。」〔註19〕人類有認知的本能，而科學的成果正是來自認知心的分化，老莊既未曾正面肯定知識，對今日知識氾濫的世界，又能有如何的建議呢？

　　老莊未對知識作精確的界定，近代學者或因受西方科技文明影響，對此一問題之看法，主要集中在「老莊如何處理知識問題」，分別析論如下。

二、近代學者對「老莊如何處理知識問題」的看法

　　近代學者就老莊處理知識的意見，除前述錢穆先生與余英時先生明顯與老莊原意不類，當屬誤讀，不再加以討論以外，大致有以下主要論述，包括王邦雄先生則認為「不知才是真的知」，牟宗三先生以為「知識可存在並轉

〔註15〕陳鼓應《莊子今注今譯》，頁335：「『非以明民，將以愚之』的話，被普遍誤解為愚民政策。讀了王注（按，王弼：『「明」謂多件巧詐，蔽其樸也，「愚」謂無知，守其真，自然也。』）當可知道老子絕非主張通常意義的愚民政策。在老子哲學中，『愚』含有特定的意義，『愚』和『真』、『樸』、『自然』的意義是相通的，老子不僅希望人民能真樸（『愚』），而且更要統治者先做到真樸。」蓋老子所以說「愚」，並不是要人民在知識上無知，而是把「愚」當作天真自然，不但是為政者所應追求的自然境界，且其目的在恢復純樸自然，絕非通常意義的愚民政策。因此「愚」並非愚昧無知，是「大智若愚」的智慧展現。

〔註16〕《莊子‧外物》，頁934。

〔註17〕《莊子‧養生主》，頁115。

〔註18〕牟宗三《莊子齊物論義理演析》，頁225。

〔註19〕唐君毅《中國哲學原論‧原道篇》，頁377。

化」，陳德和先生認為「老莊可包容知識與科技」，分別說明各家主張如下：

（一）「不知才是真的知」的觀點

　　王邦雄先生不認為人需要透過「知識」的認知才能啟發「自覺」，因為「不知才是真的知」〔註20〕，亦即不處理客觀知識的問題，而逕以修養工夫解決此一難題，因此王邦雄先生認為《老子・四十八章》「為學日益，為道日損」中「為學」與「為道」之關係，當是：

> 「為學日益」是說，為學工夫是每天在心知上求其增益；「為道日損」
> 說，為道工夫是每天在心知上求其減損。為道所要減損的，正是為
> 學所要增益的心知執著。此中「為學」的指涉含意，不是現代價值
> 中立的客觀學問。對道家而言，心有知的作用，而知的本質是執；「執」
> 一定「著」，著迹總有迹累，故道家的「知」與佛門的「識」，同樣
> 的具有負面的意義。心知引來情識，不僅執著，甚且陷溺。因之「為
> 道日損」的工夫，就在對治「為學日益」所帶動的執著與負累〔註21〕。

王邦雄先生認為「為道」之目的，正是要減損「為學」所增益之心知執著，蓋老子的「知」正是佛學的「識」，本質同為執著，容易流於陷溺，因此「為道」之目的在對治「為學」之執著，故依王邦雄先生之說，「為學」不是價值中立的客觀認知，也不是今日所謂的求學或作學問，而是主客糾結的偏差，與主觀執著之陷溺，因此「為學」與「為道」，乃是悖反的關係：所以老莊處理「為學」之態度，是「不知才是真的知」，所謂：

> 就道家而言，不知才知，知反而不知，有知的知，是主觀的偏見，
> 無知的知，則是主體的照明。以其知之所知，養其知之所不知，也
> 就是由「知」進為「不知」，以無知知的真人修養工夫，解消人為的
> 虛假，回歸自然的真實，且有真人而後有真知，真知是知天知人的
> 最高境界〔註22〕。

> 「以其知之所知，養其知之所不知」，人心有知的作用，但知有兩個
> 層次，一是知，叫分別心，二是不知，即無分別心。人生的修養即
> 由「知」進到「不知」……人的心路歷程，從人間走到天上就是無

〔註20〕 王邦雄《中國哲學論集》，頁222。
〔註21〕 王邦雄《老子道德經的現代詮釋》，頁217～218。
〔註22〕 王邦雄《中國哲學論集》，頁411。

分別心，那時候從人的身上可以看到天，宗教信仰與哲學素養就是
從人的身上走向天的旅程。天只是給我們一個終極指標與理想，但
從人道天的歷程是要人去走出來的〔註23〕。

王邦雄先生不把「以其心得其常心」或「知恬相養」視作「以心的恬靜涵養
養心的知」〔註24〕或「以人之有知涵養生命之原」〔註25〕；乃直接將「知」
視為執著，「執著」當然不需「養」而只需「化」，因為只要通過心知，就是
有心、有為，當然也就有執；所以「得其常心」之方法，只在逆反回去〔註26〕，
由解消知（執）而回歸心，再由心回歸到自己的無心，這就是「不知才是真
的知」。因此王邦雄先生的解法與老莊原意相同，即完全不處理知識問題，直
接以修養工夫消人心執著；至於以下幾位學者視為「知識」的部分，王邦雄
先生則視之為「主觀的執著與偏見」而不是「宗教信仰與哲學素養」。依此義
理，道家逆返的人生修養，為一宗教或智慧哲學之實踐體悟；可是有鑑於傳
統中國哲學對於學術科技，始終難於給出正面肯定之態度，當代面對知識問
題的處理，老莊是否可以在客觀格局下，給知識文明價值中立的獨立空間呢？
以下幾位學者，則在修養論之外，另為老莊與科技知識間的衝突，另尋新詮。

（二）「知識可存在並可轉化」的觀點

王邦雄先生認為「為道日損」是要損掉「為學日益」的心知執著，故「為
學」與「為道」當為悖反；牟宗三先生則以為「為學」與「為道」乃是兩條
不同的進路，牟先生在《中國哲學十九講》中指出：

> 「為學日益，為道日損」，就有二套不同的工夫，「為學」只是經驗
> 知識、科學知識的方法學，需要天天增加；但學道不可以用經驗知
> 識、科學知識的方式學，方向恰好相反，要將這些知識都化除化掉，
> 故「日損」，化到最後就是「損之又損以至於無為」。這是最基本最
> 富原則性的話，是一定而不容懷疑的。所損的就是以上所說生理的

〔註23〕 王邦雄《莊子道》，頁178～181。
〔註24〕 徐復觀《中國人性論史》，頁386。
〔註25〕 唐君毅《中國哲學原論‧原道篇》，頁378。
〔註26〕 王邦雄《走在莊子逍遙的路上》，頁108：「心去執著就是有心，通過這個有心，
　　　　就一定有知、有為，有心、有知、有為，就是『心止於符』的意思。現在要
　　　　『以其心，得其常心』就是一路逆返回去，由知回到心，再通過你的心，再
　　　　回到常心，常心就是無心。所以道家講的無心，實則是常心或平常心的意思，
　　　　回到心的本身。」

欲望、心理的情緒，心知的造作等，為此才能虛一而靜，無限心才
能呈現，而無限心的妙用就是智的直覺。為道一定要日損，所以又
說「其出彌遠，其知彌少」〔註27〕。

牟先生以為「為學」與「為道」，分屬經驗知識與修養論兩種不同的範疇，知
識可以日漸累積，修養的目的卻是化除心知，因此兩者各自具有不同的價值，
所以莊子未必否定知識：

經驗知識的增加並無助於為道，那麼重點若在為道，則為學的態度
就是不相應的。一般人認為道家有反知識的態度，譬如說莊子的齊
物論反對相對範圍內的知識，其實莊子要超越相對以達到絕對，才
衝破知識，目的是要上達，並不一定要否定知識。當然他也沒有正
面仔細地把知識展現出來，所以是消極的態度，而容易令人產生誤
會，其實嚴格講並不妨礙，但要知道這是二個不同的範圍〔註28〕。

牟先生以為老莊「不一定要否定知識」，因此繼續說明：「相對知識也是需要
的，且是可超過可轉化的，重點在可轉化上。從何看出老子並不否定現象界
的知識呢？佛家講世間出世間打成一片，世間即出世間，只是重點在出世間，
但也不能離開世間而出世間。道家也是如此，雖然這種詞語並不多，老子說：
『挫其銳，解其紛，和其光，同其塵』（四章）可見也不離開現象界的知識。
若不知道為道的方向就完全陷溺於世俗的知識中就妨礙為道，知道了就不妨
礙，如此就也是圓教。」〔註29〕牟先生是以「圓教」的方式處理道家對知識
的看法，並以大乘起信論「一心開二門」〔註30〕的慧見處理知識與生命間的
問題，因此認為老莊「不一定要否定」，並以「知識可以轉化」說明「為學未
必妨礙為道」。唐君毅先生更以為：「依莊子之言，人於天地萬物境相，大可
不必懼其有知，惟當懼『其知之不深，而未能涉入之』。果能涉入之，則隨意
而至於踵，更透過此踵而出，以還之天地萬物，則無異境相之自然吐出，亦
自無心知留滯陷溺，而亦恒在一超越境相、忘境相之境。若只存心于一槁木
死灰無境相之境，固非人之所以『既知境相，而不留滯於中陷溺於其中，以
更超此境相、忘此境相』之道也。」〔註31〕故牟、唐兩位先生都以「老莊面

<hr />

〔註27〕牟宗三《中國哲學十九講》，頁123。
〔註28〕同前註。
〔註29〕牟宗三《中國哲學十九講》，頁124。
〔註30〕見牟宗三《中國哲學十九講》，頁298～308。
〔註31〕唐君毅《中國哲學原論・原道篇》，頁389。

對現代知識的問題，不但「不必懼其有知」並且宜「知之深入」直至「超越相忘之境」；陳德和先生即以此圓教模型為基礎，說明老莊不但可以包容知識，並且可以接受科學新知。

　　牟宗三先生認為「為學」與「為道」是可以互不妨礙的兩條路，以一心開二門處理知識問題；徐復觀先生則認為「心」與「知」之間的關係為「以恬養知」，而以禪宗的「寂照同時」處理此一難題，所謂：

　　　　「以恬養知」，是以心的恬靜，涵養心的知，使之不外馳，有知而不
　　　　外用，謂之「以知養恬」。無知之恬，便如慎到的土塊，「恬」有如
　　　　後來禪宗所謂寂，而此處之知，有如後來禪宗之所謂照，「知恬交相
　　　　養」，有如禪宗所謂的「寂照同時。此意甚為深遠精密。尤以上疏導，
　　　　可知莊子實際還是在心上立足，亦非完全反知。而後人籠統用反知
　　　　二字說明莊子的態度，有失莊子的本意。〔註32〕

「寂照同時」是以寂為體，以照為用，在佛家修養工夫中照見空理；徐先生就道家對於知識之認知，與唐君毅先生「以人所有之知，還養其生命之原之天」〔註33〕之說法類似，主張「以心的恬靜涵養心的知」，所以反對如慎到一般，只求將心封閉絕斷，因為塊不失道，只有心寂滅，卻沒有心的明照。因此徐先生認為當養心為上，蓋知識之所以構成傷害，罪不在知識本身，而在心失其本性而奔競爭逐。只要心本身恬靜，不隨物轉，保持原來的本性而不隨物遷，用心若鏡，寂照同時，心既不外馳也非死滅，如是「知」便不成禍患〔註34〕，以其「知恬交相養」之故也。而以上說法，亦符合《老子・二十

〔註32〕徐復觀《中國人性論史》，頁386。

〔註33〕唐君毅《中國哲學原論・原道篇》，頁378：「以知所知，養知所不知，而後能終其天年，即顯見此所養知『所不知』，即指吾人之有其天年之生命心知之原於天者也。莊子所謂以『所知』養『所不知』，即以人所有之知，還養其生命之原之天。知此『天生人』而『人養天』，即兼知『天所為』與『人所為』，而為知之至，知之盛，此大宗師之要旨也。」

〔註34〕徐復觀《中國哲學原論》，頁383：「莊子的意思，是認為心的本性是虛是靜，與道、德合體的。但由外物的牽引而離開了心原來的位置，逐外物去奔馳，惹是招非，反而淹沒了它的本性，此時的人心，才是可怕的。但若心存於自子原來的位置，不隨物轉，則此時之心，乃是人身神明發竅的所在，而成為人的靈臺、靈府；由靈臺靈府所發出的知，即是道德的光輝，人生精神生活的顯現，是非常可貴的，這種知，不是普通分解性的知識之知，而有同於後來禪宗所說的『寂照同時』之照。他常以『鏡』來形容『照』的情態，所以莊子主要的工夫，便在使人的心，如何能照物而不隨之遷流，以保持心原來的位置，原來的本性。」

七章》所謂「聖人常善救人，故無棄人；常善救物，故無棄物」〔註35〕之說，關鍵在聖人能以「常善」救人救物，故無「棄人」「棄物」，聖人既無棄人也無棄物，那麼知識文明之發展只要符合自然之道，當亦不為聖人所毀棄，由是知識發展與老莊修養論之間，亦可並存而不悖了。

（三）「老莊可以包容知識發展」的觀點

　　牟宗三先生認為道家不一定否定知識，且知識可以轉化；高柏園先生也認為「吾人雖不能免於一曲之見之限制，然而並不因此即表示此一曲之見是無價值的。反之，人正是通過此一曲之見理解世界，並經由對自身一曲之見的反省，而掌握自身之限制並與他人溝通。這是人類文化進步不可免的必然歷程。」〔註36〕可見知識不但提供人類認識世界的途徑，並且可以利用此一方便，反省自身並加強溝通的機會，因此知識不但有其價值，且為必經之路，陳德和先生較牟宗三先生更進一步，認為透過「作用的保存」，知識也是可以被老莊包容的，《道家思想的哲學詮釋》指出：

> 於知識的探索與建構，甚至老子常不免帶著批判的口吻，強烈質疑知識的被人不當使用以致衍生許多負面的效應，然而老子並沒有理由去積極地否定知識本身的存在以致掉入反智（anti-intellect）的窠臼，因為假如知識也是一種存在的話，那麼以老子「無中生有」以及「作用的保存」之存有論立場來說，他還是應該會包容它〔註37〕。

陳德和先生認為依老莊「作用的保存」之義理，知識當可被老莊包容且存在，因為知識雖是人為運作的結果，但這種人為卻不是對自然的「發明」而只是「發現」，所以並不能將科學發展視為人為造作，所謂：

> 科學家用以說明其解讀內容的那套表意的符號固然是人為的，但是符號所指涉、所承載的意義本身卻是原本就已經存在著的，是故，任何一項科學理論的提出，都是對自然的另一個發現（discovery）罷了，不可能是超出自然所原有之設計之嶄新的發明（invention）〔註38〕。

陳德和先生顯然認為「知」本是屬於人類的自然，因此人類對「知」的運用

〔註35〕《老子・二十七章》，頁 15。
〔註36〕高柏園《莊子內七篇思想研究》，頁 109。
〔註37〕陳德和《道家思想的哲學詮釋》，頁 85。
〔註38〕同前註，頁 85～86。

與成果，也當視爲自然的一部份。所以對於科技文明的發展，人間道家以審慎開放，「去病不去法」〔註39〕的態度面對，當然陳德和先生對於科技的使用，還是抱持戒愼恐懼的態度，因此也說明道：「如不能了解生命的尊嚴，只基於方便上的需要，就憑恃科技的進步，輕忽草率地複製一個生命，那是對生命的污蔑；若又等而次之，靠複製生命來做爲兜售的商品的話，更是悖離生命意義的本眞。」〔註40〕陳德和先生主張老莊可以包容知識，只是知識運用的前提是「瞭解生命的尊嚴」並儘可能避免只因商業利益而污衊了人存的尊嚴，由是觀之，人間道家的理念對於科技的使用，態度是較開放而謹愼的。

三、「知止其所不知」的現代意義

本文以爲，以上三種說法中，當以王邦雄先生的理解，最符合老莊語脈之原意。至於其他兩種解釋，其實是在老莊語脈外給出的現代思考，都認爲人需先透過「心知」而認識世界，而在認識世界的過程中，又因自覺於心知之負累，方需以「爲道」工夫，解消「爲學」之累。兩個觀點的主要差異，在王先生認爲「爲學」並非學習之意，而是已流於情識執著，故曰「知的本質是執」；但是在面對當下時代問題時，吾人卻亦可省思，「知」能否「不流於執」？倘若「知」流於「執」，當然就是老莊必須對治之病灶，那麼可是「知」是否必然流於「執」呢？

本文以爲，「知」其實可以不流於「執」，老莊面對人生百態，固然當以回歸自身修養爲第一義，卻不代表對「爲學」必然排斥，「一心開二門」與「寂照同時」恰可爲道家消極的知識論解套，吾人當可深思，老莊所戒愼恐懼者，究竟是知識之自身？亦或是知識之獨大？

人是唯一能運用概念的動物，易言之，鑿破渾沌不但爲必然之事，且亦爲人類之自然；固然這種「知而有所待而後當」〔註41〕的相對知識，因其「有患」〔註42〕而非老莊所追求的眞知，但人之運用心知，卻畢竟是人生的自然，

〔註39〕陳德和《道家思想的哲學詮釋》，頁173：「『老／莊』的反動和批判不外乎是一種『去病不去法』的護持態度，洵非做本質的否定。」
〔註40〕陳德和《道家思想的哲學詮釋》，頁108～110。
〔註41〕《莊子・大宗師》，頁225。
〔註42〕《莊子・大宗師》，頁225：「知天之所爲，知人之所爲者，至矣。知天之所爲者，天而生也；知人之所爲者，以其知之所知以養其知之所不知，終其天年而不中道夭者，是知之盛也。雖然，有患。」

如果心知運用便是人生之自然，那麼老莊所反對者，當不是天生本有之能力，而是後天人爲之炒作。那麼老莊是否可包容並轉化知識呢？科學文明是否有該有一定程度的界線呢？

袁保新先生以爲，在科技高度發展的新日，老莊恰可以扮演「文明的守護者」，袁先生引用羅素「假如有人提示他們中國的進步很少，他們會說：『爲什麼要尋求進步？假如你已經享有美好。』」〔註43〕說明「如果我們並不認爲文明只有求新求變才是進步，而是人性自覺的地要通過人文的制作來點化自然界的樸素世界，實現人我、人物、人與一切天地鬼神萬物間的和諧、美好的制序，那麼任何價值觀念或是物的過度凸顯與獨大，將只會破壞整體的和諧。而人心對於某些價值理想的執著，也終將演爲價值的自我否定。」〔註44〕所以科技高度發展的今日，吾人更當反思，「求新求變」是否可以讓人更加幸福快樂？

向外追尋之物質享樂與對內追求之幸福快樂，原屬不同層次之問題，將物質享樂視作幸福，其謬誤則無古今之別。兩千年前老莊恐懼五色五音令人發狂，今日同樣不可能認同科學的獨大與物質的無盡追求；但如陳德和先生與袁保新先生所言，老莊之旨在「去病不去法」，且藉助其智慧恰可爲「文明之守護者」，因之老莊不否定幸福，否定的是無止境的向外追求；老莊同樣不是否定知識，而是恐懼其寡頭獨斷；老莊福德觀之目標既然在福德雙全，則其所嚮往之生活，當非茹毛飲血之史前生活，而是如羅素所謂「如果已經美好，又是否需要進步？」〔註45〕

所謂進步，不該是盲目的追求，更不該是宰制與破壞，誠如《老子·八十章》所謂：「小國寡民，使有什伯之器而不用，使民重死而不遠徙，雖有舟輿，無所乘之；有甲兵，無所陳之。使民復結繩而用之，甘其食，美其服，安其居，樂其俗，鄰國相望，雞犬之聲相聞，民至老死，不相往來。」〔註46〕舟輿、甲兵、什伯之器當然皆是文明之產物，而甘食、美服、安居、樂俗也絕非洪荒原始的原始生活；是以如是老莊處理知識的態度，當是在主觀上以修養論去除我執，客觀上則可以包容轉化，接納文明適度發展的成果；當然

〔註43〕 袁保新〈文明的守護者〉，《鵝湖月刊》1986 年第 146 期，頁 45。
〔註44〕 同前註。
〔註45〕 同前註。
〔註46〕 《老子·八十章》，頁 46～47。

最高的期望，還是在「無所乘之」與「無所用之」的儉樸寧靜，目的則在避免人爲造作，而不是棄絕一切以退返自然。老莊既然運用了文明的成果而所警戒者乃在文明的獨大，那麼老莊對於科技發展，其態度當爲「勇於不敢」。

第三節　勇於不敢：老莊對科學技術的建議

老莊對客觀「知識」本無精確定義，亦無直接証成或完全否定之意，使學者針對老莊當如何處理知識之態度，有諸多揣測的空間。但老莊對於科技工藝之發展戒愼恐懼，則可見諸原文：

> 曰：「何謂天？何謂人？」北海若曰：「牛馬四足，是謂天；落馬首，穿牛鼻，是謂人。故曰：無以人滅天，無以故滅命，無以得殉名。謹守而勿失，是謂反其眞。〔註47〕

〈秋水〉認爲「落馬首，穿牛鼻」是人對自然的過度干預，屬於「以人滅天，以得殉名」的人爲造作，人對自然的干預足以「滅天」，所以人只要「謹守勿失」，切勿干預自然，更不要自我膨脹。〈馬蹄〉則以爲自然界的天地萬物，不是爲了服務人類而存在，陶者治埴、匠人治木、伯樂治馬，都明顯違反萬物的本性；更何況在馴化自然的過程中，「馬之死者已過半」，人類以征服自然得意，殊不知征服自然，便是對自然最大的傷害；問題在人對自然的破壞，難道可以繼續放任而不加以所節制嗎？至於〈天地〉與〈胠篋〉對機械文明的恐懼，立場就更明確了：

> 上誠好知而無道，則天下大亂矣。何以知其然邪？夫弓弩畢弋機變之知多，則鳥亂於上矣；鉤餌罔罟罾笱之知多，則魚亂於水矣；削格羅落罝罘之知多，則獸亂於澤矣；知詐漸毒頡滑堅白解垢同異之變多，則俗惑於辯矣。故天下每每大亂，罪在於好知。故天下皆知求其所不知而莫知求其所已知者，皆知非其所不善而莫知非其所已善者，是以大亂。故上悖日月之明，下爍山川之精，中墮四時之施；惴耎之蟲，肖翹之物，莫不失其性。甚矣夫好知之亂天下也！自三代以下者是已，舍夫種種之民而悦夫役役之佞，釋夫恬淡無爲而悦夫啍啍之意，啍啍已亂天下矣。〔註48〕

〔註47〕《莊子·秋水》，頁590～591。
〔註48〕《莊子·胠篋》，頁359。

子貢南遊於楚，反於晉，過漢陰，見一丈人方將爲圃畦，鑿隧而入
井，抱甕而出灌，搰搰然用力甚多而見功寡。子貢曰：「有械於此，
一日浸百畦，用力甚寡而見功多，夫子不欲乎？」爲圃者卬而視之
曰：「奈何？」曰：「鑿木爲機，後重前輕，挈水若抽，數如泆湯，
其名爲槹。」爲圃者忿然作色而笑曰：「吾聞之吾師，有機械者必
有機事，有機事者必有機心。機心存於胸中，則純白不備；純白不
備，則神生不定；神生不定者，道之所不載也。吾非不知，羞而不
爲也。」子貢瞞然慚，俯而不對。……子貢卑陬失色，頊頊然不自
得，行三十里而後愈。其弟子曰：「向之人何爲者邪？夫子何故見
之變容失色，終日不自反邪？」曰：「始吾以爲天下一人耳，不知
復有夫人也。吾聞之夫子，事求可，功求成。用力少，見功多者，
聖人之道。今徒不然。執道者德全，德全者形全，形全者神全。神
全者，聖人之道也。託生與民並行而不知其所之，汒乎淳備哉！功
利機巧必忘夫人之心。若夫人者，非其志不之，非其心不爲。雖以
天下譽之，得其所謂，警然不顧；以天下非之，失其所謂，儻然不
受。天下之非譽，無益損焉，是謂全德之人哉！我之謂風波之民。」
反於魯，以告孔子。孔子曰：「彼假脩渾沌氏之術者也，識其一，
不知其二；治其內，而不治其外。夫明白入素，無爲復朴，體性抱
神，以遊世俗之間者，汝將固驚邪？且渾沌氏之術，予與汝何足以
識之哉！」〔註49〕

〈胠篋〉中所謂「弩畢弋機」、「鉤餌罔罟罾笱」、「削格羅落罝罘」皆是機械
文明之產物；機械之功效爲「用力甚寡而見功多」，可節省人力，增加生產；
問題是爲圃老人認爲「有機械必有機事，有機事必有機心」，船山先生直指「機
心」便是「賊心」〔註50〕，所以「天下每每大亂，罪在於好知」，機械的使用
不僅讓人「純白不備」「神生不定」；更嚴重的是「鳥亂於上」、「魚亂於水」、
「獸亂於澤」本是對大自然最大的戕害！顯然莊子時代，人類文明即已嚴重
衝擊自然生態，工業文明讓人「上悖日月之明，下爍山川之精，中墮四時之
施；惴耎之蟲，肖翹之物，莫不失其性」，改變了生活作息，改變了自然規律，
影響萬物不能得自然之長，器械的使用讓人失去自然之性。但是〈天地〉中

〔註49〕《莊子·天地》，頁 433～438。
〔註50〕王船山《莊子通·莊子解》，頁 109。

孔子對子貢這段奇遇，在學者的詮釋中，就頗有討論的空間，問題主要出現在孔子所謂「識其一，不知其二；治其內，而不治其外」這句話。學者對這段話的看法，卻有完全相反的解釋，有學者認為「識其一，不知其二；治其內，而不治其外」是孔子對老圃的稱讚，如陳壽昌便認為「一者，天地之精；內者，性命之本。……機巧不生，渾沌不死，入素復樸，道心見矣。」〔註51〕，所以這段話當解作孔子對為圃老人的稱讚，但也有學者持相反的意見，認為這「識其一不知其二」是孔子對老圃的嘲諷，如郭象以為老人「徒識修古抱灌之朴，而不知因時任物之易也」，「羞為世事，故知其非真渾沌者也」〔註52〕，若依郭象注，「識其一，不知其二」反倒成為孔子對老人的批判，那麼究竟我們該如何為這句話作出恰當的詮釋呢？

李勉以為郭注有誤，蓋「『渾沌氏之術』即上文忘神氣，墮形骸，不用心機。此原借孔子子貢之言以讚揚丈人，而譏子貢與孔子，郭象之注誤『假』為真假之假，遂以為孔子嗤丈人之詞」〔註53〕，老莊追求的境界本來便是「識一」與「純白」，但機心的使用導致「純白不備」，莊子更感嘆「其分也，成也；其成也，毀也」〔註54〕的分化過程，使生命陷入不安、恐慌之中，故莊子曰「日鑿一竅，七日而渾沌死」〔註55〕，確實如牟宗三先生所說：「真實的世界，一開始就坎陷分化於對立之中；由此，生命得以意識自己。生命所以意識自己，是隨分化活動的展現而顯，所以生命的根源本性是分化性。」〔註56〕但心性修養的目標，本是超越分化，讓萬物各歸其根，讓自己常德不離，這就是，《莊子·在宥》所謂「萬物云云，各復其根，各復其根而不知；渾渾沌沌，終身不離」〔註57〕的全性保真。既然修養論的精神，在從分化的機心、成心一路逆返回常心、無心，而內七篇的排列，也以逍遙遊的大鵬怒飛為始，而以渾沌鑿七竅為終，王邦雄先生以為如此排列之義理依據在：「莊子給我們的期許是像大鵬一樣在天上飛，而人間世界不免渾沌開竅，不免追求高度文明，而讓農村鄉土，讓每一個人的天真性情，在人間消失」〔註58〕，既然「應

〔註51〕陳壽昌《南華真經正義》，頁 193。
〔註52〕郭慶藩《莊子集釋》，頁 438。
〔註53〕陳鼓應《莊子今注今譯》，頁 353。
〔註54〕《莊子·齊物論》，頁 70。
〔註55〕《莊子·應帝王》，頁 309。
〔註56〕牟宗三《莊子齊物論義理演析》，頁 225。
〔註57〕《莊子·在宥》，頁 390。
〔註58〕王邦雄《莊子道》，頁 224。

帝王不開渾沌七竅」，則莊子期以「識其一」、「治其內」的修養工夫歸復「終身不離」的渾沌之境，當是對為圃老人的推崇而非譏諷，老莊對機械文明的謹慎態度，也就不辯自明了。

　　誠然現實人生中，吾人不能避免機械之使用，使用者若真俱足純白之修養，亦能如船山先生所說：「兩端兼至，內外通一，機與忘機，舉不出吾在宥之覆載，而合於天德。抱甕者自抱，槔者自槔，又何機巧之必羞邪？」〔註59〕假若吾人能以價值中立之真心處世，則「有機事而無機心」，亦可成為天德之展現。但如陳德和先生所警示，「任何好的東西、好的技術在人的世界裏，都不可避免地會遇到被濫用的命運，以致將產生無法預估的可怕後果。」〔註60〕當科技文明已經具有毀天滅地的威能，吾人面對科技文明巨大的副作用，縱然不必如為圃老人引以為恥，但流於物欲追求的現代文明，是否又可無限度的擴張呢？

　　老莊不能動搖科技文明的趨勢，卻可以給現代人寶貴的建言，所謂「勇於不敢」與「輔萬物之自然」：

> 勇於敢則殺，勇於不敢則活，此兩者或利或害。天之所惡，孰知其故？是以聖人猶難之。〔註61〕

> 慎終如始，則無敗事，是以聖人欲不欲，不貴難得之貨；學不學，復眾人之所過，以輔萬物之自然而不敢為。〔註62〕

> 慈，故能勇；儉，故能廣；不敢為天下先，故能成器長。今舍慈且勇，舍儉且廣，舍後且先，死矣！夫慈以戰則勝，以守則固，天將救之，以慈衛之。〔註63〕

王邦雄先生說：「『勇於敢』是物求壯大其自己，『則殺』也就是『早已』，理由在『不道』（按：《老子・五十五章》：「心使氣曰強，物壯則老，謂之不道，不道早已。」），悖離母慈無心的自然之道，『強梁者不得其死』（四十二章）正是『勇於敢則殺』的最佳寫照。」〔註64〕當今政府追求的所得增加、財富累積、擴大建設、高污染工業開發，其實都是「舍慈且勇，舍儉且廣，舍後

〔註59〕王船山《莊子通・莊子解》，頁108。
〔註60〕陳德和《道家思想的哲學詮釋》，頁87。
〔註61〕《老子・七十三章》，頁43。
〔註62〕《老子・六十四章》，頁39。
〔註63〕《老子・六十七章》，頁41。
〔註64〕王邦雄《老子道德經的現代解讀》，頁331～332。

且先」的「勇於敢」，問題在「勇於敢」的污染遺留子孫，工業區的建立以剝奪農地而來，姑且不論產業轉移與農村再造的合理性何在，環境污染、水源不足、存糧有限、空氣污染嚴重的種種危機已近在眼前，莫非執政者為了討好選民，只有「勇於敢則殺」的單一選擇呢？

人類文明之發展，難在「愼終如始」，正如莊子所感嘆：「以巧鬥力者，始乎陽，常卒乎陰，泰至則多奇巧；以禮飲酒者，始乎治，常卒乎亂，泰至則多奇樂。凡事亦然。始乎諒，常卒乎鄙；其作始也簡，其將畢也必巨。」〔註65〕角力參賽者一開始光明正大，卻不免以陰謀算計為終；飲酒者一開始以禮相待，卻也不免以酒後亂性終；科技文明造成的傷害難以彌補，正是「始也簡，其將畢也必巨」的寫照，如袁保新先生以為：「如果沒有天、地、人、我之間的和諧共在，科技其實是無所謂價值的，他根本不能實現其豐沃人生的目的。」〔註66〕道家的勝場，在尋求人與天、地、人之間的和平共存之道，現代人更需以「勇於不敢」的抉擇，面對日益惡化之環境；選擇「輔萬物之自然而不敢為」的執政者，現階段極有可能必須面對得罪選民、得罪企業主、得罪財團、流失選票的風險，但「慈故能勇，儉故能廣」，「勇於不敢」的勇氣來自於「慈」，哲人無非希望執政者在成長富裕的背景下，勿失慈悲救世之本心。在過度開發的今日，執政者更當帶頭「不敢為天下先」，否則若持續當前不慈且不儉的過度開發，大地反撲之際，如何可能期待「天將救之」呢？

第四節　因是兩行：老莊對意識型態對立的調解與觀照

二十世紀以來，老莊視為負累的儒墨德行，未曾對人間造成重大傷害，或許可歸功老莊智慧已融為文化傳統之一部分，因此面對外來文化之衝擊，衝突固有所聞，卻也開出可觀的融合成果，佛學在中國之發展，即為一例。然上個世紀以來意識型態對立導致的國際戰爭，卻導致千萬人命之死傷，本文以為領導者如有儒墨之德行，當能避免戰事之興起；而領導者如有老莊之修養，或能避免意識型態之對立加劇，不致糾紛不斷。

老莊無為而治的政治觀，基本上是「有治道而無政道」的哲學思想，袁

〔註65〕《莊子・人間世》，頁 158～159。
〔註66〕袁保新《老子哲學之全是與重建》，頁 197。

保新先生說：「老子提出的無爲而治理想，本質上即不是一個關乎制度，組織的政治理念，而是扣緊著文明生活可能帶來的戰爭、虛僞，所提出的一套以確保人生自我實現爲最高依歸的生活方式。因此，老子的政治思想，雖然批判政治威權的操作，但始終沒有轉出法治的主張，有治術而無政道，基本上是與老子不從權力的分配與結構來界範政治的意義有關。」〔註67〕但儘管老子在歷史的發展上並未轉出法治主張，當爲政者有老莊的修養，卻能在主觀上儘可能避開不必要的虛僞造作。本文以爲老莊福德觀之可貴，在儘管檢討儒墨有心有爲之德行，卻更能以「照之於天」之修養包容儒墨，本文以爲領袖人物若能具備老莊修養，則其決策結果，當可照顧更多人民而保障多數人之福報，理由如下：

一、無爲的修養，給萬物共存共榮的空間

「無爲」是要「無」掉人爲造作，避免主觀情緒的干擾，還給天地萬物自在自得的空間。上個世紀以來不唯工業文明重創人類賴以維生的自然環境，以台灣爲例，民主制度成爲兩黨競逐操弄的工具，雖尚無犯法攻擊之舉動，卻多以彼此醜化、刺激對立爲手段；少了「無爲」的修養，彼此競以有爲手段榮耀自身，卻多所浪費，債留子孫。

政府與人民看待政治的態度，或該回歸老子：「太上，下知有之」〔註68〕的清靜無爲，避免炒作對立，也避免熱血激情，對立空轉，無助釐清事實，而所謂無爲亦非毫無建樹之謂，陳德和先生指出：「『老／莊』所謂的『無爲』並非槁木死灰般地無所作爲，而是自覺地不去干涉別人、宰制別人、把持別人，俾讓人我之間有足夠的悠游空間以共生共榮，所以『無爲』必含著『無不爲』；所謂『無功』亦不是毫無建樹，相反的卻是『乘天地之正，而御六氣之變，以游無窮』」〔註69〕。「無爲」是不干涉、宰制、把持、操弄，政治本來不需加入如此造作之熱情，無論人民與政府，都該以更理性之態度，放開「知人者智」〔註70〕的人爲算計，才能避免在自是非他的政治角力中，反而彼此抹煞了萬物生長的自在空間。

〔註67〕袁保新《老子哲學的詮釋及重建》，頁207。
〔註68〕《老子‧十七章》，頁9～10。
〔註69〕陳德和《道家思想的哲學詮釋》，頁124。
〔註70〕《老子‧三十三章》，頁19。

二、無心自然，讓萬物充分實現

政治家之胸襟，當有開放之心胸修養；不惟政治如此，人際關係與天人關係亦然，天地本不把持萬物，讓萬物自生自化，便是天地自然之德，老子謂「大道氾兮，其可左右。萬物恃之而生而不辭，功成不名有。衣養萬物而不為主，常無欲，可名於小。萬物歸焉而不為主，可名為大」〔註71〕之意。天地生萬物、養萬物，卻「不辭」、「不名有」、「不為主」，天地無為，才能令「萬物歸焉」；人對待萬物之態度，亦當是「常無欲」，放下自身執見，讓出自己，任其自然而然，袁保新先生說：「道之生化萬物只是消極的『讓』每一事物各具其德的實現自我」〔註72〕。所以「道」生化萬物的方式是「讓」萬物實現自己的「德」，同樣聖人生百姓的方式，也是讓出自己，由百姓實現自己的德。當聖人「無」掉自己的執著，給出萬物自生自在的空間，便如陳鼓應先生所說：「人性的自由伸展與人格的充分發展，不受任何外在強制力量的壓縮或約束。如此，才能培養一個健全的自我。然而自我的個性與領域卻不能過份伸張，如若伸張到他人的行動或活動範圍時，容易構成威脅、侵佔乃至併吞的現象，至此，乃有『無為』思想的出現。『無為』即是喚醒人們不要以一己的意欲強行施諸於他人，乃可維繫一個均衡的人際關係。在這均衡的人際關係中，人與人之間的存在關係是並列的，不是臣服的。如此，一方面每個人都可以發揮自己的意志創造力量，每個人都可以成為真實的存在。」〔註73〕所以「無為」不是放任的無所作為，而是無掉「威脅、侵佔乃至併吞」的造作；當人為威脅萬物的「威脅、侵佔乃至併吞」已被無為的修養化除，人才有可能「成為真實的存在」。

三、因是兩行，讓各大教各行其是的智慧

20 世紀來，國際間重大武裝衝突，往往不是單純的求生存之戰，而是政治野心份子挑撥煽動所促成；工業革命帶動資本主義的興起，而促成共產主義的對立；歐洲的納粹，建立在屈辱與仇恨上；亞洲的韓戰、越戰，背後是資本主義與共產主義的對立；非洲的種族屠殺，至今未歇；911 事件的衝突，

〔註71〕《老子‧三十四章》，頁 20。
〔註72〕袁保新《老子哲學之詮釋與重建》，頁 162。
〔註73〕陳鼓應《莊子哲學》，頁 100。

背後依舊是糾葛數百年的回教與基督教之爭，然而歷史仇恨，衝突抗衡，是否應當繼續一代接著一代，繼續延燒？

　　回顧歷史，吾人不得不承認，受儒、道、佛教文明洗禮的東方哲學，較容易放下仇恨，也較容易包容消化異種文化間；以中國爲例，先秦時代雖有儒墨之是非，卻無仇恨對立；墨子縱然對儒學不滿，卻不否認孔子之地位〔註74〕；莊子〈齊物論〉欲齊儒墨之是非，目的不在泯滅儒墨，而在開啓一儒墨皆是而無非之理境；至於孟子雖力闢楊墨，卻以爲「逃墨必歸於楊，逃楊必歸於儒」〔註75〕，而以「歸，斯受之而已矣」〔註76〕之氣度自詡，認爲所謂異端，終將回歸儒學。各家雖有競爭，卻不以消滅對方爲目的，從而在競爭融合中，成就百家爭鳴的成果。而後秦始皇以法爲教，以吏爲師，焚書坑儒，二世而亡其國的案例，更成爲往後統治者的殷鑑。此後漢代雖有儒道之爭，但具體之衝突，僅止於廟堂〔註77〕，未曾波及民間。東漢末期佛教傳入，此一全新思潮，更在中國大舉流行。唐代皇室以道教爲國教，道佛之爭不絕〔註78〕，而儒生亦掌握實際政權，屢屢有排佛之議；實則自五代至唐末，排佛主要理由卻爲經濟因素與倫理問題〔註79〕，與佛教自身之墮落〔註80〕，故雖有

〔註74〕　《墨子・公孟》，頁590：「子墨子與程子辯，稱於孔子。程子曰：『非儒，何故稱於孔子也？』子墨子曰：『是亦當而不可易者也。今鳥聞熱旱之憂則高，魚聞熱旱之憂則下，當此雖禹、湯爲之謀，必不能易矣。鳥魚可謂愚矣，禹、湯猶云因焉。今翟曾無稱於孔子乎？』」

〔註75〕　《孟子・盡心》，頁361。

〔註76〕　同前註。

〔註77〕　漢初奉行黃老之術，呂太后、漢文帝、景帝及群臣皆遵循黃老與民休息，景帝之母竇太后尤尊其術；然漢武帝欲興儒學，尊儒生，支持漢武帝的儒家勢力遂與支持竇太后的黃老勢力發生衝突，《史記・魏其武安侯列傳》，頁2843：「魏其、武安俱好儒術，推轂趙綰爲御史大夫，王臧爲郎中令。迎魯申公，欲設明堂，令列侯就國，除關，以禮爲服制，以興太平。舉適諸竇宗室母節行者，除其屬籍。時諸外家爲列侯，列侯多尚公主，皆不欲就國，以故毀日至竇太后。太后好黃老之言，而魏其、武安、趙綰、王臧等務隆推儒術，貶道家言，是以竇太后滋不說魏其等。及建元二年，御史大夫趙綰請無奏事東宮。竇太后大怒，乃罷逐趙綰、王臧等，而免丞相、太尉，以柏至侯許昌爲丞相，武彊侯莊青翟爲御史大夫。魏其、武安由此以侯家居。」竇太后一舉拔除丞相、太尉等三公，其實形同政變，這場儒道之爭儒生以失敗收場，至竇太后死，漢武帝即位，儒學方恢復其政治勢力。

〔註78〕　見湯用彤《隋唐佛教史稿》（台北：木鐸出版社，1988年），頁30～31。

〔註79〕　楊惠南《佛教思想發展史論》（台北：東大圖書公司，1983年），頁257～270：「當時排佛的主要主張，是佛教倫理不符合中國倫理的排佛論、『沙門不敬王者』的排佛論、佛教乃『夷狄』之教的排佛論、與佛教僧人不事生產的排佛論。」

三武滅佛〔註81〕之事，雖在當時造成極大衝擊，但終究未能撼動佛教在文化上的影響力〔註82〕。佛學非但未因與儒、道二之教衝突而發生更多對立衝突，反而調整形態以融入中國傳統倫理〔註83〕，更開出五教十宗的燦爛成果。至於宋明以來，民間信仰已融合儒、釋、道三教，宋明儒學在學術上雖極力排佛，卻多精通佛理，而於實際人生亦對佛學卻採取包容之態度。

明代以前，中國文化對外來文化，皆有相當程度之包容力，及至清初驅除天主教傳教士，禁其傳教與文化交流而進入鎖國政策，雍正、乾隆兩朝更屢興文字獄，銷毀「逆書」，明清之際之研究生機，遂為二人斷絕，中國學術之外向性自此走向封閉之路，雖有戴震、段玉裁、王念孫、王引之等人才，然其天才已為環境機遇所限矣。禁教令雖針對天主教，實際上是與西方文化絕交。經濟上又無求於人，軍備開始腐敗，但未曾感受任何變通之需要。卻不知西方國家在此時大舉發展，正當中國鎖國之際，1689 年英國於光榮革命發表「權力宣言」，1748 年（乾隆 23 年），孟德斯鳩發表〈法意〉，1769 年（乾隆 32 年），瓦特發明「蒸氣機」，1776 年（乾隆 41 年），亞當斯密發表〈民約論〉，同年美國獨立革命，十三年後法國大革命，面對這些國際大事，天朝卻渾然不知，直至 1898 年才開始百日維新的變法運動。回顧歷史，秦朝焚書坑儒而亡其國，清朝封閉鎖國亦亡其國，秦、清兩朝皆一反老莊「不禁其源，不塞其性」之原則，對異議份子加打壓，終於付出亡國的龐大代價，如此殷鑑，豈可不察？

不過即便如此，在中國文化傳統下，各教之間大抵無極端對立之情事。

〔註80〕 野上俊靜著，釋聖嚴譯《中國佛教史概說》（臺北：臺灣商務印書館，1993年），頁 39：「佛教教團在快速地發展之下，所造成之僧尼的墮落與教團的腐化。也可看出，因為寺院僧尼之增加，國家經濟之疲憊，促使太武帝斷然的採取了廢佛運動。」

〔註81〕 所謂三武滅佛，指北魏太武帝、北周武帝與唐武宗發動之會昌法難。

〔註82〕 同前註，頁 41～42：「武帝建德三年（574）三月，下召並廢佛道二教，於是寺院經像遭受破壞，僧尼全被勒令還俗。」頁 79～80：「從會昌二年起，著手整肅全國的佛教團體……被毀佛寺四千六百所，招提、若蘭等小規模的佛堂草庵，達四萬餘所，僧尼之還俗者，二十六萬五百人……金、銀、銅、鐵的佛像佛具，均被改鑄為貨幣與農具；佛寺的建造物，也悉數改為公共設施的事業場所。」

〔註83〕 楊惠南《佛教思想發展史論》，頁 270：「佛教的因應之道，可以從以下幾個重點說明：一、偽撰初各種佛教的『孝經』，改變世人以為出家大不孝的印象。二、叢林制度的建立。三、從『格義佛教』風行到『三教同源論』的提出。」

可見在中國文化的涵養下，中國文化對「異端」雖有「人其人，火其書」〔註
84〕之論，但所謂滅佛之手段，雖有摧毀佛寺與勒令僧尼還俗之舉，卻亦未曾
如西方社會有大舉整肅異端、焚殺女巫、教會干政，發動宗教戰爭、迫害科
學家，乃至手捧聖經，卻以榮耀上帝之名殖民全球；而基督教與回教之衝突
更糾結數百年而未能相互包容，追根究底，問題多在西方信仰的排他與難於
包容不同信仰之所謂異教徒所致。

　　本文以爲儒墨之爭、儒道之爭與三教之爭之所以終究能化衝突爲融合，
主因在各教之間雖各有堅持，卻能各自融會，在不變更自家義理架構的前提
下，適度接納他教之精神。如先秦末期即有道法合流之現象，魏晉文士格義
佛教，隋唐士人亦能欣賞佛理，而儒釋道三教雖不相容，然而儒道促使佛教
融入中國文化傳統，佛教也影響了道教與宋明儒學。由此可見外來文化的傳
入雖必然導致衝突，卻未必不能彼此接納。中國文化之所以接納佛教，當歸
功於儒道二家可以欣賞佛理，而佛教也願意自我調整，那麼回顧當今衝突對
立的意識型態衝突，道家智慧有何慧見？

　　當代最具包容精神之西方國家，當屬美國，種族衝突問題在美國，已可
兼容並蓄，不過宗教衝突是否亦能化解，猶可觀察。以今日公民本當具備之
民主素養而言，人人本當具備《莊子·齊物論》「因是兩行」〔註85〕，使對立
雙方皆可得其「是」之修養，王邦雄先生認爲：「『物論』不能取消，因爲欠
缺人之所以爲人的價值自覺，生命又回到與鳥獸同群的赤裸裸的自然，沒有
存在的尊嚴，也失落價值的遠景；另一方面，『物論』也不能統一，那會是一
場專制獨斷的大災難。」〔註86〕所以舉凡東西文化的衝突、執政黨與在野黨

〔註84〕 韓愈《原道》。

〔註85〕 《莊子·齊物論》，頁69～70：「物固有所然，物固有所可。無物不然，無物
　　　　不可。故爲是舉莛與楹，厲與西施，恢詭憰怪，道通爲一。其分也，成也；
　　　　其成也，毀也。凡物無成與毀，復通爲一。唯達者知通爲一，爲是不用而寓
　　　　諸庸；庸也者，用也；用也者，通也；通也者，得也；適得而幾矣。因是已。
　　　　已而不知其然，謂之道。勞神明爲一而不知其同也，謂之朝三。何謂朝三？
　　　　狙公賦芧，曰：『朝三而暮四。』衆狙皆怒。曰：『然則朝四而暮三。』衆狙
　　　　皆悅。名實未虧而喜怒爲用，亦因是也。是以聖人和之以是非而休乎天鈞，
　　　　是之謂兩行。」

〔註86〕 王邦雄《中國哲學論集》（臺北：學生書局，1983年出版），頁403：「『物論』
　　　　不能取消，因爲欠缺人之所以爲人的價值自覺，生命又回到與鳥獸同群的赤
　　　　裸裸的自然，沒有存在的尊嚴，也失落價值的遠景；另一方面，『物論』也不
　　　　能統一，那會是一場專制獨斷的大災難。」

的對立、親子之間的緊張、從屬關係間的抗衡，都不是統一物論或取消其中一方之物論可以解決，蓋物論爲一價值信念，更代表存在之尊嚴與願景，所以莊子說：「泉涸，魚相與處於陸，相呴以濕，相濡以沫，不如相忘於江湖。與其譽堯而非桀也，不如兩忘而化其道。」〔註87〕當今許多對立者，多自詡爲「堯」而醜化對方爲「桀」，自陷「泉涸」的傷痛，而以「相呴以濕，相濡以沫」顯露自己的委屈，莊子卻以爲「其譽堯而非桀也，不如兩忘而化其道」〔註88〕。桀之所以爲桀，原因乃在他想成爲堯！與其對立雙方彼此憎恨迫害，爲何不能給出雙方因是無非的空間？

王邦雄先生說：「是非，由『其分也，成也』的成心架構而成，兩家以榮華而失眞的言辯，自是而非他，把對方排除在大道之外，正是『其成也，毀也』的寫照。所成者自家之道的小，所毀者百家之道的大，自成一套封閉的價值系統，而看不到另一家派所抉發的『是』，故跳開儒墨，才能同時看到儒墨，用內在的清明，照見對方的『是』，此之謂『因是』，儒墨兩家皆是而無非，皆眞而無假，兩家的道可以並行於世，此之謂『兩行』。」〔註89〕指控對方爲「非」，並無法彰顯自身之「是」，失焦的論點，失眞的言辯，對立衝突帶來的戰爭與毀滅，只造成更多衝突、對立、與封閉；「物論」的衝突，無法以對抗的手段化解，而自我肯定的同時，一樣不需以非我否定作手段；莊子認爲「虛室生白」，才能「吉祥止止」，唯有致虛守靜且虛靜明照，才能吸引眾生到此依止。且放下自己的堅持並不代表混淆是非，而是要先放下自家對「是」的堅持，才能看到對方的「是」；自身先放下對自己爲「美」的執著，才能看到對方的「美」，莊子所謂「以聖人和之以是非而休乎天鈞，是之謂兩行。」〔註90〕並不是沒有是非的標準或泯滅是非存在的界線，而是在開放的心胸下，沒有是非的執著與衝突。無心分別，便無所謂不美；心無成見，便無所謂不好，此時「天地與我並生，而萬物與我爲一」〔註91〕，沒看不順眼

〔註87〕《莊子·大宗師》，頁242。
〔註88〕王邦雄《中國哲學論集》，頁413：「天下人都是爲了想當堯舜，反而成了桀紂。『其用兵不止，其求實無已』（〈人間世〉），這正是因爲『正復爲奇，善復爲妖』與『以正治國，以奇用兵』的絕佳註解，所以不標榜堯舜，就不會扭曲變質，反成了桀紂，不如堯舜、桀紂兩忘，化解執著與造作，沒有假象，沒有虛妄，而回歸一體皆眞而多元並行的整體和諧。」
〔註89〕王邦雄《中國哲學論集》，頁401。
〔註90〕《莊子·齊物論》，頁70。
〔註91〕《莊子·齊物論》，頁79。

的事，沒有聽不順耳的話，一體放下，一起皆美，意義就不會構成傷害，而對立雙方也都可用自己的方式，實現自己的對，因為對立雙方其實各有各的勝場，各有個的理路，當然各自該用自己的方式，顯現自己的終極教義。

第五節　宗教式微，老莊福德觀的價值

自近代啓蒙運動，宗教力量失去主導地位，科技發展不斷挑戰信仰的權威，不但創世神話已然打破，科學家更屢屢質疑上帝是否存在，物理學家史蒂芬・霍金近日發表「宇宙之創造未必需要上帝」之論：宗教信仰中藉由輪迴轉世與地獄恐怖的教化效果逐漸減低；而生活形態的轉變也嚴重衝擊傳統價值觀，德行之價值似不再為資本社會所重視，而當今之世，基督教與回教文明的衝突，已成為當代最大的難題。

老莊福德觀的特出之處，在老莊無宗教的儀鬒，卻提供宗教的效驗；且符合現代社會之需求。與其他宗教相較，當多數宗教以人的德行而保證其福報時，老莊反思德行與福報間的關係，老莊認為福報的追求本身即是負累，也否定德行與福報間的因果關聯。本文以為老莊係以自然之道否定了傳統宗教的福德觀，而另外建構了一套解消德行之執著與造作，反而保存德行的真實，同時解消了福報之壓力，此為老莊特殊的福德觀。老莊並非宗教，而是一套實現原理，王邦雄先生說：「老莊是讓一切實現的實現原理，從這一點來說，老莊有一個某種程度上的宗教功能，他會淨化、過濾掉我們的一切執著與雜染，讓生命回到本來的自然清明。」〔註92〕所以老莊是一非宗教但具備宗教功能的哲學，其福德觀可使生命不執著於德行之追求，既可避免使德行成為炒作之工具，亦可避免使德行淪為一外在之壓迫，甚至可避開德行與福報之對價關係，且在不干擾各教教義之前提下，讓各教之理境得以落實〔註93〕，此一實現原理，豈非老莊智慧之大貢獻？

中國人的宗教觀念，本較西方人淡薄，唐君毅先生《中國文化之精神價值》說：「在中國社會人文之環境下，依儒道二家之人生智慧，中國人之宗教信仰，必然不免淡薄。……吾人可依儒道二家人生智慧，而謂人之不求信宗

〔註92〕王邦雄《中國哲學論集》，頁403。
〔註93〕王邦雄《中國哲學論集》，頁190：「通過這一虛靈的作用，人間各大教才不會落入迷執妄為的困境，也才能落實各大教的教義教路，所以道家的智慧，是一切宗教的實現原理。」

教，不求神與不朽者，可有一較一般信宗教者，求神與不朽者，有更高之精神境界。」〔註94〕老莊不是宗教，除了經典，沒有教主、沒有儀式、不需集會。本文以為老莊福德觀與其他宗教相較，頗具優勢，也較符合現代社會之需求。蓋老莊學說創立之時，便已洗淨宗教色彩；現代社會宗教力量逐漸淡薄，人格神式的信仰也屢受挑戰，上帝、鬼神、地獄、輪迴是否存在，都不得不面對科學檢證；老莊未曾肯定神明的存在，不以人格神的上帝保證福報與最後的審判，只講「自然」而不論鬼神輪迴，也無須面對實證論者的詰問；而由於老莊之道只是單純的法地、法天、法自然之道，人無須與鬼神交易，人與自然之間本無神秘，更無須任何媒介。

　　老莊不是宗教，因此免除宗教活動中人藉由信仰與神明交易之陋習，也可免除假託神意以斂財的弊病，崔大華先生認為莊子「走出巫術的叢林」〔註95〕，更代表「人的理性覺醒」〔註96〕，老莊福德觀完全擺脫盲目迷信的成分。且閱讀老莊經典不需要宗教儀式，不需要定期集會，不需要祈福祝禱，不需要經濟活動，不需要神聖空間，不需要神職人員，當然更無宗教的神秘色彩或不傳秘密。老莊思想因已完全簡化了宗教的儀式與神秘，其實可以充分發揮佛教所謂「依法不依人」的精神，免除宗教活動中「人」可能帶來的大部分糾葛。

　　和其他宗教相較，老莊福德觀濾除了宗教的渣滓，免除了一般宗教為求保障信眾之福報，而衍生出的更多問題；且一般宗教勸人為善，老莊卻要解消為善的執著；一般宗教僅勸人不可為惡，老莊卻提醒善名如同惡刑；一般宗教必定保證好人有好報，老莊卻切斷德行與福報的直接關聯，反而認定唯有先解消對德行的追求，才能解開福報的壓迫，並且也才能保住真正的德行。老莊正因本非宗教，沒有宗教制度的束縛，反而適合現代人的需要，理由如下：

　　一、老莊思想為依然困擾人心的福德觀做解答：無論社會如何進步，人終究必須面對「好人為何無好報」的生命難題，老莊不將希望寄於遙遠的天國，也不以因果業報解釋此一問題，而以「不可解之命」看待生命之困頓，而主張人應以自身之修為當下面對。至於人間禍福，老莊不以佛教緣生、輪迴觀視之，僅視為一不可解，亦不必解

〔註94〕唐君毅《中國文化之精神價值》，頁 444～445。
〔註95〕崔大華《莊學研究》，頁 321。
〔註96〕同前註，頁 322。

之氣化流行，而吾人亦只需解消心知，不使吾心與外物黏滯流蕩，隨順流行，回歸吾人本有之德，則福報之問題便自根本解消，而不成其問題。

二、萬物自生自化，便是福報：老莊思想爲一實現原理，並非完全不講福報，而是認爲道生化萬物的本身，便是福報。老莊透過修養工夫，解消德行造作加諸於天下、萬物、身上的枷鎖；人類不干擾自然生態，政府不干擾人民，父母不干擾子女，自然、人民、子女不受無謂的干擾，便更有機會成就其自身本有之德行，此即老子「生而不有，爲而不恃，長而不宰」〔註97〕之玄德；萬物在不有、不恃、不宰的解消德行中歸根復命，而道生德畜之完成，即爲最大的福報。老莊此一觀點，與現代社會民主自由思想相通，現代社會公民如已具備充分之民主素養，應能貼近老莊以開放態度，尊重生命，成就萬物，還歸萬物各是其適之自由空間之福德觀。

三、老莊思想是不需透過教會與神職人員，便能自行實踐之工夫：老莊思想本爲自家修行之教，經典可以自力閱讀，不需透過神職人員引導。現代生活多忙，時間切割零散，傳統宗教聚會、都要專職人員指導；老莊思想僅需閱讀便可體會，任何零碎時間皆可運用，只待勤而行之之上士，無須宗教人員耳提面命，更適於現代忙碌的都會生活。當然老莊思想由於只是哲思而非宗教，因此其先天缺陷在於缺乏宗教之結構，無具體之禮儀戒律，難以培養龐大的信眾傳承，更沒有使修行者無後顧之憂的土地廟產，老莊不是宗教，但卻可以在宗教之外，成爲一人生之實踐哲學。

四、哲學不是宗教，卻可提供宗教之效驗，且較宗教更爲簡化、淡化、淨化，唐君毅先生以爲「莊子齊物論中之平是非，與人間世中處榮辱毀譽之道，亦都可使各人生命精神退歸其核。如此人與人的中間便能有一寬闊之天地」〔註98〕「這個態度如在與坐觀天道之循環，興衰盛亡之起伏，富貴貧賤之消長，坐觀『強中更有強中手』，惡人自則一普通人都可不營求一切，不羨慕一切，而若恬然自安」〔註

〔註97〕《老子・五十一章》，頁31。
〔註98〕唐君毅《中國人文精神之發展》（台北：台灣學生書局，2000年），頁276。
〔註99〕同前註。

99〕，如是老莊哲學雖不以積極涉世爲其第一義，但其清靜自化之精神，卻不啻爲忙碌憂慮之現代人，提供了相當於意義治療之療效。

小結：

老莊思想對忙碌的現代人，本有清靜解消的作用；現代社會恰是一集心知執著與人爲造作之大成，讓人人皆茫，而萬物同受束縛之世界。過快的節奏、煩忙的生活、膨脹的資訊、對立的意識型態，都市人的集體焦慮，與人爲破壞造成的自然反撲，屢屢顯示老莊哲學存在之價值——人從自然來，人是自然的一份子，人是否要繼續違抗自然？

老莊以爲人具天眞本德，惟福可累德；在 21 世紀的今天，老莊思想雖不能阻止文明的擴張，也不能斷絕科技的發展，但它卻可以成爲一種思想方式，一種生活態度，一種人生哲學，與面對未來的一種抉擇，問題在，如何可能呢？

本文以爲，依老莊智慧採取的對策，不是積極介入政治干預，而是先退回自身，先成爲一個可以「聽之以氣」的傾聽者做起；畢竟任何透過組織運作之團體，在積極運作其理念時，皆有可能在活動中模糊其自身之焦點，使其原初理念自我異化，最終亦不免成爲另一種壓迫者，此乃老莊所戒愼恐懼者，因此老莊採取的進路，不是有爲的干政，而是修養自身之人格，成爲人間之典範，並且不斷省思是否要爲了繼續爭逐福報傷害自然？繼續爲了利益加深政治對立？繼續爲了享有掌控權而役使他人？或者退一步，盡量避免人爲干預，結束對立，放棄抗爭，學習傾聽；用通達包容的智慧，讓對立兩端，可以通達包容，而非陷於對立的空轉中，撕裂社會。

自古以來，老莊之道並不是以宗教、政治或革命之態度傳達其思想，而是透過個人之實踐與領悟，成爲一適可感人之人格特質，進而影響他人，在宗教式微的今日，老莊可適時塡補此一空缺；而現代人普遍已具備民主素養，如有老莊智慧提醒，當可避免不必要的意識型態對立；至於肇因於人類貪心的生態浩劫，世人能接受道家式之精神涵養，人我之間乃至人與自然之關係，或能取得和諧共存之良性發展。

第七章　結　論

　　福德問題對古今哲人而言，並非重大問題；孔孟論之甚少，因居仁由義，天經地義；幸福之追求本非君子所性，故儒家僅以仁政王道之外王理念，確保生民福祉，而不求個人之福報。老莊亦不詳言，蓋德行在老莊眼中僅是心知執著，解消對德行之執著，便解消等待福報之壓力，福德問題是個可以從根本解消之問題，故老莊於此，亦不多論。墨子以宗教信仰保證好人有好報，天志明鬼，保證善惡報應；法家則以法律制度要求人人作好人，只要人人守法，投入農戰，即可得福。由於福德關係本依附在人生哲學或政治哲學之議題，各家論述之內容著實不多；然而儘管哲人對福德問題實未多論，此一問題對個人來說，卻是個重大的問題。因為古今中外任何高度文化發展之處，皆有教化眾生為人處世之道；甚至普遍以「善有善報，惡有惡報，不是不報，時候未到」之信念，勸勉世人諸惡莫作，眾善奉行。然而人生乃是漫漫長路，天災地變與戰爭暴亂，足令積善之家難有餘慶，反觀亂臣賊子詐偽巧力，強霸於世，竟不乏得其善終而安養天年者！由是好人未必有好報，遂為人生之重大遺憾，太史公猶且感嘆「儻所謂天道，是邪非邪？」〔註1〕，好人難有好報，惡人卻可善終，如是人文社會要求人人做好人之教育，如何可能？

　　現實生活中英雄氣短的受苦經驗，不斷衝擊「好人有好報」的善良信仰，教育、哲學、與宗教確有勸勉人之心靈向上提升之功能，於是佛教有因果輪迴之說，以為今日種種，乃昨日所種之果，而明日種種，亦取決於今日所種之因；基督教則以「申冤在我，我必報應」之信仰上帝，相信末日審判必做

〔註 1〕《史記・伯夷列傳》，頁 2124～2125。

公正之判決。然而東西兩大教，似乎都無法從現世讓受苦的心靈獲得解脫；尤其華人信仰普遍期盼「現世報」，不願等待來生，更不願拖延至末日而可見證上帝之公正。於是傳統戲曲必以喜劇收場，傳統小說必以團圓結局；「三世因果」與「末日審判」對華人著重現世之文化傳統而言，似嫌冗長；回歸吾國固有文化，道家虛靜靈動之智慧，能啓發淪落於汲汲營營與物質追求之苦累者，作出貢獻。

先秦諸子起於救時之弊，老莊興起之時，正值禮崩樂壞，傳統價值瓦解，物量精神橫行，戰爭頻仍之際；然本世紀世人面對之問題，實與戰國時代頗多相似——戰國時代禮崩樂壞，周文蕩然，今日傳統信仰式微，家庭功能解構；戰國時代處士橫逸，異端邪說並作，今日電子媒體充斥，挑釁叫囂之言論充斥各大電台與各大報；戰國時代戰爭頻仍，而人類 20 世紀方經過兩次世界大戰與無數區域衝突，甚至兩度瀕臨核戰邊緣；至於戰國時代各國政府競相有爲，人民不堪其擾，亦如今日民主政府爲顧及選票，爭相有爲，社會民間不堪其擾。由是觀之，人類社會面臨之問題，較諸戰國時代，未遑多讓，此時回顧老莊福德觀之義理，尤可見前人之見地。

一、老莊福德觀的見地

老莊智慧在戰國時代之貢獻，乃是提供一反思周文疲弊之智慧，依本文析論，老莊福德觀之要旨如下：

1. 就「福」而言，老莊的看法是：
（1）老莊認爲世俗之福即爲累，且幸福之追求，適足以累德，蓋成就世俗幸福之奔競爭逐本身，即是心知之執著與生命之造作；由是此一幸福之追尋，即爲人爲造作之過程。因此儒墨與世俗所認可之福報，在老莊僅有負面之意義。
（2）老莊不願正面肯定世俗幸福之價值，亦不肯定修德可獲福報；因世俗幸福之追求本身，難免流於人爲造作；而德行與福報若成爲手段與目的之關係，更不免成爲機心巧詐。因此老莊之旨乃在以自然無爲之修養工夫，化解人爲造作之過度干預，印證德性之眞而致逍遙之境，如是幸福可以保住，福報才具有眞實之意義。

2. 就「德」而言，老莊將「德」區分爲兩個層次：「上德」與「下德」。
（1）「上德」指老莊無心自然之德，此「德」之具體內容，便是人人本

有之「天眞」，故老莊所謂「道德」即爲天眞自然之德，是生命之眞實，是天道之本然，人人當以修養工夫歸根復命，無爲自然，在人間世逍遙遊，即是道家式之道德實踐。

（2）「下德」指儒墨有心有爲之德，有心有爲，便有執著造作，有心有爲的德政教化，適足以造成宰制壓迫；是以「下德」爲老莊所批判而戒愼恐懼者。故老莊對儒墨道德之反思，在人當解消心知對德行之執著，才能回歸眞正的自在。

（3）老莊否定儒墨有心「德行」之外在化與自我異化；然對天賦自然之「德性」與不違自然之道行，則爲作用之保存。然而老莊所肯定之「上德」與孔孟所實踐之「道德」，其內涵實不相同：蓋老莊之「上德」爲一自然眞實之生命，孔孟之道德卻爲一仁義內在之生命。故老莊儘管以「作用之保存」成全上德，然亦實未檢別出儒道二家對「德性」之內涵，意義其實不同。

3. 因此老莊檢討「道德與幸福」之關係如下：

（1）「人生是否享世俗之幸福幸福」與「人是否實有德行」無必然關係，因幸福能否獲得屬機遇之問題，人是否具備德行則是主體修養之問題，兩個層次的不同問題，其間並無因果關係〔註2〕。

（2）且老莊以爲世俗「幸福」之追求與享有，易流於逐物不反，適足以牽累「上德」。且世人之所以感到負累，問題出在世人誤將道德與幸福視爲手段與目的之關係，導致儒墨德行之實踐不僅成爲造作之舉，甚至成爲負累。

（3）因此道家就福德問題的處理之道，在「不自以爲有德，即無等待福報之壓力」。

（4）而「不自以爲有德」之可能，在實踐修養工夫，心齋坐忘，忘禮樂去仁義，離形去知同於大通，無心自然，養生逍遙。

〔註2〕老莊看似有宿命論之嫌，其實並非如此，蓋所謂宿命論，意味人的過去、現在、未來皆已被決定，且人無論任何努力，皆無法改變命運。然而老莊之「道」與「自然」並非人格神，亦無主宰萬物之意志力，道法自然，不主動爲天下萬物做安排，且老莊亦不追尋事件背後是否有發起者或掌握者控制人的一切行爲，遂以「儵然而往，儵然而來」「受而喜之，忘而復之」之心境面對之。因此自然既不是命運的主宰者，人亦不是命運之下的被決定者。而人之吉凶禍福，亦需自己面對，自己超越，因此事之變，命之行，乃是自然而然，並非命中注定：人是可以自身努力面對並超越的，這是老莊與宿命論之不同。

（5）由是到老莊之福德觀，便是在「心」上做工夫，不執著、不造作，人即在主體心境之逍遙自適上得收穫。

（6）故個人若有老莊之修養，可逍遙自適；上位者有老莊之修養，可化解對立；領導者有老莊之修養，可令萬物自生自化。如此雖非老莊所謂之福報，卻正是福報。

（7）因此老莊福德觀爲一實踐哲學，而實踐修養工夫學所開啓之逍遙境界，萬物自化，便是福報；雖然老莊不以福報視之，蓋老莊對世俗「福報」之界定，爲五色、五音、五味等外在之幸福；內在之滿足，老莊未以福報定義故也。

4. 綜合以上觀點，老莊認爲「道德與幸福」之關係，其第一義爲：實踐道家修養工夫所體現的自在自得，即爲幸福；雖然道家不以「道德」稱之，僅稱之「上德」或「至德」；亦不以幸福名之，僅名之曰「逍遙」或「坐忘」。實則逍遙自得，清靜自化，便是人生之大幸福。至於儒墨有心有爲之道德與求之在外之幸福，老莊予以否定。

因此，老莊福德觀之見地，乃在儒家行仁義不問福報，與墨家以天志明鬼保證福報之系統外，另闢蹊徑。既可免儒墨兩家之有心有爲之德行可能流於形式教條，亦可免於道德淪爲自是非他之工具。尤其莊子齊物兩行之精神，既可保住儒墨之眞，亦能實踐自身之德，爲老莊福德觀之究竟了義。

二、老莊福德觀之差異

老莊福德觀就內聖而言，大旨相同；然在外王之觀點則大異其趣：老子開出黃老一脈之政治哲學，於戰國末期發展出道法合流之外王思潮；莊子則僅專注於內聖成德之部分，雖有〈應帝王〉之篇目，然則眞正之旨意，如成玄英疏曰：「即寂即應，既而驅馭群品」，其實重點在「即寂即應」的修養工夫，而不在「驅馭群品」的帝王之道。故老子之外王思想，可爲人主南面之術提供術用之貢獻；莊子的應帝王，則純粹只是修養工夫之延伸，雖名之曰「應帝王」，其實全然無心於政道與治術。

老、莊外王性格之不同，更具體反映在學者的治學方法上，戰國至西漢初學者首重富國強兵之道，學者治學之重心便著重在「道的可操縱性」〔註3〕

〔註 3〕 薛明生《先秦兩漢道家思維與實踐》，頁 133：「兩漢道論的實踐化即指道的可操作性而言。由於前漢初建立七十年的『文景之治』，使得漢室社會生產力發

上，莊學不顯，老子則為黃老思想所推崇，故司馬遷《史記》列老子、韓非於一傳，班固《漢書‧藝文志》亦以「秉要執本，清虛以自守，卑弱以自持」定義道家，故兩漢時代所重者，為老子之政治實踐，莊學未受重視。直至魏晉時期莊子才開始為學者所重，惜如唐君毅先生所言，莊學之研究，雖「具順適輕靈之旨，而缺莊子之悲感與莊嚴」〔註4〕，嚴肅的修養工夫未受到應有之重視，然而學者在不同的時代要求下，治學重點由老子轉而為莊子，一重外王，一重內聖，恰符合兩漢與魏晉不同的時代需求。

今日吾人在檢視老莊福德觀，亦可由內聖與外王兩個不同的角度，為兩種思想找到安適之處；老子思想長於外王，故領導者若有老子之修養，可享事少功多之福報，並可避免如魏晉名士般，落於狂放空疏而一無所立之窘境。反之為人處世，亦當有莊子「聽之以氣」、「合氣於漠」之胸懷，方能免於只重老子之術用，而流於陰謀權變之危機。學者若能治老莊於一爐，去兩者之短而兼兩者之長，則道德與幸福之合一，亦必可實踐矣。

三、莊子外雜篇之發展變化

學術因作者身處不同之時代與感受，呈現不同的精彩；更因為不同學說的彼此衝突辯難，或加深自身學說之深度，或援引對立之學說為己所用。莊子外雜篇除了必須回應儒墨學說的挑戰，晚期道家也衍生出重視政治實踐的黃老派與傾向於重視自身修養的無君派，不同的學術背景，為莊子福德觀做出更多元的闡述

首先，外雜篇就修養境界的不同層次，作更精確的說明，以寓言故事之形式，將修行路上的種種難關，作具體之說明，如列子登危石而失其神射之技、顯修行相而為路人稱羨、單豹與張毅的不得善終、原憲的安貧守賤、莊子對「病」與「憊」的解析、孔子的臨大危而不懼等等，外雜篇固然不及內七篇之義理深度，然則淺顯易懂，能近取譬，較容易為讀者所接受。其次，外雜篇在修養論的討論，加入較多關於形氣修鍊之篇幅，亦可使吾人釐清「心性修養」與「形氣修鍊」間先後輕重之問題。其三，外雜篇的政治論出現楊

達，從而創造曠豁肆意的解老之風，也就是把老莊之道論朝向實證方面的體用合一研究與創新，亦即其思維辯證乃是以實踐來彰顯人對於天道乃是可究竟而得的主觀能動性。一指天道規律的流轉是可以透過人的操作或假借而達到。」

〔註 4〕唐君毅《中國哲學原論‧原道篇》，頁 377。

朱爲我與黃老之差異，讀者亦可自此差異理解晚期道家之政治觀點，有何歧異之處。

本文以爲，莊子外雜篇可令讀者一窺莊學由內而外，由外而雜的學術流變；雖然看似瑣碎，但文字淺顯易懂，對讀者較容易產生共鳴，故就福德觀之發展而言，外雜篇之作品，實亦不可不讀。

四、老莊福德觀的新意

不同時代的人物，必須面臨不同的時代難題；而在不同的時代閱讀經典，更能產生不同於前代之解讀。當今之世，恰爲物質文明高度發展，生活卻被瑣碎雜事無端切割之年代；如今多數開發國家之國民所得，遠高於史上任何盛世，然而先進國家人民對幸福的感受，卻未必較不丹這類未開發國家之人民，來得幸福；高所得且重視福利的北歐國家，自殺率奇高，而人民生活富庶如台灣者，痛苦指數卻總是偏高。在這個人人在物質上享有充分幸福，心靈卻比過往更爲空虛之時代；於本世紀實踐老莊清靜無爲之修養工夫，恰可救此時之弊。

老莊主張無爲、自然，其意義雖與「天賦人權」下的現代民主、自由不同，卻可以是現代人必備之修養。畢竟民主公民本需具備傾聽之修養，包容異己之意見；老莊無爲是無所爲而爲，自然是讓天地萬物各行其是，可與現代人本需具備之民主素養相通。然而民主素養顯然還是不夠的，因爲民主素養只是現代公民的開端，卻非終極目的；因爲老莊的終極目的，當在回歸「我」的自身，老莊反對干預、造作，雖生而不有，雖爲而不恃，雖長而不宰的胸襟，便能放開自己，不但自家能海闊天空，也讓天地萬物可以各行其是，讓天地萬物各自實現自家之價值之理想，正符合當世人多可接受之多元價值。莊子主張因是兩行，則人間世無論是親子、夫妻、朝野、官方與民間、長官與部屬、乃至任何可能對立的兩端，皆需要以傾聽之智慧，化解對立；則道家「無了才有」的智慧，也才能在「人」的懇切踐履中實現。

參考書目

一、典籍著述

1. （漢）司馬遷：《史記》，楊家駱主編《新校本史記三家注》，臺北：鼎文書局，2004年。

2. （漢）孔安國撰，唐孔穎達正義：《尚書正義》，（清）阮元校堪《重堪宋本十三經校注》，臺北：藝文印書館，1960年。

3. （魏）王弼、韓康伯注，（唐）孔穎達正義：《周易正義》，（清）阮元校堪《重堪宋本十三經校注》，臺北：藝文印書館，1960年。

4. （魏）王弼注，陸明德釋文：《老子道德經注》，臺北：世界書局，1957年。

5. （姚秦）竺佛念譯：《菩薩瓔珞經》，《大正新修大藏經·第十六冊·經集部三》，臺北：新文豐出版公司，1979年。

6. （宋）朱熹集註、蔣伯潛廣解：《四書讀本·論語》，臺北：啟明書局（本書未註明出版年份）。

7. （宋）朱熹編：《二程遺書》，（清）《景印文淵閣四庫全書·子部·儒家類》，臺北：台灣商務印書館。

8. （明）王夫之：《莊子通·莊子解》，臺北：里仁書局，1984年。

9. （明）方以智：《藥地炮莊》，嚴靈峰編《無求備齋莊子集成續編17》，臺北：藝文印書館，1974年。

10. （清）郭慶藩撰，王孝魚點校：《莊子集釋》，臺北：河洛出版社，1980年。

11. （清）阮元：《重刊宋本十三經校注》之《周易正義》，臺北：藝文印書館，1960年。

12. 張純一：《墨子集解》，臺北：文史哲出版社，1982年。

13. 鍾泰《莊子發微》，上海：上海古籍出版社，1988年。

二、**專書**（依姓名筆畫排列，同一作者以與老莊相關者優先排列，次依
　　出版日期排列）：

1. 王淮：《老子探義》，臺北：台灣商務印書館 1985 年。
2. 王邦雄：《老子道德經的現代解讀》，臺北：遠流出版社，2010 年。
3. 王邦雄：《莊子道》，臺北：漢藝色妍，1998 年。
4. 王邦雄：《走在莊子逍遙的路上》，臺北：台灣商務印書館，2004 年。
5. 王邦雄：《儒道之間》，臺北：漢光出版，1985 年。
6. 王邦雄：《生命的實理與心靈的虛用》，臺北：立緒出版社 1999 年。
7. 王邦雄：《人間道》，臺北：漢藝色妍，1991 年。
8. 王邦雄：《中國哲學論集》，臺北：學生書局，1983 年。
9. 王邦雄等：《中國哲學史》，臺北：空中大學出版社，1995 年。
10. 王邦雄等：《論語義理疏解》，臺北：鵝湖出版社 1997 年。
11. 王邦雄等：《孟子義理疏解》，臺北：鵝湖出版社 1997 年。
12. 方東美：《原始儒家道家哲學》，臺北：黎明文化，2004 年。
13. 印順：《成佛之道》，新竹：正聞出版社 1998 年。
14. 牟宗三：《莊子齊物論義理演析》，臺北：書林出版社 1999 年。
15. 牟宗三：《才性與玄理》，臺北：台灣學生書局，1993 年。
16. 牟宗三：《圓善論》，臺北：台灣學生書局，1985 年。
17. 牟宗三：《中國哲學十九講》，臺北：台灣學生書局，1993 年。
18. 牟宗三：《四因說演講錄》，臺北：鵝湖出版社，1997 年。
19. 李日章：《莊子逍遙境的裡與外》，臺北：巨流圖書有限公司，2000 年。
20. 李明輝：《孟子重探》臺北：聯經出版事業公司，2001 年。
21. 余英時：《中國古代文化與中國知識份子》，臺北：學術出版社，1978 年。
22. 李豐楙：《誤入與謫降》，臺北：學生書局，1996 年。
23. 林安梧：《新道家與治療學·老子的智慧》，臺北：台灣商務印書館，2006 年。
24. 林安梧：《當代新儒家哲學史論》，臺北：明文書局，1996 年。
25. 吳怡：《新編莊子內篇解義》，臺北：三民書局，2000 年。
26. 吳怡：《逍遙的莊子》，臺北：東大圖書公司，1986 年。
27. 吳怡：《生命的轉化》，臺北：東大圖書公司，1996 年。
28. 徐復觀：《中國人性論史·先秦篇》，臺北：台灣商務印書館，1994 年。
29. 徐復觀：《中國藝術精神》，臺北：台灣學生書局，1966 年。

30. 唐君毅：《中國文化之精神價值》，臺北：正中書局，1994 年二版。

31. 唐君毅：《中國哲學原論‧原道篇卷一》，臺北：台灣學生書局，1986 年。

32. 唐君毅：《中國哲學原論‧原道篇卷二》，臺北：台灣學生書局，1986 年。

33. 唐君毅：《中國哲學原論‧導論篇》，香港：新亞研究所，1974 年修訂再版。

34. 袁保新：《老子哲學的詮釋與重建》，臺北：文津出版社，1997 年 12 月初版。

35. 姚曼波：《莊子探奧》，北京：人民出版社，2008 年。

36. 崔大華：《莊學研究》，北京：人民出版社，1992 年。

37. 莊耀郎：《郭象玄學》，臺北：里仁書局，1999 年。

38. 高柏園：《莊子內七篇思想研究》，臺北：文津出版社，1992 年。

39. 許倬雲：《求古篇》，臺北：聯經出版社，2003 年出版。

40. 郭梨華：《出土文獻先秦儒道哲學》，臺北：萬卷樓圖書有限公司，2008 年。

41. 陳鼓應：《老子今注今譯》，臺北：台灣商務印書館，2000 年。

42. 陳鼓應：《莊子今注今譯》臺北：台灣商務印書館，1998 年 10 月初版。

43. 陳鼓應：《莊子哲學》，臺北：台灣商務印書館，1992 年。

44. 陳壽昌：《南華真經正義》，臺北：新天地書局，1977 年再版。

45. 陳德和：《從老莊思想詮註莊書外雜篇的生命哲學》，臺北：文史哲出版社，1993 年。

46. 陳德和：《道家思想的哲學詮釋》，臺北：里仁書局，2005 年。

47. 勞思光：《新編中國哲學史》，臺北：三民書局，1997 年。

48. 黃漢光：《黃老之學析論》，臺北：鵝湖出版社，2000 年出版。

49. 傅武光、賴炎元注譯：《新譯韓非子》，臺北：三民書局，2003 年。

50. 楊儒彬：《莊周風貌》，臺北：黎明文化，1991 年。

51. 楊儒賓、黃俊傑編：《中國古代思維方式探索》，臺北：正中書局，1996 年。

52. 楊勇：《陶淵明集校箋》，臺北：正文書局，1987 年。

53. 楊惠南：《佛教思想新論》，臺北：東大圖書公司 1982 年。

54. 楊惠南：《佛教思想發展史論》，臺北：東大圖書公司，1983 年。

55. 葉海煙：《莊子的生命哲學》，臺北：東大圖書公司，1993 年。

56. 葉舒憲：《莊子的文化解析》，西安：陝西人民出版社，200 年初版。

57. 蒙培元：《中國哲學主體思維》，北京：東方出版社，1993 年。

58. 熊鐵基：《秦漢新道家》，上海：人民出版社，2001 年。

59. 蔡仁厚：《孔孟荀哲學》，臺北：台灣學生書局，1984 年 12 月初版。

60. 蔡璧明：《身體與自然》，臺北：國立臺灣大學出版委員會，1997 年。

61. 錢穆：《莊老通辨》，臺北：東大圖書公司，1991 年。

62. 劉榮賢：《莊子外雜篇研究》，臺北：聯經出版社，2004 年。

63. 劉笑敢：《老子》，臺北：東大圖書公司，1997 年。

64. 劉笑敢：《莊子哲學及其演變》，北京：中國社會科學出版社，1988 年。

65. 劉笑敢：《兩種自由的追求：莊子與沙特》，臺北：正中書局，1994 年。

66. 賴錫三：《莊子靈光的當代詮釋》，新竹：國立清華大學出版社，2008 年初版）。

67. 薛明生：《先秦兩漢道家思維與實踐》，臺北：文津出版社，2007 年。

68. 薩孟武：《中國社會政治史》，臺北：三民書局，1972 年增訂版。

69. 鐘友聯：《墨家的哲學方法》，臺北：東大圖書公司，1976 年。

70. 湯用彤：《隋唐佛教史稿》，臺北：木鐸出版社，1988 年。

71. 野上俊靜著，釋聖嚴譯：《中國佛教史概說》臺北：臺灣商務印書館，1993 年。

三、論文

學位論文

1. 蔡家和：《羅整菴哲學思想研究》，中央大學哲學研究所博士論文，2004 年。

2. 吳肇嘉：《莊子應世思想研究》，中央大學中文研究所博士論文，2008 年。

3. 林佩儒：《先秦德福觀》，淡江大學中文研究所博士論文，2010 年。

單篇論文

1. 李康洙：〈莊子的心性觀〉，《道家文化研究》第十四輯，北京：生活・讀書・新知三聯書店，1998 年 7 月，頁 204～217。

2. 沈利華：〈中國傳統幸福觀論析〉，《江蘇行政學院學報》，2006 年，第六期，頁 30～35。

3. 蕭霞〈福德一致：社會公正的理性訴求〉，《雲南社會科學》，2007 年第一期，頁 28～30。

4. 周博裕：〈「自然與名教，自由與道德」衝突之可能化解與超越〉，《鵝湖月刊》2005 年，第 366 期，頁 12～20。

5. 袁保新：〈文明的守護者〉，《鵝湖月刊》1986 年，第 146 期，頁 42～45。

6. 莊三舵:〈論道德回報〉,《雲南社會科學》,2005 年第六期,頁 50～54。

7. 陳科華:〈好人如何一生平安?走出福德悖論的怪圈〉,《倫理學研究》2005 年 9 月第五期,頁 12～16。

8. 陳德和:〈戰國老學的兩大主流──政治化老學與境界化老學〉,《鵝湖學誌》2005 年,第三十五期,頁 59～101。

9. 陳德和:〈老莊思想的環境倫理學論述〉,《鵝湖月刊》2007 年,第 389 期,頁 20～31。

10. 陳德和:〈老莊思想與實踐哲學〉,《鵝湖月刊》2008 年,第 394 期,頁 29～38。

11. 陳啓聖:〈「必然性／或然性」與「自然命定論／宿命論」──從當代對王充的批評談起〉《鵝湖月刊》2003 年,第 331 期,頁 47～58。

12. 唐亦男:〈王夫之通解莊子「兩行」說及其現代意義〉,《鵝湖月刊》2005 年,第 357 期,頁 22～27。

13. 鄭志明:〈老子的醫療觀〉,《鵝湖月刊》2005 年,第 357 期,頁 28～38。

14. 劉昌佳:〈論「莊子」中「化」之意涵〉,《鵝湖月刊》2004 年,第 343 期,頁 46～54。

15. 謝啓武:〈莊子的道德觀與人性觀〉,《中國人性論》台大哲學系主編,臺北:東大出版社,2000 年初版,頁 19～58。